U0906362

FINANCIAL INNOVATION LAW REVIEW

金融创新法律评论

2018年第 1 辑 · 总第 4 辑

中国政法大学互联网金融法律研究院 主办

李爱君 主编

法律出版社
LAW PRESS · CHINA

《金融创新法律评论》编委会

序

从20世纪50年代开始，特别是进入70年代以后，随着科学技术的发展并广泛运用于金融业，导致金融业的金融市场、金融工具、金融交易模式和金融服务方式等方面的创新。尤其，随着网络技术的发展，金融业在传统的业务活动和经营管理方式上进行了革命式创新，金融创新模糊了各类金融机构的界限，以及民间金融与正规金融的界限，同时加剧了金融业的竞争，给金融业带来了不稳定性，甚至导致系统性风险。2008年由美国引起的金融危机就充分证明了这一点。

进入21世纪，随着网络技术的发展与成熟，我国各类金融机构利用网络技术对金融市场、金融工具、金融交易模式和金融服务方式不断创新，同时，民间金融的各种结构化创新更是层出不穷。这些创新也同样引发了风险事件，使公民财产遭受严重损失，甚至影响金融稳定与经济发展。

金融发展史已充分证明，金融创新对金融发展和经济发展有积极推动作用，同时也存在不可低估的负面效应。克服与减轻金融创新的负面效应是发挥创新积极作用的前提，因此，各国都是通过制定不同的政策与法律制度予以规范。例如，金融创新对货币供求的不利影响，可以通过完善宏观调控来抵消；对货币政策实施效果的不利影响，可以通过中央银行的监管创新来消解；对系统性风险、区域性风险，可通过制定宏观审慎性与微观审慎性金融监管制度来防范；对经营风险和突破法律法规的行为，可通过金融监管和司法来控制。因此，政府在鼓励创新的同时，要不断根据创新过程中出现的问题调整政策和策略，加强金融监管和立法，消解金融创新的负面效应，保证金融市场的健康发展。

《金融创新法律评论》以探讨消解金融创新负面效应的法学理论、推进相关法制建设为己任，宗旨是发挥中国政法大学法学优势学科的力量，集高校、科研、立法、司法、金融监管等部门及各领域法学专家、学者的智慧，打造一个相关理论探讨和法制建设的智库平台，为我国的金融创新与经济发展贡献才智和力量。

衷心祝愿《金融创新法律评论》成为金融创新法治化的助推器。

时建中*

2016年9月20日

---

* 中国政法大学副校长，教授、博士研究生导师。

前　言

法律是人性中所蕴含的最高理性，告诉人们所应做之事，禁止人们所不应做之事。

——罗马法学家西塞罗

熊彼特将金融创新分为五类：第一类是新技术在金融业的应用；第二类是国际市场的开拓；第三类是国内和国际金融市场上各种新工具、新方式、新服务的出现；第四类是银行业组织和管理方面的改进；第五类是金融机构的变革。根据熊彼特对金融创新的分类，21 世纪随着科学技术，尤其是网络技术与信息技术的发展，促使金融业在金融机构、金融业务、金融工具、金融市场等方面全方位的创新。网络技术与信息技术引入金融业，使金融业务发生了巨大的变革，如改变了传统的金融业务处理手段和程序，存、贷、取、汇、证券买卖、市场分析、行情预测乃至金融机构的内部管理，均通过网络与信息技术处理，电子化资金转移系统、电子化清算系统、自动付款系统、微信支付、电子钱包等创建，形成了国内外纵横交错的电子网络化资金流转网络，金融和经济信息的传递、储存、显示、记录、分析均借助电子信息技术的处理，各种金融交易也普遍使用网络与信息技术进行报价、撮合、过户、清算……网络与信息技术正在把各种金融业务织进一张巨大的网中。在我国不仅传统金融机构利用网络与信息技术进行创新，民间金融与网络与信息技术企业也翻天覆地进行结构设计从事金融服务。无论是传统金融还是民间金融，利用网络技术与信息技术不是与金融简单的嫁接，是采用新技术和方法，改变原有金融体系基本要素的搭配和组合而提供新的金融功能的过程，其目的是要形成新的流动性、营利性和安全性重组，从而提高金融效率，但同时也随之加剧了原有的风险或带来了新的风险。其中，网络技术与信息技术的金融创新风险产生的最重要的原因是制度与技术的二重性。制度与技术是推动经济增长的两个重要力量。对于一国的金融体系来说，它们的作用在于，使金融体系的最基本功能得以充分发挥，如金融体系的跨时空配置资源必然蕴藏着不确定性，但通过一系列契约安排和新兴技术的运用对这种不确定性加以控制，就可以有效降低资源配置过程中的交易成本。但由于人们的有限理性等原因，契约的不完备和技术运用的不合理在所难免，又产生新的不确定性因素。不确定性因素是金融风险产生的根源。可见,从金融风险产生的内部机理来看,利用网络技术与信息技术进行的金融创新具有制度与技术的二重性特征。因此,金融创新的风险就要通过法律制度的安排来防范,同时这也是由法律的安全价值所决定的,安全是法律持续性的制度安排与价值追求,成立法律的核心是保障金融的效率、秩序与安全。**“法律的存在,就在于给人们的生活提供方便,或者说给当下的行为以确定的(就义务而言)或可选择的(就权利而言)指向;给纷乱杂的生活世界一个规范性的确定,对人们未来的行为以明晰的可计量的预期。”因此,**金融创新应在法治的轨道上进行创新,进而维护**金融业的长期、稳定、规范化发展。**

李爱君

2017 年 2 月

目　录

从数据行为角度考虑法治化的进程或路径*

时建中**

在中国政法大学内部,专门从事大数据研究的专家非常多,或者说因为大数据对于法律的挑战来自各个方面,可能对立法、司法、执法都有挑战。毫无疑问,所有这些挑战,都会转换为对法学研究的挑战。大数据已经深入每一个人的生活,因此大数据对法学的影响也是全方位的。在这种背景下,中国政法大学确定了非常重要的科研战略方向,就是在未来几年,我们会把大数据作为大学科研的一个发展战略。围绕大数据有关的研究,我们会从科研的角度,给予大力支持。这次会议得到全国各地,特别是各行各业专家的参与,我表示衷心感谢,同时对具体承办此次会议的中国政法大学互联网金融法律研究院,特别是李爱君教授表示由衷的感谢。

大数据产业是以数据的生产、采集、存储、加工、分析、服务为主体的经济活动,实际上这是大数据的报告,或者是在我们国家有关大数据的文件中,对大数据产业的一个描述。其从数据行为角度描述了包括生产、采集、存储、加工、分析、服务的六种主要经济活动,包括数据资源建设,大数据硬件、产品的开发、销售、租赁等活动,以及相关的技术服务。在这个背景下,我们一般认为,现在大数据立法已经明显地滞后于大数据的实践。但是大数据的立法滞后是一个绝对而不是相对的问题。所有法律,法本身固有的稳定性,就决定在一定意义上相对的保守性和相对的滞后性。但是大数据的实践,或者大数据产业的竞争已经日趋激烈,在这种情况下,如何实现大数据产业的法治化,就是我们要思考的一个问题。一方面,可能我们等着立法,在立法之后,再去开展大数据的活动。毫无疑问这不是一种正确的选择,这也不是一种负责任的选择。因为大数据立法和其他的一些法律,如知识产权法和公司法有一个重大的差别,就在于知识产权需要法定的,如果没有专利法就没有专利,如果没有版权法就没有版权,如果没有公司法就不会有法定的公司形态。而对于大数据来讲,即使没有大数据法,大数据也是一种可能存在。因此我们注意到,在目前法学研究中,很多人在集中讨论数据的权利,权利属性、数据的归属或者与数据有关的权利

---

* 本文为时建中于2017年11月26日中国政法大学主办的"新时代大数据法治峰会——大数据·新增长点·新功能·新秩序"开幕式致辞。

** 中国政法大学副校长,法学教授、博士研究生导师。

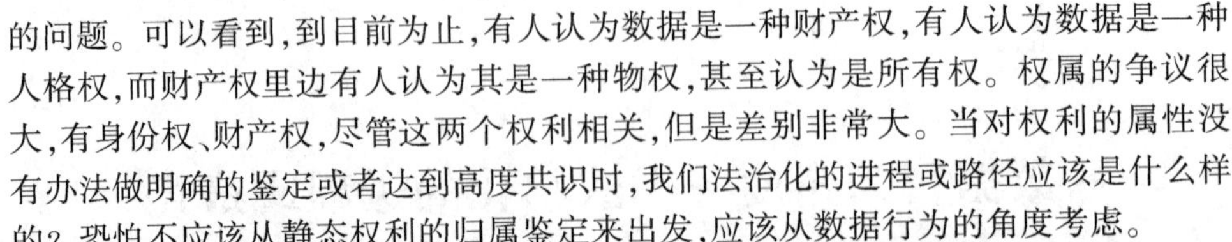

的问题。可以看到，到目前为止，有人认为数据是一种财产权，有人认为数据是一种人格权，而财产权里边有人认为其是一种物权，甚至认为是所有权。权属的争议很大，有身份权、财产权，尽管这两个权利相关，但是差别非常大。当对权利的属性没有办法做明确的鉴定或者达到高度共识时，我们法治化的进程或路径应该是什么样的？恐怕不应该从静态权利的归属鉴定来出发，应该从数据行为的角度考虑。

我刚才特别提到六种数据行为，因为法律是调节社会关系，社会关系被法律调节之后成为法律关系，引发法律关系主要靠法律事实，最重要的法律事实就是法律行为。所以如果把数据行为，以及它所产生或者引发的变更或终止的社会关系法治化，就会发现，解决问题的路径可能不像一开始想的那么困难或者争议那么巨大。对此，要有行为、关系、法律、法治化这样一个过程。

有一本书，我读过很多遍，就是《司法过程的性质》。我相信在座的也读过这本书，甚至读的遍数比我还要多。它是美国的一本书，里边有一段话，大体含义是说，我们对很久之前制定的那些法律进行解释时，不是为了探究立法者在制定那部法律时的想法，而是要探究假定这些立法者在面对我们现在当下所面对问题的时候，会做出什么样的思考。我们再看，法治化的过程是一个法律使用的过程，法律使用的过程，最主要有两点：第一发现事实，第二发现法律。所谓发现事实，是发现到底有哪些能够引起应当由法律调整的社会关系的法律行为，所以这样又回到了数据行为，又回到了刚才提到的六种数据行为，就是数据的生产、采集、存储、加工、分析和服务。在这个过程中，有的是真的事实，因为每个人都可能生产数据，我们每个人都是一个数据的生产者。但是每个人不是数据的采集者，更不是数据的存储者，更不会加工自己的数据，也不会分析自己的数据。只要用了智能终端就会产生大量的数据。

所以我们发现，真正对法律产生挑战的大数据事实，并不像我们想象的那么多。我们需要把在经济活动和社会活动中，以及使用大数据的过程中产生的那些行为，再进行进一步的分析和解剖，从而发现到底哪些属于真正的大数据行为。当行为确定找到大数据的事实之后，再看调整这些事实的既有法律制度，是不是完全不能适用。毫无疑问不是这样的，在一个文明的社会，所制定的法律都会遵照基本的原则，即安全、公正和效率。只要最传统的法律没有违背这些原则，就意味着，我们既有的法律制度，至少在原则上可以适用于这些新型的行为。在适用过程中，确实既有的法律制度，不能很好地适用。如果发现这一点，实际上就发现了法律，我们由发现事实到发现法律，而且发现了真正在调整数据行为过程中的法律空白，或者既有法律制度的不足、缺陷，甚至错误。发现了事实，发现了真的法律，这样使所有的立法、执法和司法工作有目的性和针对性。以上是对于大数据，我基于前期的一些思考，而发表的一些主要观点。

新时代大数据法治峰会

——大数据·新增长的·新动能·新秩序*

陆书春

中国互联网金融协会是2015年12月底经党中央、国务院在互联网金融高速发展,并出现问题的关口下批准成立的。正式运营从2016年3月25日至今已经一年多。在这个阶段,我们也特别关注到互联网金融大数据在互联网金融发挥的作用,特别是在新的金融创新领域,在金融产品的营销、获客、风控等方面都在使用大数据。当前,互联网金融协会在履行自律职责时,主要是在互联网金融的标准、规则的制定,以及相关的一些基础设施支撑方面做了一些工作。同时,还有一项职责就是配合监管部门政策的落地,搭建监管和机构的桥梁,搭建行业之间交流合作的平台,搭建行业和院校学术界之间的桥梁。

在技术不断推动下,人类社会的发展已经从工业经济走向了信息经济的高级阶段,就是数字经济阶段。在数字经济时代,数据在社会管理和企业经营,以及人们的日常生活中已经不断地积累爆炸式的增长和膨胀,这就是现在我们说的大数据。大数据实际上一直存在,就像石油、黄金一样已经越来越成为一种资源。正因为互联网和云计算的发展,让数据的存储、处理、传输能力发生了质的飞跃。从事技术IT专业的人应该知道,数据实际上一直存在,正是因为有了互联网和云计算这样的技术,使原来做不成的事情,通过数据的分析、存储还有处理,让海量数据的处理能力有了质的飞跃。而且能通过大数据分析个人的偏好、行为、信用等。但是以往如果没有互联网和云计算的发展,大数据即使存在也达不到现在的效果。大数据作为企业重要的生产要素,已经成为企业获客、营销、风控的重要手段,这些资源的开发和使用不断改变着企业的经营方式和人们的生活,同时我们也要看到,大数据的应用也受到了全球各国的广泛关注。美国在2012年3月发布了《大数据研究和发展倡议》,将大数据提升为一种战略性资源。澳大利亚、英国、日本、韩国等国家也相继推出了大数据战略。大家也关注到,党的十九大报告明确指出,要推动互联网大数据、

---

* 本文为陆书春于2017年11月26日中国政法大学主办的“新时代大数据法治峰会——大数据·新增长点·新功能·新秩序”开幕式致辞。

人工智能和实体经济深度融合,在中高端消费、创新引领、绿色低碳、共享经济、现代供应链、人力资本服务等领域培育新的增长点,形成新动能的发展方向。在全球各主要国家纷纷升级大数据战略的同时,业界也关注到,网络的黑色产业链条逐渐孵化成熟,并向组织化、集团化发展,黑客攻击事件频发,各类窃取信息的行为不断发生,国家层面和个人层面的信息安全面临着新的问题和挑战。数据安全问题,已经成为世界各国和各行各业普遍关注的问题。未来发展大数据如何能够走得更远,用得更好,是目前关注的关键问题。

为了解决这个问题,世界各国都在本国实践和发展战略中,明确完善相关法律,用法律手段促进数据安全、规范的发展。我国2015年发布《促进大数据发展行动纲要》,强化大数据应用与安全保障体系建设,完善大数据相关法律制度。2017年6月1日起正式实施的《中华人民共和国网络安全法》,明确了大数据安全和数据跨境流动的管理规范。《网络安全法》的生效,标志我国数据应用的法治化,为以后数据应用制度的制定提供了基础,为数据安全提供了法律保障。部分地方政府出台了地方法规,从大数据应用的数据收集、交易、数据安全和共享以及监管等方面进行了概括性和指引性的规定。党的十九大报告提出,全面依法治国是中国特色社会主义的本质要求和重要保障,法治是大数据健康发展的基础,只有在法治的轨道上才能实现大数据应用与安全的平衡,才能在应用大数据的同时,保证国家的安全、公共利益的安全、个人的安全。实现大数据的法治化,首先要有完善的科学立法,其次要普遍服从已实施的法律制度,最后要培养大数据的法律人才。这三个方面也是大数据发展急需完善和解决的问题。

完善的科学立法,需要解决现存的数据权利的性质,数据权利的归属,数据应用中的收集、处理、传播和监管各方面所形成的法律关系,解决数据应用的监管与协调,也要解决数据跨境转移等方方面面的问题。普遍实施法律制度,需要教育和宣传,让公众形成法治意识。高校就是最好的宣传和教育的平台。培养大数据法律人才,需要高等教育通过学科建设和课程设计,为我国大数据的应用培养品学兼优的法律人才。

今天中国政法大学举办的这个峰会以及院校深入研究的成果,也表明我们高校的研究机构已经投身于大数据的法治建设和研究之中,我们作为行业协会,也在与学者和专家们深入研究这方面的问题。我们希望院校学术界的研究成果可以上升为自律的标准或自律的规则,进而成为法律,并为我国大数据的法治化做出贡献。

新时代大数据法治峰会闭幕词*

时建中

在《反垄断法》的制定过程中，我是专家组成员；《反垄断法》颁布之后，我是反垄断委员会连续两任专家组的成员。就我对反垄断法的认识，我认为，大数据时代会对反垄断法构成一种挑战，这是毫无疑问的。但是如果说大数据时代包括大数据行业的一些经营行为，可能会对反垄断法构成一种颠覆；或者说反垄断难以适用，是孤立时代的，我无论如何也没有办法来接受这个观点。不接受不是因为情感，而是因为原理。只要有竞争，就会有竞争力的集中；只要有竞争，就会有正当的手段和不正当的手段。因为这里边首先是理念的问题，之后是制度的问题。其实，大数据时代对反垄断法的挑战在什么地方？我举几个例子，首先是价格歧视，在《反垄断法》第 17 条第 1 款第 4 项规定了价格歧视行为，也就是说具有适当支配地位的竞争，滥用市场支配地位的时候，可能会在条件交易相同的当事人，采取不同的价格策略。如果在工业时代，信息研究不对称，实际上实施起来难度非常大。但是在数据化的时代，如果真的有足够多的数据，可以对在座每一个人都是一个影响，而且可能是一个挑战。

其次是垄断协议，也就是在工业化时代或者包括现在，甚至包括在信息化、数据化的时代，占用数据多和占用数据少的人，以及不占用数据的人，造成严重的信息不对称。所有的欺诈和共谋，一定基于数据不对称而言。如果数据对称，就不会存在欺诈，因为不可能欺诈。如果欺诈，必须进行信息规制。而共谋就是基于信息不对称，所以想坐在一起进行价格的竞争或者不竞争。如果在信息化的时代，所有价格都公开了，有没有共谋，怎么认定共谋，这成为反垄断法执法的一个难点。也就是说在大数据时代，反垄断法的适用确实面临新的问题，但是在大数据时代，反对垄断法不会被颠覆。

下面，是对今天会议的一些学习收获。我的收获表现在以下几个方面：第一，我们讨论大数据法治化的时候，还是把数据和信息区分出来。如果不对数据和信息区分，我们就忘记了大数据立法的目的是什么。有这样一句话，现在数据已经爆炸了，

---

* 本文为时建中于2017 年11 月26 日中国政法大学主办的“新时代大数据法治峰会——大数据·新增长点·新功能·新秩序”闭幕词。

但是信息很匮乏。可见数据与信息并不是完全相通的,数据与信息之间到底是什么关系?数据和信息之间是相互联系,数据反映了客观属性的记录,数据是反映客观事物的属性,是信息的具体表现形式,数据经过加工处理之后,就成为信息,信息需要数字化变成数据才能存储和传输。所以不能把数据等同于信息。

第二,区分数据与大数据。今天会议的主题是大数据,大数据是由海量的碎片化的数据构成的。单一的碎片数据只是大数据的一个构成的要素,碎片化的数据自身并不会构成一个大数据。但是这不妨碍单一碎片的数据仍然是一个信息的载体,我之所以区分数据与大数据,是为了强调数据按照与大数据安全的含义和目标,也并不完全相同。因此,在整个围绕大数据法治化的过程中,就要需要区分数据的法治化和大数据的法治化。也就是说,无论是在目标,还是在制度设计方面,也完全不相同。

第三,区分隐私、隐私信息与隐私数据。我们知道所谓隐私,坦率地讲就是指不愿意告人的事,或者不愿意公开的事,这就是隐私。隐私信息就是当事人不愿意公开的信息。那么对于当事人而言,隐私是具体的。在大数据的时代,隐私信息被数据化,隐私数据包含有隐私信息。但是也不能因此说,隐私数据就等于隐私。如果隐私数据中解构出隐私,必须要解构隐私所包含的隐私的信息,如果找不到信息,实际上就发现不了隐私。隐私数据的开放,不同于隐私的披露。因此,如何在数据行为的过程中,保护个人新隐私是值得关注。但是要找准所关注的焦点和难点。

同时值得注意的是,许多数据是隐私数据,如我的个人健康状况是隐私数据,我去了几趟医院得了什么病、吃了什么药,这可能是隐私数据。众多的诸如这类的隐私数据加起来之后构成一个大数据,这可能是碎片化的数据。但是海量的、碎片化的每一个公民或者众多自然人健康的数据,可能会涉及公共安全。

假如在某一个地方发生疫情了,或者我们在网上查询发现某一个地域某一种药品集中需求量非常高,而这种药品一定针对特定的病,病是特定的人得的,而不是抽象得的,抽象得某一个病是隐私,购药是一个信息,从而产生很多的数据。所有数据如果聚合起来,可能会对这个地方的判断更加精准,所有的数据有利于公共决策,甚至有些数据可能还涉及国家安全。从这个意义来讲,如果隐私是不能开放的,那么是不是说所有隐私数据都是不能开放的呢?恐怕也不能完全得出这个结论。

如果作为一个简单的归纳,隐私是一种与公共利益、群体利益无关的,当事人不愿意他人知道,或者他人也不便知道的个人信息,但是隐私数据可能与公共利益密切相关,因此与公共利益的相关性以及相关性的相关程度,是隐私数据开放的必要前提。而这种相关性和相关度,也决定了隐私数据的开放范围和开放程度。

第四,关于大数据立法重点,一般认为法的价值包括安全、公正和效率,但是我一直认为,这三个价值不是同一层面的。我个人认为,安全应当是法律第一位的价值。但这里边的安全,不应仅从数字安全角度来理解安全,还应从交易角度、生活角度考虑安全。如果不知道明天会怎么样,所谓的安全是指什么?对未来有一个非常稳定的预期,就是安全。如果对未来没有一种稳定的预期,那就是不安全的,缺少一种安全感。所以安全得到这个价值的实现,才有可能成为公正和效率的基础,因此安全应当是一种基础性的价值,没有安全,就不要去谈公正,更不要去谈效率,而效率这个词正好跟我们今天讨论的数据交易是有关的。如果在连数据安全都做不到的情况下,追求数据交易过程中的效率,是一件多么可怕的事情。

在讨论价值的基础上,我们应该讨论一下,大数据法治价值是什么?法治的完善是相对的,法治的不完善是绝对的,或者说法治的完善一定是一个渐进的过程,不可能一蹴而就,因此我们需要明确大数据数字化过程中的重点。如果我们把大数据简单地分为个人数据、商业数据和政务数据,那么个人数据关注的是个人隐私,商务数据关注的是商业秘密以及与这些数据有关的竞争能力。对于政务数据,我们关注的重点应该是国家安全。所以在这样一个前提下,我们再接着考察,有关保护个人隐私、商业秘密、国家安全的现行法律制度都有哪些。对此,应当是非常多的,从宪法到部门规章,这个时候就要考虑了,在大数据的时代,既有的这些有关保护个人隐私、商业秘密和国家安全现行的法律制度,在大数据背景下的一个使用性。如果可以使用,我们就可以得出这样一个结论,大数据行业不是完全的无法可依。

但是要注意,在大数据技术的背景下,个人隐私、商业秘密和国家安全受到损害的路径和受到损害的程度,以及受到损害的范围有特殊性。一方面,这些特殊性不会改变受到损害的事实,因此,前边提到的既有的保护个人隐私、商业秘密和国家安全的法律,当然可以继续使用。另一方面,因为损害的路径、范围、程度、方式有特殊性,所以就可以看到重点。因此,对于数据的生产、采集、存储、加工、分析、服务等相关经济活动中如何确保数字安全,应当是立法的重点。这个里头引入数据安全,一方面是本身的一种需求,而这个安全含义是从法的价值层面去看的。数据的安全立法是规范数据行为,促进数据行业发展的真正的法治需求。法治化过程最重要的是发现事实和法律,发现新的事实对法律的真的新需求。如果把所有问题泛化之后,看上去强调这样一个问题的重要性,但非常遗憾的是,可能最后矛盾的焦点被掩盖了。其实在所有法律制度中,最重要还是法律责任,维护数据安全以及保护隐私和隐私数据的法律责任,最后还是归到法律责任上。法律责任的配置或者法律责任的分配同样需要有一些基本的原则,那就是法律责任应该与风险的控制能力和法律责任的承担相适应,这是第一个适应。然后,把法律责任配置给那些有承担、有能力控制风险的。谁的风险控制能力强,给谁的责任配置就应该大。在整个数据行为的过程中,谁的收益高,承担的责任就大,只有这样法的另外两个价值公平和效率才能够得到充分的体现。

数据权利属性与法律特征*

李爱君**

权利和义务贯穿于法律现象逻辑联系的各个环节、法的一切部门和法律运行的全部过程。〔1〕 权利的性质是由权利结构确定的。权利结构是由权利主体、权利内容、权利客体组成。权利主体是享有权利的人。〔2〕 权利的内容是特定的行为,是权利人在法律授权范围内,以自己或他人的作为和不作为的方式实现权利的过程。权利客体是权利内容指向的对象,或是权利行使所及的对象,它说明享有权利的主体在哪些方面可以对外在的客体(物质客体或精神客体)作出某种行为或不作出某种行为。这种对象始终与权利本身共存灭的。数据权利的性质研究是"制定数据资源确权、开放、流通、交易相关制度,完善数据产权保护制度"〔3〕的起点和基石。权利和义务是法的核心内容,也是法学的基本范畴。法是以权利和义务机制调整人的行为和社会关系的。〔4〕 数据权利的属性是由数据权利结构决定的。数据权利的结构是由数据权利主体、数据权利内容、数据权利客体组成。权利通常根据结构不同,在"权利"前面加上不同的定语,其定语有主体、内容、客体。数据权利是以数据权利客体"数据"来定义的。这种定义还有物权、人身权、知识产权等,这类权利是指特定载体之上由法律设定的权利总称。权利的客体是客观的,其自然属性的不同,造成了由此产生的民事权利的不同直接会导致权利的内容和行使方式上的差异。数据权利的属性主要是由权利的客体性质决定的,因此数据权利的属性研究应从数据权利的结构研究为逻辑起点,以数据权利的客体"数据"为核心进行研究。

一、数据权利的界定

笔者对数据权利的界定是在法律层面进行的。法律层面的概念是对各种有关

---

* 本文转载自《东方法学》2018 年第 3 期。

** 中国政法大学互联网金融法律研究院教授、博士研究生导师,经济学博士后。

〔1〕 张文显主编:《法理学》,高等教育出版社 1999 年版,第 86 页。

〔2〕 这里的人是法律意义上的人,包括自然人和法人。

〔3〕 党的十九大第二次政治局会议的习近平总书记讲话,载新华网,2018 年 1 月 5 日。

〔4〕 张文显主编:《法理学》,高等教育出版社 1999 年版,第 116 页。

法律的事物、状态、行为进行概括而形成的术语。只有借助法律概念,立法者才能制定立法文件;只有借助法律概念,司法者才能对事物进行法律分析,作出司法判断;只有借助法律概念,民众才能认识法律,法律研究者才能研究、改进法律。法律概念具有三大功能:表达功能、认识功能和改进法律、提高法律科学化程度的功能。[1]数据权利的法律层面界定,应以“权利”作为切入点。权利是法学理论最成熟和最本质的范畴,是意识层面与制度的媒介。数据应用实践中所出现的问题,多是集中于数据的权利主张。“权利”一语,系外国法律概念的移译,在英文称为“right”,在德文称为“Recht”。无论是“right”还是“Recht”均蕴含合理正当的意涵,均指合理正当而得有所主张,并非“争夺权利”。[2] 澳大利亚法学家托尔雅就指出:“义务的核心意义在于,它是作为权利的相关物发挥作用的,义务的承担者不仅被告知他必须做某事,而且被告知他理应去做某事,它之所以受约束,乃是因为如果他规避义务,所受到的不是他自己善良动机的挑战,而是另一个人的挑战,因为那个人拥有权利。”[3]权利是一种社会关系,本身不是物质实体,也不具备为人感知的客观形式。[4] 权利从主体资格层面是去行动的资格、占有的资格或享受的资格;也可以把权利理解为具有正当性、合法性、可强制执行的主张,即以某种正当的、合法的理由要求或吁请承认主张者对某物的占有,或要求返还某物,或要求承认某事实(行为)的法律效果;从内部和外部关系、权利的法律功能和社会价值的角度,可以把权利解释为规定或隐含在法律规范中、实现于法律关系中的、主体以相对自由的作为或不作为的方式获得利益的一种手段。[5] 数据权利是指主体以某种正当的、合法的理由要求或吁请承认主张者对数据的占有,或要求返还数据,或要求承认数据事实(行为)的法律效果。

二、数据权利属于民事权利

法律上的权利义务必有其主体,亦必有其客体。主体为权利义务之所属,客体为权利义务之所附;主体非人莫属,客体则依权利的种类不同而不同。[6] 数据权利的成立应有其主体和客体,其主体是公民、法人或其他社会组织,客体是数据。客体“数据”是否具有权利客体的特征决定了数据权利是否成立,数据的自然属性决定了其产生的民事权利的属性和与其他民事权利的区别。

---

[1] 张文显主编:《法理学》,高等教育出版社 1999 年版,第 76 页。
[2] 王泽鉴:《民法概要》,中国政法大学出版社 2003 年版,第 37 页。
[3] 张文显:《法哲学范畴研究》,中国政法大学出版社 2001 年版,第 336 页。
[4] 张文显主编:《法理学》,高等教育出版社 1999 年版,第 85 页。
[5] 同上。
[6] 梁慧星、陈华彬:《物权法》,法律出版社 2005 年版,第 22 页。

（一）数据的界定

1. 数据、信息与大数据的含义

数据是对事实、活动的数字化记录，具有独立性，形式有多样性，数据是无体的。数据通常呈现为非物质性的比特（bit）构成。所谓比特，通俗理解为事实和活动的数字化存在形式。这一媒介特性意味着，数据不再需要具体物作为物质载体（如知识产权载体的书、电视等），它的载体是符号（符号载体），只需要相应的数字化系统工具加以呈现，使人的认知思维可以直观识别。

信息是数据表达出的内容，也是无体的。信息具有以下特性：(1)抽象性。因为其不要求被具体物质载体所呈现，因此其具有抽象性的特征。(2)内容的多样性。因为信息不是具体的一个实物，其内容多种多样，需要将其放置于时间和空间两个维度之中去考量。(3)表现形式复杂性。各个主体向外传输信息时，可以通过书籍、音频、视频等多种方式，而在各个表现形式中，或许不同的表现形式呈现的是同样的内容。

大数据是以容量大、类型多、存取速度快、应用价值高为主要特征的数据集合和经过对海量数据的处理技术，该处理技术包括收集、汇编与整合、挖掘与分析、使用，[1]而生成的有价值的数据。大数据是数据的衍生品，包括两类：一类是单个数据的集合，数据集合中的单个数据包括有价值的数据、低价值的数据和无价值的数据，但其容量之大达到了空前的程度，可利用性和经济价值都超越了单个数据，数据集合后由量变发生了质变，可作为大容量数据集合本身或其经过挖掘、处理产生的结果在知识、科技、智能等领域都是一种资源；另一类是经过数据集合的处理技术，该处理技术包括收集、汇编与整合、挖掘与分析、使用，[2]而生成的有价值的数据。这个大数据定义的内涵与外延在国内与国外的政策与制度方面都有所体现。例如，我国国务院《关于印发促进大数据发展行动纲要的通知》对大数据的定义："大数据是以容量大、类型多、存取速度快、应用价值高为主要特征的数据集合"；美国联邦贸易委员会 2016 年 1 月的报告"Big Data-A Tool for Inclusion or Exclusion? Understanding the Issues"对大数据的定义："大数据是经过对海量数据的处理技术，该处理技术包括收集、汇编与整合、挖掘与分析、使用，而生成的有价值的数据"。[3]他们从不同的角度对大数据进行了定义，但都不全面。事物的定义应是对事物本质的高度概括和抽象。

---

〔1〕 美国联邦贸易委员会 2016 年 1 月的报告："Big Data-A Tool for Inclusion or Exclusion? Understanding the Issues"。

〔2〕 同上。

〔3〕 同上。

2. 数据、信息与大数据的关系

数据与信息是包含的关系，是数据包含信息。数据是对事物、状态等的记录，数据所承载的内容有信息和非信息。信息的载体也可以是数据的载体，其表现形式是比特，也可以是图形或者其他符号。

数据与大数据的关系是包含的关系，数据是大数据的基础。从外延和范围的角度看，大数据 < 数据，大数据是数据的衍生品。网络时代对数据概念的狭义理解是数字化记录，更强调能被设备自动化的处理。

大数据与信息的关系是大数据包含信息的关系。大数据包括两类：一类是单个数据的集合；另一类是经过数据集合的技术处理，而生成的有价值的数据。这两类数据远远大于信息。

综上所述，数据、信息与大数据的关系是“数据 < 大数据 > 信息”。

（二）数据的客体属性

数据权利的客体是指数据权利中的权利义务所指向的对象。权利的客体不同，直接导致权利的内容和行使方式上的差异。数据权利的客体是“数据”。数据作为客体是否具有民法上客体的特征是研究数据民事权利的前提。

1. 数据存在于人体之外

由于人是民事法律关系的主体，故人的身体及其组成部分不得为权利的客体。数据是对事实、活动的数字化记录，具有独立性，形式有多样性。数据是无体的。数据通常被认为是彻底脱离具体物的物质性的原子构成，而呈现为非物质性的比特构成。因此，数据是存于人体之外的。

2. 数据具有确定性

确定性是指民事主体对客体的独占和控制。数据不具有实体性，它必须依赖于一定的载体为存在条件，而且其载体所承载的数据的内容与数量都是可以独占和控制的。数据自然属性的非物质性、传递性、扩散性和再现性，导致其数据主体无法通过像物那样实际占有、控制和利用，也无法通过与他人的约定来对抗第三人的占有和享用。因此，可以比照知识产权的独占性。知识产权的独占性是指法律仅赋予知识产权所有人行使知识产权中的各项权利。知识产权所有人可以自己行使，也可以授权他人行使。但他人未经其许可则不能擅自行使。有形物和无形物的独占性内涵与外延是不同的，且其实现的方式也是不同的，有体物的独占性是通过对物的占有来实现的，占有、使用，其他人不能盗窃、破坏，但可以模仿、复制。[1] 无体物独占性的实现主要是未经所有人的授权，其他人不能商业性地制造、使用、销售、进出口、模仿、复制。因此，数据的独占性可以通过法律实现其独占性，如欧盟数据可携带

〔1〕 模仿与复制不能违反其他法律的规定。

权。欧盟数据可携带权规定权利主体有权就其被收集处理的个人数据获得对应的副本,并可以在技术可行时直接要求控制者将这些个人数据传输给另一控制者。[1]这就是通过对数据的收集和处理数据的控制者通过法律以规定其义务的方式赋予数据主体对其自身相关的数据拥有控制性的权利。

3. 数据具有独立性

民事客体是民事权利的附着对象,它必须是能实际控制的并能划分与他人利益范围的独立载体。客体具有独立性是构成民事权利的一个要素。数据是无体物,可以说数据是在知识产权与信息的基础上发展起来的。数据本身的特性与知识产权和信息有相同的一面,也有本身的特征。数据能够独立存在,即能够与其表现的比特的形式媒介在观念和制度上进行分离,并具有独立的利益指向。比如,数据经过程序处理就可以表现出其内容,人们是要获取数据的内容,而不是数据的表现形式"比特"。数据所具有的独立性,还体现在它能够与其反映的客观事实相独立。如数据所承载的内容是事实和活动,其事实和活动的数字化可以与其形成事实和活动的主体相分离。数据更多的是为人们根据其不同用途进行分析所用。数据的客体与知识产权的客体都是无体物,知识产权客体独立性的实现是通过法律赋予其独立性,也不是以承载"知识"的载体来确定"知识"的独立性。数据本身的呈现形式是"比特",数据所承载的内容是事实和活动。因此,也可以通过对一定地域范围内全体社会成员有拘束力的共同约定即法律规定的办法,控制对数据的占有和使用的制度——数据法。

4. 数据具有民法以"无形物"作为权利客体(如智力成果)的特征

数据无论是作为以比特形式存在的物理介质,还是其本身所承载的内容都具有无形性的表征。数据是以比特的形式呈现,并不是指比特本身,因此就像作为无形物的智力成果是以其信息内容的专属性和垄断性来表彰知识产权的客体。数据是以其所含内容来界定权利义务关系,而不是以作为存储在网络的比特形式来加以讨论的,故数据本身具有类似知识产权所具有的信息垄断性的内在特征。

5. 数据权利是新型民事权利

依据德国《民法典》的"主体—权利—客体"结构,客体作为界定权利内容和界限的附着对象,由此获得了实体法上的权利表彰意义。[2] 数据作为现代社会的战略资源,在现实中的数据应用的法律事实行为已经成为民事法律关系中的权利客体。数据是对事物、活动和状态等的记录。数据的内容是特定的,数据不是协助民事主体取得或转让某种民事权利的比特,而是比特所承载的内容,因此具有特定性。

---

〔1〕 高富平、余超:《欧盟数据可携带权评析》,载《大数据》2016 年第 4 期。

〔2〕 [德]卡尔·拉伦茨:《德国民法通论》(上),王晓晔等译,法律出版社 2004 年版,第 402 页。

数据的内容是确定的、稳定的,并可以通过法律制度进一步赋予其作为民事权利客体的属性。而且在现实中数据已经成为一种社会需求的资源,其客体的自然属性决定了其依据已有的权利制度的调整是无法真正调整所形成的法律关系,必须建立新的权利保护制度。

三、数据民事权利性质的分析

数据权利由于其结构的客体的自然属性的不同,数据民事权利是一种新型的民事权利,有财产权、人格权和国家主权的特征。

(一)数据权利具有财产权属性分析

财产权是以财产为客体的权利。其特点是权利直接体现经济价值和权利可以转移。根据财产权的概念,如果数据权利具有经济价值、权利可以转移和以财产为客体就具有财产权属性。

1. 数据权利具有经济价值的特点

实践中,贵阳数据投行有限公司对北京舆讯科技有限公司进行数据投资,以价值200万元的数据使用权为对价,取得舆讯科技15%的股权。[1] 根据我国《民法总则》第125条“民事主体依法享有股权和其他投资性权利”的规定,股权是民事权利,股权是具有财产属性。因此,数据与股权进行对价已充分证明了数据具有经济价值。

2. 数据权利可以转移

数据权利的转让通常是通过交易完成的。数据如能交易就意味着其权利可以转移。2015年印发的国务院《关于印发促进大数据发展行动纲要的通知》,明确了发展大数据、促进大数据交易的要求。从实践层面看,自2014年2月以来,我国地方建立了大量的数据交易所、数据交易中心等,[2]还颁布了地方的交易规则。[3]

---

[1] 作为全国第一家从事数据资产投资业务的机构贵阳数据投行上线,载http://mt.sohu.com/20161202/n474732512.shtml,最后访问日期:2017年1月10日。

[2] 中关村数海大数据交易平台、贵阳大数据交易所、长江大数据交易所、武汉东湖大数据交易中心、徐州大数据交易所、河北大数据交易中心、哈尔滨数据交易中心、江苏大数据交易中心、上海大数据交易中心、湖北长江大数据交易所、陕西西咸新区大数据交易所、浙江大数据交易中心等10余家大数据交易平台与中心。

[3] 安徽大数据交易中心制定《安徽大数据交易规则》;贵阳大数据交易所制定《贵阳大数据交易所702公约》;哈尔滨大数据交易中心制定《哈尔滨数据交易规则》;江苏大数据交易中心拟定《大数据交易用户协议》。

这些交易场所的运行及交易规则，充分证明了数据权利是可以转移的。[1]

3. 数据权利客体具有财产属性

法学理论中的“财产”，一层含义是具有经济利益的权利的集合；另一层含义是财产性权利的客体。例如，德国学者卡尔·拉伦茨在第一层含义上使用“财产”，他认为：“某主体的财产是其具有经济价值的多个权利所集成的，只有具备经济价值的权利方为财产，这些权利在一定的法律关系中可以转化为物质利益。”[2]根据2017年出台的《民法总则》在“民事权利”一章第127条的规定：“法律对数据、网络虚拟财产的保护有规定的，依照其规定。”立法的选择是将“数据”和“虚拟财产”并列，表明两者有相似性，隐含着立法对数据财产属性认可。经济学理论中的“财产”财产应当具有使用价值和交换价值。“不论财富的社会形式如何，使用价值总是构成财富的物质内容。在我们所考察的社会形式中，使用价值同时又是交换价值的物质承担者。”[3]

在实践层面，数据已作为商品进行交易具有交换价值，如各地方的数据交易平台所交易的客体就是数据。数据交易已经成为一种产业，尽管不同的交易平台或交易中心对数据、大数据交易范围的界定存在差异，其交易的对象最终是数据。中关村数海大数据平台交易的是除涉及国家安全数据和个人数据以外的数据（含底层数据），贵阳大数据交易所交易的是经过清洗后的数据，不含底层数据。虽然被交易的具体数据类型有差别，但数据交易本身表明数据、大数据等产品用于交易体现出了交换价值。数据的使用价值体现在社会生活的方方面面，如用户画像形成每个行业独有的用户画像，一方面帮助公司做好定向营销，降低营销成本；另一方面可以精准发掘用户需求，针对用户需求提高用户服务品质。在企业管理的核心因素中，大数据技术与其高度契合。管理最核心的因素之一是信息收集与传递，而大数据的内涵和实质在于大数据内部信息的关联、挖掘，由此发现新知识、创造新价值。大数据能够帮助公司在数据分析的基础上进一步挖掘细分市场的机会，最终能够缩短企业产品研发时间、提升企业在商业模式、产品和服务上的创新力，大幅提升企业的商业决策水平，降低了企业经营的风险；政府能够运用数据分析成为一种新型的社会治理模式。

---

〔1〕 2014年中国大数据产业规模大约为1038亿元，2015年产业整体规模达到1692亿元。随着各项政策的配套落实及推进，到2020年，中国大数据产业规模或达13,626亿元的高点。对于大数据交易，除国家政策文件之外，贵州省率先出台了具有法律效力的地方性法规《贵州省大数据发展应用促进条例》（2016年3月1日起施行），各交易平台也相继各自出台了大数据交易的行业规范也相继出台。

〔2〕 [德]卡尔·拉伦茨：《德国民法通论》（上），王晓晔等译，法律出版社2004年版，第410～411页。

〔3〕 《马克思恩格斯全集》（第23卷），人民出版社1975年版，第48页。

（二）数据具有人格权属性

数据具有人格权的属性。德国学者卡尔·拉伦茨教授认为，人格权是一种受尊重权，也就是说，人格权承认所固有的“尊严”以及人的身体与精神，人的实然存在与应然并存。[1] “人格权指以人的价值、尊严为内容的权利（一般人格权），并个别化于特别人格法益（特别人格权），例如生命权、身体、健康、名誉、自由、信用、隐私、贞操”。[2] “人格权是以权利者的人格利益为客体的民事权利。”[3]现代民法的人格权立法价值是以人为本，保障人格尊严、人的价值和人的主体性，根据人对自身的决定和支配需要和人的一般伦理观念设置了法律底线。我国《民法总则》第110条“自然人享有生命权、身体权、健康权、姓名权、肖像权、名誉权、荣誉权、隐私权、婚姻自主权等权利”中将姓名权、肖像权、名誉权、荣誉权、隐私权确认为“权利”。人格权的特征是一种原始的、专属的、绝对的、开放的。从各国立法对人格权的范围的规定来看，其随着当代社会变迁和社会关系的复杂化而不断扩展，人格权益日渐增加，旨在维护非物质利益的人格权的地位提高。法律创设了各种类型的人格权，通过法律技术将人的内在伦理价值外化于法律条文，形成对人格权的外在保护。从数据实践中所呈现的内容看，自然人的数据有姓名、身份证号、家庭住址、信用状况、运动轨迹等、各类证照号、收入、爱好等方方面面。这些内容中体现其人格尊严和自由意志，属于人格权的内容。尤其在实践中的人脸识别，人脸就是肖像，肖像是属于人格权。因此，数据如具有姓名权、肖像权、名誉权、荣誉权、隐私权的内容就具有人格权的属性。

（三）数据具有国家主权属性

数据主权的理论基础是国家主权理论。16世纪法国思想家J. 博丹创立的主权理论。他认为，主权是一国享有的、统一而不可分割的、凌驾于法律之上的最高权力。荷兰法学家H. 格劳秀斯进一步指出，主权即权力的行使不受另外一种权力的限制，当一国不受任何别国控制而处理内部事务时就表现为主权。主权是国家的基本要素之一，是国家的固有权利，[4]它表示一个国家在国际上的根本地位，是一个国家独立自主处理自己内外事务，管理自己国家的最高权力。没有主权，就不能构

[1] [德]卡尔·拉伦茨：《德国民法通论》（上），王晓晔等译，法律出版社2004年版，第282页。

[2] 王泽鉴：《民法概要》，中国政法大学出版社2003年版，第38页。

[3] 谢怀栻：《论民事权利体系》，载《法学研究》1996年第2期。

[4] （1）主权是国家固有的属性，具有不可转让、不可分割和不可侵犯的神圣地位，具有排他性；（2）主权是国家独立自主地处理内外事务的最高权力；（3）主权具有两重性：在国内有最高的对内主权，在国际上有独立的对外主权，二者是统一而不可分割的；（4）主权的内容包括领土完整、政治独立、经济自主和与别国的主权平等；（5）主权国家是国际法的主体，也是国际关系唯一的行为主体。该理论认为在国际社会中拥有主权的国家应有权独立自主地处理本国内外事务，决定内外政策，采取它认为合适的和必要的措施来保护自身的利益并实现既定的目标。

成国家。一国的数据立法及政策是国家独立自主处理内外事物的表现。数字经济是当前和未来经济发展的新空间，数据资源的控制和使用能力对我国经济、政治、文化等领域将产生巨大影响。国际国内形势均表明，数据主权将成为继边防、海防、空防之后，大国博弈另一个的空间。[1] 许多国家和地区已经启动数据资源保护、数据安全体系建立完善和数据基础设施建设，增强数据安全保障能力，进而维护国家安全。国家将公民个人数据安全防护提升至主权的战略高度，为防范和减少本国公民敏感数据受外国政府、企业侵害提供了根本保障。

"棱镜门"便是数据主权典型事例，通过监控并窃取他国数据，其中包括大量涉及国家安全、国家利益及公民隐私的个人数据，如通信内容等，严重威胁他国主权。一些跨国企业也可能将经营中获取的我国公民个人数据秘密地向外国转移，为外国政府提供情报，损害我国公民的个人数据自决权利，也有损我国的数据主权。目前，在数据主权与跨境数据流动方面，存在"数据本地化"和"数据自由流动"的矛盾。如欧盟与美国2016年7月通过的《隐私盾协议》。欧盟希望尽可能防止本区域公民个人数据的外流，以保护个人隐私；但美国希望本国在欧盟的企业拥有更强的个人数据传输权限，隐私该协议只是暂时调和但未能根本解决双方在跨境数据传输规制上的分歧。[2] 在国际数据合作共享方面，一些关键个人数据在尊重各国数据主权的前提下及时流动共享，对于反恐、打击跨国犯罪有重要作用。还有在金融领域，一旦我国公民的个人数据被外国秘密大量截取的现象发生，就有可能致使金融行业瘫痪；在基因领域，我国人口基因数据如果被境外机构窃取，用于研究我国人口特殊基因，研制生物武器，将严重威胁公众安全和国家安全。[3] 据统计，[4]我国已成为互联网应用第一大国，也将是数据创造第一大国。[5] 极大的数据体量和众多的互联网企业蕴藏着不可估量的经济发展潜力，极高的网民数量和复杂的国际数据关系说明了确保数据安全、保护公民利益和国家安全的艰巨性。

---

〔1〕 人民网评论：《G20国家以理念创新引领全球创新发展研究》，载人民网：http://world.people.com.cn/n1/2016/0825/c1002-28665507.html，最后访问日期：2016年12月8日。

〔2〕 吴世忠、桂畅旎、磨惟伟：《世界网络强国信息安全的战略动向与政策抓手》，载人民网：http://theory.people.com.cn/n1/2016/1116/c40531-28872341.html，最后访问日期：2016年12月8日。

〔3〕 据《大公报》报道，罗湖海关连续查获旅客违规携带孕妇血出境，用于带往我国香港特别行政区作胎儿性别等DNA鉴定。我国内地海关强调，血液中含有人类中药遗传信息，若被境外机构用于研究我国特殊基因信息，后果很严重。这也说明保护基因数据安全对维护国家安全有重要意义。载新华网：http://news.xinhuanet.com/gangao/2017-02/15/c_129480545.htm，最后访问日期：2017年2月17日。

〔4〕 截至2015年7月，我国网民数量达6.68亿人，网民规模全球第一；我国网络零售交易额规模跃居全球第一，2015年我国网络零售总额达3.3万亿元；拥有328家互联网相关上市企业，其中61家在美国上市，市值规模合计7.85万亿元，相当于中国股市总市值的25.6%。

〔5〕 中国国际经济交流中心网络空间治理课题组：《网络空间治理需把牢数据主权》，载http://www.npopss-cn.gov.cn/n1/2016/1012/c219470-28772077.html，最后访问日期：2016年12月1日。

我国《网络安全法》规定关键信息基础设施的运营者在我国境内收集和产生的个人信息和重要数据原则上应当“境内存储”,[1]以防止关键行业的个人数据外流。这体现了数据主权性,将个人数据保护提升至国家主权的战略高度,通过法律加以规范。为保障数据安全,维护国家主权,许多国家采取了严格的个人数据保护规定,着力点是确保对本国公民个人数据管理的独立性和对本国数据的管辖权的完整性。国家网信办出台的《个人信息和重要数据出境安全评估办法(征求意见稿)》第8条[2]和第9条[3]规定都充分体现了数据的国家主权的属性。俄罗斯议会于2014年7月通过《个人数据法》,规定俄罗斯公民的个人数据必须保存在俄境内服务器上。[4] 加拿大卫生部规定禁止本国公民的电子病历数据在美国境内处理。[5] 欧盟于2016年年初通过并将于2018年实施《一般数据保护条例》,对跨境数据传输作出严格规定。亚太经合组织也在制订跨境隐私保护框架。上述举措与我国的“境内存储”如出一辙,也印证了个人数据保护对于数据主权的重要性和紧迫性。综上所述,数据权利是一种具有财产权、人格权和国家主权属性的新型民事权利。

四、数据权利的法律特征

(一)数据权利是无体财产权

数据权利作为一种无实体财产权是由数据权客体“数据”的自然属性所决定的。数据权利的财产属性在前面已作分析,此部分主要分析其无实体性。数据是无体的,“体”是自然界固有的、是物质的,它必须依赖于一定的载体为存在条件。数据没

---

[1] 参见我国《网络安全法》第37条。

[2] 《个人信息和重要数据出境安全评估办法(征求意见稿)》第8条规定:“数据出境安全评估应重点评估以下内容:(一)数据出境的必要性;(二)涉及个人信息情况,包括个人信息的数量、范围、类型、敏感程度,以及个人信息主体是否同意其个人信息出境等;(三)涉及重要数据情况,包括重要数据的数量、范围、类型及其敏感程度等;(四)数据接收方的安全保护措施、能力和水平,以及所在国家和地区的网络安全环境等;(五)数据出境及再转移后被泄露、毁损、篡改、滥用等风险;(六)数据出境及出境数据汇聚可能对国家安全、社会公共利益、个人合法利益带来的风险;(七)其他需要评估的重要事项。”

[3] 《个人信息和重要数据出境安全评估办法(征求意见稿)》第9条规定:“出境数据存在以下情况之一的,网络运营者应报请行业主管或监管部门组织安全评估:(一)含有或累计含有50万人以上的个人信息;(二)数据量超过1000GB;(三)包含核设施、化学生物、国防军工、人口健康等领域数据,大型工程活动、海洋环境以及敏感地理信息数据等;(四)包含关键信息基础设施的系统漏洞、安全防护等网络安全信息;(五)关键信息基础设施运营者向境外提供个人信息和重要数据;(六)其他可能影响国家安全和社会公共利益,行业主管或监管部门认为应该评估。行业主管或监管部门不明确的,由国家网信部门组织评估。”

[4] 中国国际经济交流中心网络空间治理课题组:《网络空间治理需把牢数据主权》,载 http://www.npopss-cn.gov.cn/n1/2016/1012/c219470-28772077.html,最后访问日期:2016年12月1日。

[5] 《中国应加快数据使用立法,守住“数据主权”》,载新华网:http://news.xinhuanet.com/zgjx/2014-08/04/c_133530041.htm,最后访问日期:2016年12月5日。

有特定的实体,无色、无味、无质量、不占有空间、不具备可感性。数据如果不借助于一定的载体便无法存在。数据财产权的这种法律特征,是指数据权利不是因为有体之物而产生,相反它是依无体之物而形成。

(二)数据权利与知识产权的区别

知识产权作为一种无体财产,在法律上确立了其独立于物权和债权的财产权地位。这体现了现代社会财产权观念的演进,财产权的存在不以具象化的、实在化的有体"物"为前提,而是可以表现为权利人对其经济利益的主张。由于数据权利的无体性,有观点主张,将"数据"纳入知识产权法律制度进行规范,[1]或准用著作权制度调整数据财产权为核心的法律关系。数据财产权与知识产权有交叉之处,但两者不是包含关系,知识产权不能包含数据财产权,其区别具体如下:

1. 数据权利客体"数据"无须具有"独创性"

著作权保护下的作品以独创性为首要条件,独创性是作者自己选择、取舍、安排、设计的结果,不是依既定程序、程式、手法推理、运算而来,[2]强调选择和编排的独创性。数据并非均具有独创性,因而其上承载的财产性权利不能全部纳入著作权——知识产权制度进行调整。典型的例子是个人数据,其中绝大部分内容是对事实信息的记载,具备个人识别意义(如身份证号码)或仅是个人行为的记录(如运动轨迹),这些数据只是对客观事实的反映,不具有独创性。这既不是生成该数据的自然人的作品,也不是记录该数据的机构或企业的作品,更不是智力成果,显然不能成为知识产权的客体,无法适用知识产权法律制度。据著名咨询公司 IDC 的统计,仅在 2011 年全球被创建和复制的数据总量为 1.8ZB(10 的 21 次方),其中 75% 来自个人(主要是图片、视频和音乐)。[3]

2. 数据权利不具有期限性

知识产权具有期限性,只有在一定的期限内受到保护,超过了保护期限,作品就"进入了公有领域",成为社会公共财富的一部分,专有权也就灭失了。数据一旦产生,具有永不磨损的特点。这一点与物有根本的不同,作为物权对象的物不具有永存的特点。物权以物存在为前提,物灭失之后,物权也就消灭了。因此在法律上,不必为物权设定时间界限,而是任由物的自然寿命决定。数据的存在和再现不依赖于特定的物质材料,即使支撑形式存在的物质材料灭失数据仍然存在,数据的寿命是

[1] 2016 年 6 月 27 日《中华人民共和国民法总则(草案)》第 108 条曾将"数据信息"作为知识产权的一项内容,2016 年 10 月 31 日的草案则将"数据信息"从该条删除,2017 年出台的《民法总则》也未将数据信息确认为知识产权客体。立法文本的变化也印证了说明知识产权客体包括数据这一观点的不合理。

[2] 冯晓青:《知识产权法》,中国政法大学出版社 2008 年版,第 107 页。

[3] 计数据来自"The 2011 Digital Universe Study-ExtractingValue from Chaos. International Data Corporation and EMC", June 2011。转引自李国杰、程学旗:《大数据研究:未来科技及经济社会发展的重大战略领域——大数据的研究现状与科学思考》,载《中科院院刊》2012 年第 6 期。

无限的。数据权利没有期限,因为数据权利有人格权属性。人格权是一种原始的权利,是与生俱来的,始于出生,终于死亡。因此,数据权利是没有期限的。

3. 数据权利的客体不具法定性

知识产权的客体必须具有法定性,即成为知识产权客体的范围和条件,必须由法律加以确认,当事人不得随意设定。数据权利的客体不是法定的,如具有人格属性的数据不需要法律再加以确认。

4. 智力劳动成果不是数据的必要充分的条件

知识产权客体应当是智力劳动成果,具有商业价值的专有信息。数据不以是否为智力劳动成果和具有商业价值为条件。数据不仅可以不是智力劳动成果,也可以是没有任何商业价值或低价值的单个数据或是海量数据(海量的没有商业价值的数据通过技术处理可以产生有价值的数据)。

5. 知识产权取得与数据权利的取得不同

首先,知识产权取得的客体必须得到法律确认成为知识产权的客体。其次,知识产权取得必须经过法定程序。如取得一项技术发明专利权,必须经过申请、审查、公告、批准等程序。数据权利的取得不需要经过法定的程序。最后,知识产权的权利必须由法律授予,而不能当事人任意设定,如中国著作权法只规定了版权作品的署名权、发表权、修改权、保护作品的完整性权及使用作品和获得报酬等权利,当事人就不能随意设定阅读权。[1] 数据权利取得不必然都是根据法律规定的取得,也无须经过法定的程序,如具有人格权属性的数据就不用经过法定程序和法律的根据而取得。

(三)数据权利与物权不同

1. 数据不同于"物"的特征对比物之支配的排他性,数据之支配在客观上不具有排他性,这是由数据的非物质化形态决定的,这一特点与智力成果相似。数据与智力成果本身都不是物质实体。因此,在占有方面,对数据的掌握没有客观上的物理垄断性,同样的数据可以同时被多个权利主体掌握;同时,数据的使用价值和价值在其被支配的过程中没有损害,某权利主体通过对数据的运用或交易获得利益时,无法构成对其他主体通过相同方式获取直接经济利益的排除。

简言之,数据是一种不同于具有物质形态之"物"的客体,对数据的支配具有非排他、非损耗的特点。例如,个人数据,数据所指向的个人自身可以使用,与此同时,企业在一定前提下也可以使用,政府机构处于社会管理和公共服务的目的也可以和个人、企业在同一时间使用相同数据。这三个主体对相同数据的支配并不彼此排斥,数据的使用价值和价值也没有因被使用而产生损耗。因此,数据与《物权法》上

---

[1] 陈传夫:《高新技术与知识产权法》,武汉大学出版社2000年版,第9页。

的"物"在属性上有明显差异。数据所承载的财产权的具体权利之归属和支配不同于有形物的占有和支配模式,适用于有形物的物权制度无法被套用在数据上。在国外立法中,《俄罗斯联邦信息、信息技术和信息保护法》第11条第5款规定,对含有文件信息的物理载体的所有权及物权由俄联邦民法规定。〔1〕需要注意的是,此处的"所有权""物权",是指对数据的物理载体如磁盘等适用物权制度,而不是载体所储存的数据适用物权制度。在我国的实践中,大数据行业内关于数据使用、交易等自律规则出现了"所有权"一词。例如,《中关村数海大数据交易平台规则(征求意见版)》第44条规定:"如收到关于数据侵犯所有权、隐私、国家安全的诉讼,本交易平台查证属实的,将停止相关数据交易服务,并冻结数据交易款项,涉及不能正常履行的买卖合约,由数据卖方承担买方损失,退还所得交易款。"其中,出现了"侵犯数据所有权"的说法。实际上,根据前文所论述的数据不是《物权法》上的"物"这一观点,讨论数据财产权时使用"所有权"概念是不合适的。我国民法中的所有权,若采用事实类型化的列举方式,可以简单概括为占有、使用、收益、处分四项权能,也就是权利人实现权利所能实施的行为。数据具有无形性、可无限复制并传播且价值不减损的特性。这两个特点共同作用的结果是,有些数据从被生成那一刻开始,不同主体便能够在一定限度内依其意思为某个或某些数据使用行为。例如,在占有方面,个人数据可能被不同主体记录或收集,个人可以获取并留存这些数据,同时其他主体并不丧失相同的数据记录,有时,个人也无法要求某些主体消除与其有关的数据(如要求政府部门消除其身份证号码)。所以,"占有"这一概念在数据面前被解构了。在使用方面,个人信用数据是评估个人信用状况的重要依据,在某些情况下,个人可以获取并使用这些与自己有关的数据,个人向商业银行借款时,商业银行需要使用个人信用数据评估其还款能力,个人和商业银行可以同时使用个人征信数据,且两者对数据的使用互不干扰。这种使用不以某一方对数据的"独占"为前提。在收益方面,个人可以选择同意或授权其他主体使用其个人数据来获取经济收益,企业利用其采集到的个人数据可以更好地进行决策,取得商业利益,某些个人数据可以同时为个人与企业带来收益。所有权这一概念旨在说明权利人与一切其他主体在法律上的关系,权利人可以要求一切其他主体对其所有之物不为一定行为,权利人可以按自己的意愿对其所有之物为一定行为,权利人可以创设自己与他人之间以该物为客体的法律关系,一切其他主体对所有权人的之物所为的一定行为不产生法律效力。根据前文对数据财产权某些形态的分析可知,某些数据自生成起,其上的财产性权利就呈现出被不同权利主体各行其是的状态,每个主体都天然地无法实现对这类数据的完全支配或控制。而所有权,则首先要求权利人享有一束圆满权利集

---

〔1〕 肖秋慧:《俄罗斯信息政策和信息法律研究》,武汉大学出版社2008年版,第261页。

合，然后才能产生用益物权转让等法律关系，使他人合法享有该项具体权利；对比而言，数据财产权利集合被某一主体完全享有在大多数情况下无法实现，其中各类具体权利分属不同主体。因此，数据财产权和传统的所有权结构存在巨大差异，无法以所有权概念为基础解释和构建数据财产权。

此外，有观点认为实际掌握大数据的主体享有数据的“不完整所有权”，因为数据掌握者对数据中包含的个人信息、涉密信息和知识产权属性信息等的使用和处分权能的行使要受到一定限制，对这些信息行使权利不得损害原信息权利主体的合法权益和国家、其他组织的利益。这种观点存在明显的缺陷，除了前文已进行的论述，还有一个原因是，对于包含人格权益的数据，显然不能将所有权归于大数据掌握者，这会使个人基于人格权益对个人数据的控制和支配陷入被动的局面。数据掌握者对个人信息等方面数据的使用和处分不仅受到一定限制，而是在很多情况下需要经过个人等主体的同意或授权，自然人对其个人数据享有人格权，在行使人格权方面具有主动性。

（四）数据权利客体与商业秘密

2017 年 11 月 4 日修订通过的《反不正当竞争法》第 9 条规定了不得侵犯商业秘密。根据规定，商业秘密是指不为公众所知悉、具有商业价值并经权利人采取相应保密措施的技术信息和经营信息。商业秘密的显著特点是价值性（具有商业价值或可能带来竞争优势等）、秘密性（不为其所属领域的相关主体所普遍知悉和容易获得）、保密性（商业秘密保有人出于保持信息处于秘密状态的目的，对商业秘密采取了合理的保密措施）。[1] 企业所掌握的一些数据确实具备上述特征，可以认定为商业秘密，通过反不正当竞争法进行保护。但在大数据背景下，并非所有数据、数据集合都属于经营者的商业秘密，并且反不正当竞争法不能充分保护数据财产权。

并非所有数据、数据集合都属于经营者的商业秘密。将信息认定为商业秘密的必要条件之一是具有秘密性，秘密性体现为“独占”或“独享”，只有一个或几个经营者掌握，不被普遍知悉和容易获得，这种物理性的垄断给经营者带来竞争优势。知悉的人越多，信息产生的竞争优势越不明显。然而，数据的特点是在可以复制并无限传播的同时，其商业价值未必减损，甚至被传播或使用得越多，价值反而越大。同一个数据集合，不同的经营者可能有不同用途或使用方式。有时，掌握数据或数据集合的主体希望更多人支付对价取得使用这种资源的许可，此时，数据的秘密性大大降低，而价值并非成比例递减。此外，大数据的特征之一是变化速度快，有些数据集合以数据流的形式存在，即数据实时变动，可以说在某一时间点上数据集合是静止的。但一般而言，这种数据集合的内容和范围处于不确定状态，这种数据集合中

〔1〕 参见我国《反不正当竞争法》第 9 条。

的数据对于掌握它的经营主体来说,未必具有商业价值,有些数据也无保密需求。因此,并非全部数据均满足商业秘密的三个特点,有些数据不是商业秘密,不能依据《反不正当竞争法》第 9 条来保护。

《反不正当竞争法》不能充分保护数据财产权。直接原因是两者调整的法律关系有差别,根本原因则是两者法益不完全重叠。不可否认,无论是反不正当竞争法还是数据财产权制度的设想,法律的建构最终都是为了增进社会效益。然而,前者调整的显性法律关系是经营者间的关系,隐藏其后的则是其他经营者等主体,直接保护的是市场竞争秩序,鼓励公平竞争,出发点即公共利益;而后者所调整的法律关系主体是不限于经营者的权利人,没有隐性主体,不构成竞争法上实质的三方关系结构,直接保护的是权利人的私益,出发点是私益。

在效力范围方面,《反不正当竞争法》第 2 条第 2 款规定:“不正当竞争行为,是指经营者在生产经营活动中,违反本法规定,扰乱市场竞争秩序,损害其他经营者或者消费者的合法权益的行为。”反不正当竞争法主要规范经营者的经营行为,无法保护非经营主体的个人对其个人数据所享有的财产权。反不正当竞争法只能产生对抗市场竞争领域的商事主体的效果,数据财产权可以产生对抗其他一切主体之效果。在认定标准方面,反不正当竞争法提供的是一种兜底性保护,内容宽泛。不正当竞争认定标准主观性较强,裁决具有较大的不可预测性,可能导致权利人难以得到切实保护。因此,通过反不正当竞争法不得侵犯商业秘密的条款来保障数据财产权益是有缺陷的。

综上所述,数据、大数据的保护与反不正当竞争法商业秘密保护表面上存在交叉地带,但反不正当竞争法的保护与数据财产权制度的功能、法益均有显著差别,不宜将数据、大数据的保护完全纳入反不正当竞争法体系内。

数据安全与监管

李爱君* 张 珺**

一、数据安全的概念

计算机系统及计算机网络保护领域,数据安全主要有两个层次:一是数据本身的安全,是指采用现代密码算法对数据进行主动保护,如数据保密、数据完整性、双向强身份认证等;二是数据防护的安全,是指采用现代信息存储手段对数据进行主动防护,如通过磁盘阵列、数据备份、异地容灾等手段保证数据的安全。数据防护安全是一种主动的保护措施,数据本身的安全必须基于可靠的加密算法与安全体系,主要是有对称算法与公开密钥密码体系两种。

将技术上的数据安全涵摄到数据安全法学研究上,数据安全是指数据应用行为中数据的保密性、完整性与可用性,以及个人信息保护。数据的保密性,是指除了有明确授权之外,数据不应被其他应用者获得,数据的完整性,是指数据应用过程中不被篡改或者篡改后可被迅速发现并应对,数据的可用性,是指数据能够满足主体的需求,没有使用价值的数据不值得保护。

数据应用行为中的数据安全,包括数据收集安全、数据存储安全、数据处理安全、数据传输安全、数据交易安全、数据使用安全以及数据跨境流动安全等。个人信息保护在数据安全法律问题中有特殊性,与自然人生命财产安全密切相关,一旦发生大规模个人信息泄露事件,甚至会影响到公共利益。

二、数据安全法律问题

大数据时代,数据防护安全应该理解为数据应用行为全过程的安全,包括数据收集安全、数据存储安全、数据处理安全、数据传输安全、数据交易安全、数据使用安全以及数据跨境流动安全。其中,收集、存储、传输、交易和跨境流动等应用环节在数据安全方面的问题相对独立和典型,是本文探讨的重点。

行政法规如《中华人民共和国计算机系统安全保护条例》《计算机信息网络国

---

* 中国政法大学教授、博士研究生导师,法学博士,主要研究方向:金融法学、数据法学。

** 中国政法大学民商经济法学院博士研究生,主要研究方向:金融法学、数据法学。

际联网安全保护管理办法》,明确规定了计算机系统的安全及信息网络安全的实施和管理的相关办法;《网络安全法》《证券法》《测绘法》等提出“要建立数据安全保障制度”“开发数据安全保护的技术”“建立数据安全管理制度”等。此外,一些领域、行业提出建立各自行业内数据安全管理或保障制度。是否有必要在全国范围内建立起一个统一的制度办法,是否可以存在一个针对数据安全保护的机制,以确保数据自身的安全得以保护,并且可以对数据安全保护的主体、方法、路径等各个方面作出更加详细具体的规定?是否考虑需要建立起数据安全分级,对于不同安全层级的数据,需要采取不同的技术手段来确保其自身的安全?而随着社会的发展,尤其是科学技术的发展,是否也要随之建立起一个技术更新机制?这些问题亟待解答。

(一)数据应用安全存在的法律问题

1. 数据收集安全

数据安全防护的第一环节是数据收集,收集是否保障数据安全是指数据收集行为中数据的保密性、完整性、可用性及个人信息保护。

(1)数据的保密性

数据收集之后应对其进行保密,保密体现两个层面:一是在道德层面,不能主观恶意进行泄露;二是不能因为技术导致收集数据的泄露。这两种收集数据泄露问题一个是人的问题,此问题可以通过法律制度的责任机制进行防范;另一个是技术问题,技术问题可以通过制定技术标准的准入来进行规范。

(2)数据的完整性和可用性

影响数据收集行为的完整性和可用性主要因素有:一是收集数据本身不真实;二是在收集之前或收集过程中,有恶意攻击者篡改数据;三是已获授权收集的数据收集者的数据进行恶意拦截;四是恶意提供虚假数据的行为。这四种因素会对之后的数据处理、使用等行为产生不利影响。比如,数据交易时一方提供的数据不真实,构成对相对方的违约,若相对方在不真实数据的基础上处理和使用数据,并再次交易,甚至可能影响数据应用链上多个主体。

(3)数据的个人信息保护

数据与信息是不同的。数据是信息的电子化的表现形式,信息数据的内容,数据包含信息。因此,数据安全是实现个人信息保护的保障。

2. 数据存储安全

目前,数据存储状态根据所存储数据的关联性,大致可分为关系型数据库与非关系型数据库。随着大数据的发展,市场对海量数据的、高扩展性和可用性特征的非关系型数据库的需求越发强烈。非关系型数据库技术发展尚未成熟,相对于关系型数据库其安全性较弱。一方面,验证和健全机制薄弱,使数据库容易遭受暴力破解和来自内部的攻击,攻击者可能窃取或篡改数据,造成敏感数据被泄露;另一方面,非关系数据库也易受各类注入攻击,攻击者可以利用这些注入手段向数据库中添加垃圾数据。[1]

对于数据存储安全,应当协调便利使用原则、便利交易原则和分散风险原则的关系。应当建立数据安全评级机制或者数据安全分类机制,对不同类型的数据存储进行不同安全级别的保护。例如,在数据存储的方法、数据存储的介质等各个方面作出不同的规定。如果数据收集者不具备数据存储的安全条件,应当要求第三方存储机构介入,进行安全系数更高的数据保护。

而针对数据存储环节数据受攻击导致泄露或者篡改的情形,法律应加以规制。数据存储者在发现数据泄露或者数据篡改的情形时,未告知或者未及时告知构成对数据主体的侵权,应为数据主体设置有效的救济途径,明确主管部门的应对机制。

3. 数据交易安全

数据交易安全法律问题中,首先要考虑的是数据交易场所问题。数据交易伴随着潜在的高风险,并很可能影响公共利益、国家安全,设立数据交易场所是必要的。数据交易平台的设立需要遵循怎样的规则?是否可参照其他行业如证券交易所的模式?贵阳大数据交易所经贵州省金融办、贵阳市政府、国家相关金融主管部门批准设立,但证券交易所设立的审批的权限却在国务院。

参与数据交易主体的资质和能力,也是保障数据交易环节安全需要考虑的问题。进入数据交易市场的门槛应该如何设立?《贵阳大数据交易所702公约》对数据供应商的资格表述为:“交易所对数据供应商实行的是‘宽进严管’。供应商对数据交易有兴趣就能参与,有不良表现就会受到处罚,对违规或违法、数据造假、数据欺诈、数据来源不合法的供应商有三种处罚:失去会员资格、交易所黑名单、移交司法机关。”而交易所内对所有成员采取会员制,对会员身份的标准为:“交易所分两类会员,一类是为自己进行大数据衍生产品套期保值或投资交易的自营会员,另一类则是专门从事大数据交易经纪代理业务的中间经纪公司。要成为大数据交易所的会员,必须具备一定的条件。数据交易席位会员在经营范围、运营资金、承担风险和责任的资格及能力、组织机构、人员素质等方面应符合交易所的规定。”“会员资格包括下列条件:(1)具有法人地位的数据整合及数据咨询公司;(2)承诺数据不造假,数据不被滥用;(3)在组织形式、业务人员及技术风险防范方面符合交易所的规定;(4)承认大数据交易所的章程和业务规则,按规定缴纳会员费、席位费及其他费用;(5)交易所要求的其他条件。具备上述条件的公司向大数据交易所提出申请,并提供必要文件。经交易所理事会批准后,可成为交易所的会员。”以上规定是否可以满足数据交易安全对主体资质的要求,应予考虑。

[1] 陈文捷、蔡立志:《大数据安全及其评估》,载《计算机应用与软件》2016年第33期。

在数据交易机制方面,要建立何种数据交易模式有利于保障数据交易中的数据安全?而在数据交易安全中,数据的流转问题尤为重要。包括数据交易后的使用权限问题,以及数据交易后如果发生泄露、丢失、转售时所产生的纠纷应该如何处理?解决以上法律问题的根本是明确数据的权利属性。明确数据的法律性质、权利属性和权利归属,对于解决数据交易安全法律问题尤为重要。

4. 数据传输的安全

数据在传输过程中可能失真或被破坏。原因之一,是某些数据收集过程需要人工干预,其中可能引入误差。原因之二,是攻击者可能通过执行中间人攻击或者重放攻击等手段,在数据传输过程中破坏数据。数据在传输过程中也可能被拦截和泄露。客户与服务器之间的数据传输没有加解密处理,攻击者就可以在传输的过程中窃取数据。[1] 导致数据传输安全问题的最重要因素是数据遭受恶意攻击,从而不具备数据原本所具有的保密性、完整性和可用性。我国对于传输中的数据遭受恶意攻击的行为法律规范是否完善,是我们所要探寻的问题。

我国《刑法》第285条规定:“违反国家规定,侵入国家事务、国防建设、尖端科学技术领域的计算机信息系统的,处三年以下有期徒刑或者拘役。违反国家规定,侵入前款规定以外的计算机信息系统或者采用其他技术手段,获取该计算机信息系统中存储、处理或者传输的数据,或者对该计算机信息系统实施非法控制,情节严重的,处三年以下有期徒刑或者拘役,并处或者单处罚金;情节特别严重的,处三年以上七年以下有期徒刑,并处罚金。提供专门用于侵入、非法控制计算机信息系统的程序、工具,或者明知他人实施侵入、非法控制计算机信息系统的违法犯罪行为而为其提供程序、工具,情节严重的,依照前款的规定处罚。单位犯前三款罪的,对单位判处罚金,并对其直接负责的主管人员和其他直接责任人员,依照各该款的规定处罚。”第286条规定:“违反国家规定,对计算机信息系统功能进行删除、修改、增加、干扰,造成计算机信息系统不能正常运行,后果严重的,处五年以下有期徒刑或者拘役;后果特别严重的,处五年以上有期徒刑。违反国家规定,对计算机信息系统中存储、处理或者传输的数据和应用程序进行删除、修改、增加的操作,后果严重的,依照前款的规定处罚。故意制作、传播计算机病毒等破坏性程序,影响计算机系统正常运行,后果严单位犯前三款罪的,对单位判处罚金,并对其直接负责的主管人员和其他直接责任人员,依照第一款的规定处罚。”以上法条主要规定了非法侵入计算机系统罪、非法获取计算机系统数据、破坏计算机信息系统罪及拒不履行信息网络安全管理义务罪。而我国《治安管理处罚法》第29条规定:“有下列行为之一的,处五日以下拘留;情节较重的,处五日以上十日以下拘留:(一)违反国家规定,侵入计算机

[1] 陈文捷、蔡立志:《大数据安全及其评估》,载《计算机应用与软件》2016年第33期。

信息系统,造成危害的;(二)违反国家规定,对计算机信息系统功能进行删除、修改、增加、干扰,造成计算机信息系统不能正常运行的;(三)违反国家规定,对计算机信息系统中存储、处理、传输的数据和应用程序进行删除、修改、增加的;(四)故意制作、传播计算机病毒等破坏性程序,影响计算机信息系统正常运行的。”从法律法规中看,我国对网络安全及数据保护的刑法处罚和行政处罚已有相对完备的法律,但其效果差强人意。主要原因有两个:一是通常违法者会把非法获取计算机系统数据或破坏信息系统作为其他犯罪行为的手段或者工具,因此,在刑罚上构成牵连犯,在近几年案例中以《刑法》第285条、第286条直接定罪的情形较少;二是这两个法条对一些并无社会危害性甚至有助于推动网络技术发展的行为进行了过于宽泛的打击,如对善意黑客“白帽子”的打击。[1]

5. 数据跨境流动安全

出于数据主权原则的要求及对本国数据的安全保护,数据的跨境流动通常会受到限制。

美国、韩国等一些国家通过附带各种条件对数据跨境流动进行了严格的限制。美国《出口管理条例》(Export Administrative Regulations)主要是对非军用物品进行出口管制,其中以云计算为例,云计算服务中对软件和技术数据的转移应适用《出口管理条例》。在韩国《信息通信网络的促进利用与信息保护法》中,第51条规定:“政府可要求信息通信服务的提供商或用户采取必要手段防止任何有关工业、经济、科学、技术等的重要信息通过信息通信网络向国外流动。”[2]澳大利亚《政府信息外包、离岸存储和处理ICT安排政策与风险管理指南》也规定,为政府部门开发的云服务,要求属于安全分类的数据不能储存在任何离岸公共云数据库中,应存储在拥有较高级别安全协议的私有云或社区云的数据库中。[3] 而在韩国《个人信息保护法》中,第14条规定了:“政府应制定相关政策措施,确保数据主体的权利不得因个人信息的跨境转移而被侵犯。”第17条第3款也规定了:“个人信息处理者向海外第三方提供个人信息时,应……获得数据主体的同意。个人信息处理者不得违反本法规定订立跨境转移个人信息的合同。”可以看出针对各类数据,韩国根据数据受保护程度的不同确定了禁止跨境流动或附条件跨境流动。

对于数据跨境流动问题,我国2017年6月1日起实施的《网络安全法》构建了对关键信息基础设施所控制的数据的跨境流动制度。《网络安全法》第37条规定:“关键信息基础设施的运营者在中华人民共和国境内运营中收集和产生的个人信息和重要

---

〔1〕 参见赵精武:《网络安全漏洞挖掘的法律规制研究》,载《暨南学报》(哲学社会科学版)2017年第39期。

〔2〕 石月:《新形势下的跨境数据流动管理》,载《电信网技术》2016年第4期。

〔3〕 石月:《数字经济环境下的跨境数据流动管理》,载《信息安全与通信保密》2015年第10期。

数据应当在境内存储。因业务需要,确需向境外提供的,应当按照国家网信部门会同国务院有关部门制定的办法进行安全评估;法律、行政法规另有规定的,依照其规定。”根据此法条,我国关键信息基础设施中收集和产生的个人信息和重要数据如果要向境外提供,必须按照相关规定进行安全评估,之后才可以进行跨境流动。

我国对某些特定行业和领域内的数据跨境流动作了限制性规定。例如,国务院办公厅《关于深化改革推进出租汽车行业健康发展的指导意见》要求加强网络和信息安全防护,建立健全数据安全管理制度,所采集的个人信息和生成的业务数据应当在中国内地存储和使用。这意味着这些采集或生成的数据不得跨境流动。《征信业管理条例》第 24 条规定:“征信机构在中国境内采集的信息的整理、保存和加工,应当在中国境内进行。征信机构向境外组织或者个人提供信息,应当遵守法律、行政法规和国务院征信业监督管理部门的有关规定。”《电子商务法(草案)》中规定对跨境电子商务活动中所产生的个人信息和商业数据依法保护,并且国家要建立起跨境电子商务交易数据的存储、交换和保护机制。《地图管理条例》第 34 条规定:“互联网地图服务单位应当将存放地图数据的服务器设在中华人民共和国境内,并制定互联网地图数据安全管理制度和保障措施。”2017 年 4 月 11 日国家网信办发布了《个人信息和重要数据出境安全评估办法(征求意见稿)》,其第 2 条规定:“网络运营者在中华人民共和国境内运营中收集和产生的个人信息和重要数据,应当在境内存储。因业务需要,确需向境外提供的,应当按照本办法进行安全评估。”可以看出,随着我国各行各业的发展,我们逐渐意识到了数据对各行业的重要性,以及其对国际主权的重要性,因此不断完善对数据跨境流动的保护。目前,我国很多法律法规对数据跨境流动作出了具体限制,但部分已生效的法律法规制定时间较早,且不具有可操作性,更多的有关数据保护的细则尚处于征求意见阶段,尚未生效实施。

出于国家主权、国家安全的考虑,限制个人信息和重要数据出境具有一定的必要性,而且需要寻求其与数据国际合作机制的均衡。对数据跨境流动中的数据安全保护模式大致可划分为三种情形:非常严苛的俄罗斯模式;较为宽松的韩国、美国模式;介于两者之间既有严苛规定也有宽松规定的中间模式,如澳大利亚。

同时,数据跨境流动的安全评估机制尚无匹配细则,该机制未完全确立。对于数据跨境安全评级,我国《网络安全法》第 37 条第 2 款规定:“因业务需要,确需向境外提供的,应当按照国家网信部门会同国务院有关部门制定的办法进行安全评估。”网信办出台的《关键信息基础设施安全保护条例(征求意见稿)》第 9 条规定:“国家网信部门会同国务院电信主管部门、公安部门等部门制定关键信息基础设施识别指南。国家行业主管或监管部门按照关键信息基础设施识别指南,组织识别本行业、本领域的关键信息基础设施,并按程序报送识别结果。关键信息基础设施识别认定过程中,应当充分发挥有关专家作用,提高关键信息基础设施识别认定的准确性、合理性和科学性。”此法条虽然规定了需要制定关键信息基础设施识别指南以及各行业按照识别指南来报送识别结果,但是此保护条例依旧处于征求意见稿阶段,关键信息基础设施指南也未出台,而且指南中是否会包含评估机制及评估方法,这一系列的问题都是相关机构出台法规规章需要关注的。网信办出台的《个人信息和重要数据出境安全评估办法(征求意见稿)》第 8 条规定:“数据出境安全评估应重点评估以下内容:(一)数据出境的必要性;(二)涉及个人信息情况,包括个人信息的数量、范围、类型、敏感程度,以及个人信息主体是否同意其个人信息出境等;(三)涉及重要数据情况,包括重要数据的数量、范围、类型及其敏感程度等;(四)数据接收方的安全保护措施、能力和水平,以及所在国家和地区的网络安全环境等;(五)数据出境及再转移后被泄露、毁损、篡改、滥用等风险;(六)数据出境及出境数据汇聚可能对国家安全、社会公共利益、个人合法利益带来的风险;(七)其他需要评估的重要事项。”该办法第 9 条规定:“出境数据存在以下情况之一的,网络运营者应报请行业主管或监管部门组织安全评估:(一)含有或累计含有 50 万人以上的个人信息;(二)数据量超过 1000GB;(三)包含核设施、化学生物、国防军工、人口健康等领域数据,大型工程活动、海洋环境以及敏感地理信息数据等;(四)包含关键信息基础设施的系统漏洞、安全防护等网络安全信息;(五)关键信息基础设施运营者向境外提供个人信息和重要数据;(六)其他可能影响国家安全和社会公共利益,行业主管或监管部门认为应该评估。行业主管或监管部门不明确的,由国家网信部门组织评估。”该征求意见稿对进行安全评估的主体、评估的具体内容、需要安全评估的数据类型作出了相关规定,但该文件仍处于征求意见阶段,尚未生效施行,且制定的具体细则如安全评估的各项内容如何衡量和界定,都需要制订更加具体的标准。就目前而言,在《网络安全法》这部法律已有相关禁止性规定的情形下,具体的配套规则却尚未出台,使《网络安全法》暂时无法发挥其约束作用。

(二)个人信息保护的法律问题

在数据安全问题中,还应对个人信息保护做进一步探讨。随着社会日新月异的发展,尤其是互联网时代的到来,越来越多的个人信息以数据形式呈现,因遭受恶意攻击而产生数据泄露的问题屡屡频发,这些频发事件所泄露的个人信息导致了许多社会恶性事件。因此,在每个数据行为过程中,个人信息保护值得特别关注。

我国在《居民身份证法》《消费者权益保护法》《统计法》《出境入境管理法》《国家情报法》等法律,均规定了相关行业的经营者、公务人员因经营活动或者公务行为而获知公民的个人信息,应当予以保密。并且,在近几年的修订过程中,这些法律大多也都制定了违反保密责任所应承担的行政责任。而更多的个人信息保护的规定则出现在各行业、各领域的行政规章和部门规章之中,如《征信业管理条例》《地图管理条例》《彩票管理条例》等。

我国《网络安全法》中对个人信息保护作出了具体的规定，其第40～45条涉及主体、应用环节和权利义务。该法第40条规定了网络运营者应该对收集的信息保密，并建立用户信息保密制度；第41条规定了收集、使用个人信息应遵循一定的规则，并且须经被收集者同意；第42条规定了不得泄露、篡改、毁损个人信息，且要采取相应措施防止发生个人信息被泄露、篡改和毁损；第43条规定了对未依法收集和使用或者是错误的个人信息，个人有权要求网络运营者进行删除；第44条规定不得非法出售个人信息；第45条规定了负有网络安全监督管理职责的部门及其工作人员对工作中所知悉的个人信息应负有保密义务。

与此同时，我国也完善了数据应用主体在个人信息安全方面的民事、行政和刑事责任。我国《民法总则》在“民事权利”一章第111条规定：“自然人的个人信息受法律保护。任何组织和个人需要获取他人个人信息的，应当依法取得并确保信息安全，不得非法收集、使用、加工、传输他人个人信息，不得非法买卖、提供或者公开他人个人信息。”确认了个人信息受侵害时的私法救济途径。我国《刑法》第253条之一规定：“违反国家有关规定，向他人出售或者提供公民个人信息，情节严重的，处三年以下有期徒刑或者拘役，并处或者单处罚金；情节特别严重的，处三年以上七年以下有期徒刑，并处罚金。违反国家有关规定，将在履行职责或者提供服务过程中获得的公民个人信息，出售或者提供给他人的，依照前款的规定从重处罚。窃取或者以其他方法非法获取公民个人信息的，依照第一款的规定处罚。单位犯前三款罪的，对单位判处罚金，并对其直接负责的主管人员和其他直接责任人员，依照各该款的规定处罚。”

我们可以看到，对个人信息的保护主要集中于以下几个方面：第一，个人信息承载着自然人人格权益，其收集、使用、加工、传输、交易和公开受到私法保护；第二，掌握个人信息的主体应对其工作所获悉的个人信息保密，违反其保密义务应承担法律责任。虽然各行业各领域均规定了有关个人信息保护的各项规定，民事、行政以及刑事法律责任亦有规定。但是上述权利实践中能够真正实现，救济途径是否畅通，以及如何认定数据的收集、使用、加工、传输、买卖和公开的合法与非法如何界定，是否存在模糊地带等，在细节上仍需研究。

一般而言，在个人信息的保护上，数据来源主体（自然人）享有以下几种权利：(1)知情权。所谓知情权，是指数据主体有权知道有关其自身的信息是否被收集以及收集方式、范围、目的、用途，是否披露以及披露的条件、对象和范围，信息保存的期限，安全保障措施等有关数据收集过程中涉及的信息情况。此外，数据主体有权要求数据收集者提供有效联系方式，以便实现其知情权。(2)决定权。决定权是指数据主体有权决定是否同意数据收集者收集有关其自身的数据，以及决定收集的范围、方式、保存期限等，且在数据收集者已经完成收集后，数据主体有权决定是否同意数据收集者将已被收集数据转移、委托或转让给第三方。(3)查询权。查询权是指数据主体有权随时以合理的方式向数据收集者要求查询、阅览被收集数据。(4)异议更正权。异议更正权是指数据主体认为被收集、存储数据的真实性、准确性、完整性等存在错误、重复、缺失等问题时,有权向数据控制者提出异议,并且数据主体有权要求数据控制者及时采取合理措施更新、更正、修改或补充与自身相关的问题数据。数据控制者应当在收到异议后及时采取合理措施,对异议数据进行必要的审查。问题数据是指在真实性、准确性、完整性、时效性等方面存疑的数据。(5)封锁权。封锁权是指当数据主体发现数据控制者未经同意应用、超过应用目的范围或进行其他违反法律、法规规定或双方约定的收集行为时,有权要求数据掌握者立即停止应用,并且锁定已被收集的数据。锁定后,数据控制者不得利用该被锁定的数据或对该数据进行除删除以外的其他任何操作。(6)删除权。删除权是指在数据控制者已达到收集目的之后,或者数据收集者违反法律、法规的规定或双方约定收集数据时,数据主体有权要求数据收集者及时删除被收集数据。

尽管上述具体权利体现了对个人信息人格权益的保护,但权利的落实仍有困难。例如,知情权未必能保障数据主体知悉被收集的各项信息的具体用途、存储的时间等。不仅如此,在网络活动中,如果运营者不告知数据主体被收集的数据是什么,则后者无从得知哪些数据被收集,是被谁收集。因此,一旦权利受到侵害,无法找到侵权人,救济也就无法实现。

在同意权方面,如果用户想得到某项服务,则必须要同意经营者提供的服务协议,通常为格式合同,数据主体无从协商,经营者和数据主体的地位实际不对等,数据主体的意思不完全自治。

在查询权方面,我国法律并未明确规定数据主体的查询权。这就回归到对知情权的探讨上,即尽管控制者告知了数据主体将要收集哪些个人信息,但最终收集的结果数据主体可能无法真正得知,且数据主体无法查询,知情权难以得到保障。

三、构建数据安全监管体系

2015 年国务院印发的《促进大数据发展行动纲要》指出,促进政府监管和社会监督有机结合,有效调动社会力量参与社会治理的积极性。2016 年贵州省《大数据发展应用促进条例》第 31 条规定,省人民政府建立数据安全工作领导协调机制,统筹协调和指导本省数据安全保障和监管工作。“徒法不足以自行”,数据安全的法律法规有待完善,而规则确立之后的贯彻执行要求构建数据安全监管体系,有效维护数据安全,规范数据产业发展。

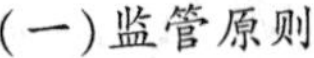
(一)监管原则

1. 适度监管原则

监管是对市场机制的校正，是国家凭借政治权力对经济个体自由决策所实施的强制性限制，其实质是以政府命令作为一种基本的制度、手段来代替市场的竞争机制，以确保获得一个更好的经济结果。可以说，监管是对某种偏离既定规则的行为实施的干预。监管与市场相伴而生，是现实经济发展的必然要求。

虽然要保持市场运行的良好有效必须有政府的监管，但是政府监管的缺陷也警示着我们需要适度监管，尤其是在行使监管职能中协调好创新与监管的关系。监管也会产生社会成本。监管机构的设立、人员经费、制订监管规则、监管信息的收集及实施监管等均有成本，监管对象为遵守监管规定要付出成本，监管所导致的寻租与设租成本以及反腐败的成本、过度监管所导致的效率损失也应考虑。在大数据发展中，也要寻找适度介入点，适度监管，均衡数据安全和数据产业效益。

2. 权责一致原则

遵循权责一致的原则，强调法治精神，依法监管，防止权力滥用。监管必须受到约束，即监管活动必须依法进行。不仅监管者本身必须接受法律监督和法律约束，而且在适度监管的各个环节，必须遵循法律法规，合理界定数据安全监管机关的职能范围，明确责任，在法定的范围内监管。既应有效避免监管的随意性、过分性，又应避免监管的僵化性、欠缺性。

(二)监管目标

《电信和互联网用户个人信息保护规定》第1条规定："为了保护电信和互联网用户的合法权益，维护网络信息安全，根据《全国人民代表大会常务委员会关于加强网络信息保护的决定》、《中华人民共和国电信条例》和《互联网信息服务管理办法》等法律、行政法规，制定本规定。"

数据安全中需要特殊保护的数据有个人信息、商业秘密、国家安全数据，数据安全监管保障数据主权、国家安全，推动形成健康有序的市场环境，维护公民和数据应用者合法权益。

1. 保护数据主权和国家安全

维护国家主权和安全是数据市场健康发展的前提。我国《网络安全法》第31条对关键信息基础设施的重点保护，第41～50条对网络中用户信息、个人信息的保护，充分体现了我国对数据安全的重视。《网络安全法》第37条规定："关键信息基础设施的运营者在中华人民共和国境内运营中收集和产生的个人信息和重要数据应当在境内存储。因业务需要，确需向境外提供的，应当按照国家网信部门会同国务院有关部门制定的办法进行安全评估；法律、行政法规另有规定的，依照其规定。"对于数据应用行为的监管，应将数据安全和数据主权作为监管目标。

2. 推动形成健康有序的市场环境

当前,大数据应用逐渐深入社会各个领域,数据成为重要的新资源,健康有序的市场环境对于数据产业发展尤为重要。在保证数据主权和国家安全的前提下,发挥监管对于均衡数据安全和市场发育具有积极作用,激发数据产业发展活力。

3. 保护公民和数据应用者合法权益

监管的根本在于维护人民利益。例如,《电信和互联网用户个人信息保护规定》第1条规定:"为了保护电信和互联网用户的合法权益,维护网络信息安全,根据《全国人民代表大会常务委员会关于加强网络信息保护的决定》、《中华人民共和国电信条例》和《互联网信息服务管理办法》等法律、行政法规,制定本规定。"保护公民和数据应用者合法权益最根本的在于切实维护人民利益。

(三)监管主体

1. 监管主体设置

我国数据安全监管主体框架未完全确立。从监管主体来看,我国现有法律中对监管机构的授权仅是在各自涉及的领域内提及数据保护,无对信息监管职能的统一规划。我国《网络安全法》第8条规定:"国家网信部门负责统筹协调网络安全工作和相关监督管理工作。国务院电信主管部门、公安部门和其他有关机关依照本法和有关法律、行政法规的规定,在各自职责范围内负责网络安全保护和监督管理工作。县级以上地方人民政府有关部门的网络安全保护和监督管理职责,按照国家有关规定确定。"可以看出,在《网络安全法》中有关关键信息基础设置和个人信息的保护,主要的统筹协调机关是国家网信部门,而涉及刑事或电信、互联网用户信息安全的,则由公安部门和国务院电信主管部门(工业和信息化部)及其他有关机关在各自职责范围内负责监督管理工作。《电信和互联网用户个人信息保护规定》(工业和信息化部令第24号)第3条规定:"工业和信息化部和各省、自治区、直辖市通信管理局(以下统称电信管理机构)依法对电信和互联网用户个人信息保护工作实施监督管理。"可以看出,电信和互联网用户个人信息保护工作的监管工作,在中央是由工业和信息化部负责,地方是由各省、自治区、直辖市通信管理局负责。《征信业管理条例》第4条规定:"中国人民银行(以下称国务院征信业监督管理部门)及其派出机构依法对征信业进行监督管理。县级以上地方人民政府和国务院有关部门依法推进本地区、本行业的社会信用体系建设,培育征信市场,推动征信业发展。"可以看出,中国人民银行对征信业务中有关数据行为进行监管。《寄递服务用户个人信息安全管理规定》第5条规定:"国务院邮政管理部门负责全国邮政行业寄递用户信息安全监督管理工作。省、自治区、直辖市邮政管理机构负责本行政区域内的邮政行业寄递用户信息安全监督管理工作。按照国务院规定设立的省级以下邮政管理机构负责本辖区的邮政行业寄递用户信息安全监督管理工作。国务院邮政管理部门和省、自治区、直辖市邮政管理机构以及省级以下邮政管理机构,统称为邮政管理部门。"可以看出,国务院邮政管理部门即国家邮政局负责全国邮政行业寄递用户信息安全监管工作,地方邮政管理部门即地方邮政管理局负责各行政区域内的邮政行业寄递用户信息安全监管工作。国务院办公厅《关于运用大数据加强对市场主体服务和监管的若干意见》(国办发〔2015〕51 号)虽然是有关对运用大数据展开社会活动,强调对市场主体服务和监管,但其中对大数据形成的监管也进行了一些规定。附件《重点任务分工及进度安排表》中对各主体的监管任务也进行了一个较明确的规定。例如,该意见第 13 条对电子商务平台的监督管理,以及电子商务信息采集和分析、可信认证服务等是由工商总局、商务部、网信办、工业和信息化部持续实施;该意义第 23 条规定电子政务、信息跨境流动、国家经济安全、信息安全,保护企业商业秘密、个人隐私等方面的监管,以及上述所提到的相关法律法规的出台由网信办、公安部、工商总局、工业和信息化部、发展改革委等部门会同法制办推进;该意见第 24 条规定由发展改革委、中国人民银行、法制办在 2017 年 12 月底前"推动出台相关法规,对政府部门在行政管理、公共服务中使用信用信息和信用报告作出规定,为联合惩戒市场主体违法失信行为提供依据";该意见第 25 条规定由工业和信息化部、国家标准委、发展改革委、质检总局、网信办、统计局"建立大数据标准体系,研究制定有关大数据的基础标准、技术标准、应用标准和管理标准等。加快建立政府信息采集、存储、公开、共享、使用、质量保障和安全管理的技术标准。引导建立企业间信息共享交换的标准规范"。

各省市内有关大数据发展的文件中,也是对监管进行了多层次、多领域监管。譬如,在四川省人民政府办公厅《关于促进和规范健康医疗大数据应用发展的实施意见》(川办发〔2016〕98 号)第三、重点工程中第(五)项大数据监管工程的规定:"依托已建成的四川省医疗机构、医务人员、医疗行为综合监管信息平台,(事实上为四川省通信管理局设立)联通省三医财政资金综合监管信息平台,实现医疗、医保、医药信息共享和业务协同。建设全省统一标识的医疗卫生人员和医疗卫生机构可信医学数字身份、电子实名认证、数据访问控制信息系统,积极推进电子签名应用,实现医疗服务全程回溯和跟踪,提高监管效率。(责任部门:省卫生计生委、省密码管理局、人力资源社会保障厅、省食品药品监管局、省中医药局、四川保监局)"大多数省份设立有综合监管信息平台,管理机构为通信管理局(工信部管理)。

可以看出,在监管主体这一问题上,如同政府数据开放平台的责任主体一样,各行业各省市或是笼统规定,或是不相一致。其实,细究原因,不难发现这是由于各行业各领域所具有的特性,针对其不同特点,该领域固有的监管机构应当承担监管责任。例如,征信业务领域,监管主体为中国人民银行,其在数据保护实践中的人力、物力和较为丰富的监管实践经验,履行数据保护职能。

因此,可以在各行业各领域固有监管机构基础上明确数据安全监管职能,在内部设立数据应用监管部门,从事本行业内的数据安全监管工作。为防止各部门互相推诿或争权,避免多头监管导致的监管主体众多、责权不明、监管不力、效率低下等问题,应当在现有分行业监管的基础上,设计统一协调监管机制,设立一个牵头机构,若涉及数据监管协调问题,可由牵头机构集中处理。

2. 监管协调机制

(1)中央层面

数据安全是网络安全的重要组成部分,《网络安全法》已经交由国家网信部门负责统筹协调网络安全和监管工作,赋予其统一协调的地位。因此数据安全监管由国家网信部门进行统筹协调,并明确其监管权责。其他各领域的有关监管机关均在各自职责内负责网络安全以及个人信息保护工作,彼此配合。由网信部门负责全国性的个人信息保护和国家数据安全的监管协调工作,推动全国性的数据安全保护标准的制定和施行。

(2)地方层面

具体到地方层面:地方数据安全监管工作则由省一级网信部门(接受网信办垂直领导的省一级行政机关)统一领导和协调。主要工作是向省级人民政府汇报工作,但在业务上主要接受国家网信部门的领导。省级网信部门具体负责本省级行政区的数据安全监管并协调其他相关执法部门的工作。

此外,外国有关数据安全监管的模式也有可借鉴之处。如欧盟的《一般数据保护法案》(Genera Data Protection Regulation,GDPR)中规定成立欧盟数据安全保护委员会,这种顶层设计给受侵害者给予一个很好的保护。我国可以借鉴在各行业数据监管部门之外,单独设立一个机构来扮演最终裁决者的角色。

(四)监管方式

1. 监管与社会监督结合

明确监管职责的同时,要注重发挥社会监督对维护数据安全的正面作用。我国《网络安全法》第 9 条规定:“网络运营者开展经营和服务活动,必须遵守法律、行政法规,尊重社会公德,遵守商业道德,诚实信用,履行网络安全保护义务,接受政府和社会的监督,承担社会责任。”而《网络安全法》第 8 条规定:“国家网信部门负责统筹协调网络安全工作和相关监督管理工作。国务院电信主管部门、公安部门和其他有关机关依照本法和有关法律、行政法规的规定,在各自职责范围内负责网络安全保护和监督管理工作。县级以上地方人民政府有关部门的网络安全保护和监督管理职责,按照国家有关规定确定。”该法第 11 条规定:“网络相关行业组织按照章程,加强行业自律,制定网络安全行为规范,指导会员加强网络安全保护,提高网络安全保护水平,促进行业健康发展。”该法第 14 条规定:“任何个人和组织有权对危害网络安全的行为向网信、电信、公安等部门举报。收到举报的部门应当及时依法作出处理;不属于本部门职责的,应当及时移送有权处理的部门。有关部门应当对举报人的相关信息予以保密,保护举报人的合法权益。"这些规定分别列明了政府责任、行业自律、个人和社会组织对于保护网络安全的监督权利及义务。从以上规定中可以看出,我国目前的监管趋势是在行政监管之外,应增加社会监督,如行业自律、个人和社会组织向相关部门举报等监督方式。在推进数据立法及监管中,我们在注重行政监管的同时,也应注重社会监督。应加强数据安全和个人信息保护教育,形成保障数据安全的社会舆论氛围,畅通社会监督渠道,提高社会监督效率。

2. 全程监管

数据安全监管按作用阶段可分为事前、事中、事后三种监管方式。

事前监管:进入涉及数据的各行业时,需要何种资质,该资质或批准或备案。事中监管:在各行业进行有关数据的活动时,监管机关可以就各数据行为进行如现场检查、线上技术监查等监查措施。事后监管:行政执法,进行数据活动的主体若是有违法违规行为,则监管机构可以采取多元化的处罚措施。

3. 科技监管

对应数据产业的高度技术化特征,数据安全监管应当实现科技监管,以预防和应对风险。收集、存储、处理、使用等各数据应用行为均具有鲜明的专业化和技术性,因此科技化、灵活多样的监管方法和监管手段,可以有助于监管分析和监管决策。数据行业中的违法违规行为多具有高度的隐蔽性,如违法的数据跨境流动等,不易被监管者发现和追查。采用更新颖更多样的科技监管工具,才能保障监管效果和监管质量。另外,由于数据的流动性较强,各地数据交易平台、政府数据开放平台多,应当建立更加专业化科技化的监管信息共享机制,才能提高监管效率、降低监管成本。

大数据时代中国金融信息保护机构的模式选择*

张继红** 颜 苏***

从现有的大多数国家及地区的个人信息保护法律制度来看,信息保护机构是其不可或缺的组成要素。虽然在国际社会中,不同国家及地区的信息保护机构之称谓不同,但其性质、职能都有一定程度上的相似性。信息保护机构作为信息权益保障实施的核心,信息处理活动的监管者和执法机关,不仅监督信息控制者的信息收集、处理及使用活动,还有权对公私机构和个人实施的信息处理活动进行调查,并对违法行为实施处罚及制裁等。

一、个人信息保护机构设置模式概述

为了切实有效的执行个人信息保护制度,国际组织、国际会议的指南、政策上大都明确建议各个成员国设立专门的个人信息保护机构,并强调该执行机构要具有独立性及履行职责相匹配的权限。例如,OECD《1980年指南》第19条就指出,在国内实施第二部分、第三部分原则时,成员国应该为保护与个人数据有关的隐私和个人自由建立法律、行政或其他类别的程序或机构。《联合国个人数据指南》第8条规定,各国设立专门机关,独立、公正地执行数据保护规定。欧盟《1995年指令》第28条规定,各成员国应当规定一个或多个公共机构对监督成员国依照本指令采取的有关规定在其境内的适用负责,还特别强调,这些机构在行使其职权时应当完全独立。《马德里决议》第23条规定,各国应根据国内法的要求设立一个或多个监督机构,负责监督各项原则的遵守情况。该等监督机构应公正、独立、有相关技术、有充分权力并有足够的资源以处理数据当事人的投诉,主导必要的调查和干预行动,确保个人数据处理方面法律得以执行。相比较而言,《APEC隐私保护纲领》有关执行制度相对宽松,成员国可以根据本国国情采取数据保护机构外的其他途径,保护

* 本文为国家社会科学基金一般项目“大数据时代金融消费者信息权保护制度研究”(15BFX112)和北京市社会科学基金项目“金融隐私权合理使用规则研究”(15FXB024)阶段性成果。

** 上海对外经贸大学法学院教授。

*** 北京工商大学法学院副教授。

个人数据(第31条)。

(一)个人信息保护机构的设置模式

从世界范围内来看,个人信息保护监管设置有两种方式:

一是以欧盟为代表的统一监管模式,不仅有统一的国内数据保护法,还设立专门的信息保护机构,对包括公营机构及私营机构的全部领域实施集中监管。欧洲国家,英国、法国、德国、比利时、意大利、瑞士、西班牙、葡萄牙、荷兰、丹麦、卢森堡等国,以及我国香港特别行政区、澳门特别行政区和澳大利亚、新西兰、韩国、加拿大、马来西亚等国都设立了专门的个人信息保护机构。[1]

二是美国模式,即不设立专门的信息监管机构,由各个职能部门根据各自的权限进行监管,个人信息保护仅为其监管职责的一部分。例如,美国联邦贸易委员会以禁止不正当和欺诈性商业行为侵害消费者权益为依据,保护私人领域中的个人信息;美国联邦通信委员会负责督促电信运营商来保护相关电话使用者的消费者隐私;美国健康与公众服务部保护健康领域的个人隐私;联邦金融监管机构负责金融领域的个人隐私保护。

(二)个人信息保护机构职责

从各个国家及地区的个人信息保护机构的立法规定来看,其职责主要集中在宣传教育、管理、调查、执法监督、制裁等方面。

欧洲的数据保护机构在组织和职责上有很多相似性,最主要的差异就是部分国家采用"监察专员"(ombudsman)模式,如芬兰、匈牙利及瑞典;而另一些国家则是"管理"(regulation)模式,如法国、波兰及西班牙。[2] 两种模式的区别在于:监察专员模式下,监管机构主要基于向其提出请求的个人,提供救济。例如,要求对有关的个人数据进行修正,可能的话还要求赔偿,在通常情况下,数据保护机构并不主动介入数据控制者的经营活动。而在管理模式下,数据保护机构更关注法律是否得到切实的遵守,无论个人是否提起投诉申请,数据保护机构都会依职权主动进行相应的

---

〔1〕 英国称为"数据保护专员"(the Data Protection Commissioner);法国称为"国家信息与自由委员会"(The Commission Nationale De L' Informatique et Des Libertés, CNIL);德国联邦一级称为"联邦数据保护专员"(Federal Commissioner for Data Protection),州一级为州数据监管机构(Supervisory Authority);西班牙称为"数据保护委员会"(Agencia de Proteccion de Datos);比利时称为"保护个人隐私权利委员会"(Commission de la protection de la vie privee);意大利称为"格然特"(Garante per la protezione dei dati personali Piazza di Monte Citorio);芬兰称为"数据保护督查办公室"(Office of the Data Protection Ombudsman);爱尔兰称为"数据保护专员"(Data Protection Commissioner);荷兰称为"数据保护机构"(Dutch Data Protection Authority, College bescherming persoonsgegevens, CBP);韩国称为"个人信息保护委员会";我国香港特别行政区为个人私隐专员公署;我国澳门特别行政区为个人资料保护办公室。

〔2〕 参见[德]Chistopher Kuner:《欧洲数据保护法》,旷野、杨会永等译,梁光严、刘蔚审校,法律出版社2008年版,第16页。

检查,以确保法律的执行。

1. 行政指导

作为专门信息保护执法机构,制定信息领域的执法政策、文件,并对不同领域的自律规范进行指导,可以让个人信息保护制度更好地实施。

例如,西班牙《个人数据保护基本法》第37条规定,数据保护委员会发布法律或其他规范性条款中规定的授权事项;在可适用且不影响其他机构职权的情况下,发布使处理操作符合本法原则的必要指示;发布指导,给出安全建议。我国澳门特别行政区个人资料保护办公室自2007年成立后,出台了一系列相关领域在个人资料保护方面的指引性文件。[1] 虽然这些文件并不具有约束力,但可以让社会大众更好地了解个人资料保护的内容,更有利于《个人资料保护法》的实施。同样地,我国香港特别行政区个人私隐专员公署针对不同医疗、金融、移动通信、人力资源领域,也出台了相关指引。[2]

2. 受理申诉

受理信息主体提起的有关信息处理方面的纠纷,系信息保护机构的一项重要职责。

---

〔1〕 截至2016年年底,该办公室根据我国澳门特别行政区《个人资料保护法》的规定,共制定了12份有关个人资料处理的指引性文件,包括:《关于工作场所个人资料保护原则——雇主对雇员活动监察的指引》《关于职业介绍所处理顾客个人资料的实务注意事项》《使用指纹/掌形考勤设备的问题》《有关采用指纹/掌形意外识别生物特征技术之考勤设备的问题》《关于应用面型特征资料考勤系统的查询》《关于涉及个人资料的公共档案的保存期的意见》《间接收集个人资料中的资讯权问题》《在互联网上发布个人资料的注意事项》《非高等教育机构处理个人资料的注意事项》《商户处理支付卡持卡人身份证明文件资料的指引》《非高等教育机构处理个人资料的注意事项》《为选举宣传目的处理个人资料的指引》《流动应用程式开发的指引》。

〔2〕 在生物特征资料领域,有《收集及使用生物辨识资料指引》(2015年7月);在儿童私隐领域,有《经互联网收集及使用个人资料:以儿童为对象的资料使用者注意事项》(2015年12月)、《儿童网上私隐——给家长及老师的建议》(2015年12月)、《儿童手册:保护私隐尊重别人》(2004年3月);在银行、信贷领域,有《银行业界妥善处理客户个人资料指引》(2014年10月)、《个人信贷资料实务守则》(2013年1月)、"认识《个人信贷资料实务守则》——共用按揭资料作信贷评估的常见问题"(2015年10月);在企业管治领域,有《私隐影响评估》(2015年10月)、《私隐管理系统最佳行事方式指引》(2014年2月);在收集、查阅资料方面,有《拟备收集个人资料声明及私隐政策声明指引》、《资料使用者如何妥善处理查阅资料要求及收取查阅资料要求费用》(2016年6月)、"如何行使你在《个人资料(私隐)条例》下的查询个人资料权(常见问题及答案)"(2016年6月)、《资料使用者如何妥善处理改正资料要求》(2012年12月)、《查阅资料要求表格》《2012年9月》;在资料外泄方面,有《资料外泄事故的处理及通报指引》(2016年12月)、《资料外泄事故通报表格》(2010年6月);在直接促销领域,有《直接促销新指引》(2013年1月)、"根据《个人资料(私隐)条例》行使你同意及拒绝直接促销活动的权利"(2015年9月);在竞选方面,有《竞选活动指引》(2015年8月);在人力资源管理领域,有《人力资源管理实务守则》(2016年4月)以及《雇主及人力资源管理者指引》(2016年4月);在跨境资料转移方面,有《保障个人资料:跨境资料转移指引》(2014年12月)。在零售、物业、美容、移动电话服务供应商、医疗等领域都有相应的指引。

欧盟1995年《个人数据保护指令》第28条第4款规定，各监管机构应当听取任何人或其代表提出的涉及个人数据处理与其权利保护相关的主张，并告知其结果。各监管机构应当特别听取在适用第13条（例外及限制）采用的国内规定时任何人提出关于审查数据处理合法性的主张，并应告知其已经开始审查。根据指令，大部分欧洲国家在其信息保护立法中都规定了受理申诉的内容。[1] 例如，西班牙《个人数据保护基本法》第37条规定，数据保护机关受理数据主体的申请及投诉；奥地利《联邦个人数据保护法》第30条规定，任何人都有权以数据管理者或处理者对其权利构成侵害为由，向数据保护委员会提出申请。

3. 行政调查

行政调查，系执法机构的一项主要权力，即指信息保护机构有权进入信息控制者或处理者的营业场所、办公场所，查阅相关电脑设备及其他信息存储设备，进入系统程序，取得有关信息，以判断企业或其他组织是否遵守个人信息保护制度的相关规定。

欧盟1995年《个人数据保护指令》第28条规定，监管机构应被特别赋予调查权，即获取有关数据的权力以及收集为履行监管职责所必需的所有信息的权力。虽然指令作了原则性规定，但就实地调查的范围、条件和具体要求上，各成员国国内法的规定也各不相同。

法国《数据处理、数据文件和个人自由法》第44条规定，CNIL的成员及CNIL委派进行专业服务的官员为履行职责，从上午6时至晚上9时，可以获取用于个人数据处理专门目的的地方、所处、环境、设备或建筑物，但私人用途的地方、处所、环境、设备或建筑物除外。如果管理场所的负责人反对调查，则调查人必须经高级法院院长批准，或者委托管辖处所所在地法官批准。CNIL主席向该法官提交请求书，法官根据民事诉讼法的规定作出决定。访问调查应当在授权法官的批准及监督下进行。在访问期间，他可以进入该处所，也可以随时中断或延缓调查访问。

德国《联邦数据保护法》第38条规定，只要是为了履行监管机构职责之必要，就应当授权由监管机构指派进行监督的人员在工作时间进入被监管主体的财产或营业场所并在那里进行测试和检查。上述人员可以查阅业务文件，尤其是保存的个人数据及数据处理程序。负有提供信息的义务人应当许可此类措施的实行。

瑞典《个人数据保护法》第43条规定，监管机构有权依据其监督职能，获得个人

---

〔1〕 有学者认为，在受理有关事项范围上存在差异，并举例奥地利及芬兰法，个人仅将关涉查询和修改资料等权利提交资料保护机构处理。但笔者查阅了芬兰法及奥地利法，都没有发现上述范围上的限制。如果在范围上对申诉事项进行限制，相当于提升准入门槛，势必会大大阻碍信息主体积极行使其救济权利，挫伤其保护自身合法权益的积极性，本身也不符合个人信息保护立法的本意。参见孔令杰：《个人资料隐私的法律保护》，武汉大学出版社2009年版，第249页。

数据处理的信息及文件，对个人数据处理设施进行检查。[1]

奥地利《联邦个人数据保护法》第 30 条第 4 款规定，为了实现检查的目的，在告知房屋所有人和管理人后，在行使调查权需要的限度内，数据保护委员会可以进入数据应用程序实施的房屋，操作数据处理设备，启动接受检查程序，并制作存储媒介的复件。[2]

荷兰《个人数据保护法》第 60 条规定，数据保护委员会可依职权或应数据当事人的控诉对数据处理开展调查，将结果告知有关当事人，并听取意见。第 61 条规定，注册办公室成员和特别人员、注册办公室秘书处官员、其他依据注册办公室决定指派的人员有权不经宅主同意进入其住宅。[3]

我国香港特别行政区《个人资料(私隐)条例》也规定了专员的调查权。其第 38 条规定，凡专员收到一项投诉；或者合理理由相信有符合下列情形的作为或行为，即已经或正在由资料使用者作出的或从事的、关乎个人资料的，以及可能属于违反本条例规定的，则专员须就有关资料使用者进行调查，以确定在有关的投诉中指明作为或行为是否属违反本条例下的规定。

由此可见，相比瑞典、德国、荷兰、奥地利等国数据保护机构能够完全进入相关场所、设施并获取相关资料不同，法国 CNIL 进入场所进行检查的程序更为复杂，如果遭到反对，还需要获得当地法院的批准。英国的信息保护专员只有在公司同意或有搜查令的情况下才能进入公司内部进行检查。[4] 奥地利法还特别强调调查权的行使应以对管理者及第三方造成最小干预的方式进行，避免因为行政权力的过度介入而影响到信息控制者的正常运营活动。

4. 实施制裁

对涉嫌违法的信息处理行为，信息保护机构都有权采取相应监管执行措施，提醒、建议或警告、训诫，或者命令封存、删除和销毁数据，或者采取临时性监管措施如停止处理或最终性禁令，或者罚款等，以制止、惩罚违法行为。

法国《数据处理、数据文件和个人自由法》第 45 条规定了针对违反法定义务的数据控制人，CNIL 可以采取多种制裁措施，按照严重性程度，依次为警告或限期停止、罚款、停止处理禁令、撤销批准等。在紧急情况下，CNIL 在经过双方听证后，可以决定处理中断(最长中断期为 3 个月)；决定部分被处理的数据贴标隔离(最长贴

---

〔1〕 关于瑞典法相关规定中文翻译，参见周汉华主编：《域外个人数据保护法汇编》，法律出版社 2006 年版，第 305 页。

〔2〕 关于奥地利法相关规定中文翻译，同上书，第 101 页。

〔3〕 关于荷兰法相关规定，同上书，第 267 页。

〔4〕 参见[德]Chistopher Kuner：《欧洲数据保护法》，旷野、杨会永等译，梁光严、刘蔚审校，法律出版社 2008 年版，第 17 页。

标隔离期限为3个月)等。第47条规定,罚款应与违法严重性及其获利多少相适应。如果是第一次违反,罚款数额不应超过150,000欧元;如果在第一次罚款确定之日起5年内第二次违反,则罚款数额不应超过300,000欧元,或者对于法人不超过最后一个财政年度总营业额的5%,但不应超过300,000欧元。多数欧洲国家其信息保护机构都有权命令封存、删除或销毁数据以及临时或永久禁止违法数据处理,如丹麦、荷兰等,但是德国、瑞典及意大利的数据保护机构没有命令删除或销毁数据的权力。

瑞典《个人数据保护法》第45条规定,若监督机构判定个人数据的处理系以或可能以非法方式进行,应通过提示或类似程序尽力修正。若依任何方式都不能得到修正或情况紧急,监管机构可以失职罚款为条件,禁止个人数据控制者用存储以外的任何方式继续处理个人数据。这里需要注意的是,瑞典数据监管机构无权直接删除数据,但可以向其所在郡的行政法院申请删除非法处理的个人数据(第47条)。

从上述规定来看,行政罚款数额通常会比较高,处罚力度更趋刚性,数据保护机关不会轻易采用,一般是作为违法行为制裁的最后手段采用。[1] 在采取该措施前,通常会发布警告或训诫就可以达到迫使违法行为人及时纠正违法行为的目的。

除了行政罚款,有些国家对于违法行为还规定了刑事责任。例如,瑞典《个人数据保护法》第49条规定,故意或疏忽违反本法规定处理个人数据,以及向注册人提供不真实信息的,向监管机构提交的通知书中提供了不真实信息,以及违反规定向第三国传输个人数据,或者疏于按照本法要求提供通知等情形,将被处以罚金或6个月以下监禁,情况严重者,处以2年以下监禁。情节轻微的,不予处罚。

但是,实践中对违法者极少提起刑事制裁程序。刑事制裁主要针对那些屡教不改、主观恶性比较强的违法者,如不顾数据保护机构的反复警告仍然保留未登记数据库的数据控制者,或者故意藐视法律而出售个人信息的机构或个人。因为,很多欧洲国家的数据保护机构不是刑事司法机关,按照惯例通常会向警察或公诉机关检举违反数据保护法的违法行为,如奥地利、意大利、西班牙、丹麦及荷兰等国。

除了上述正式的制裁措施外,为了让数据控制者更好地遵守数据保护法,信息保护机构也会采取一些非正式的措施,如公开批评或点名。虽然这不是具体的惩戒,但是毕竟会对公司声誉造成负面影响,因为消费者通常会关注数据保护机构的这些声明。例如,2000年德国发生微软Windows2000操作系统问题,为了防止可能

---

〔1〕 例如,2000年7月西班牙数据保护委员会认为微软Iberica SRL公司在没有征得数据主体同意,没有向数据主体提供充分信息的情况下,进行个人数据的处理及传输,对该公司课以1000万比索的罚款(相当于约6万欧元)。参见[德]Chistopher Kuner:《欧洲数据保护法》,旷野、杨会永等译,梁光严、刘蔚审校,法律出版社2008年版,第56页。

出现的风险,德国联邦政府要求微软公司披露 Windows2000 的源代码,以便检查是否存在"天窗"(trap door),但该要求被拒绝。德国政府为此进行公开的批评,最后微软公司同意从 Windows2000 中完全清除 Diskeeper 软件。[1]

5. 信息公开

欧盟 1995 年《个人数据保护指令》就指出,监管机构应当将其活动每隔一段时间就写成报告,这些报告内容应予公开。通常,信息保护机构都会编制年度报告,对其一年内的执法活动如处理查询及投诉、个案处理等进行总结和评价,并就执法过程中出现的重点问题提出相应的意见和建议,引起本国立法机关、司法机关或其他行政机关的重视,让相关问题得以充分的讨论及思考。多数欧洲国家数据保护法都规定了这项职责。[2]

我国香港特别行政区个人资料私隐专员公署自成立之日起,每年都公布年报,就该年度的法律工作、投诉工作、审查工作、推广工作进行回顾和总结。我国澳门特别行政区个人资料保护办公室 2016 年 8 月公布的《2015 年度报告》,总结了个人资料保护办公室 2015 年期间开展有关个人资料保护的工作,包括法律查询、个案调查、跟进申请、协调及推动法律的执行等方面,同时亦回顾了相关的国际及区际交流、社区关系、宣传和推广工作。报告还指出澳门特别行政区单牌车进出横琴措施,其保险承投所需的车主个人资料跨境转移问题以及团体提出设立的博彩借贷人资料库,其可能涉及的个人资料收集处理等个人资料保护领域中的焦点问题。

6. 宣传教育

作为信息保护法的执法机构,向社会大众及信息控制者宣传教育普及个人信息保护制度内容,让更多的企业及组织、个人了解信息领域的权利及义务,是其一项主要职责。例如,英国《数据保护法案》第 51 条就规定,专员应当在其认为适当的范围内,鼓励商会备置并向其成员宣传实施本法良好做法的行为准则。

从实际运作情况来看,我国香港特别行政区及澳门特别行政区在教育宣传工作方面成果斐然。香港特别行政区个人私隐专员公署在其官网上专门设有"教育及培训"栏目,里面开设专业研习班、网上学习平台、条例简介讲座、申请举办机构内部讲

〔1〕 参见[德]Chistopher Kuner:《欧洲数据保护法》,旷野、杨会永等译,梁光严、刘蔚审校,法律出版社 2008 年版,第 57 页。

〔2〕 德国《联邦数据保护法》第 26 条规定,联邦数据保护专员应当每两年向联邦议会提交一份行动报告。此报告应当告知联邦议会和公众在数据保护领域的重要进展。英国《数据保护法》第 51 条第 2 款规定,专员应在本法规定的职能范围内,以其认为适当的形式披露其认为可以有助于公众尽快了解本法实施情况、良好做法或其他事项的信息,并可以就上述事项提出建议;第 52 条规定,提交议会审议的报告及行为准则。西班牙《个人数据保护基本法》第 37 条规定,定期出版文件列表及其他必要信息;草拟年度报告提交司法部。比利时《个人数据处理的隐私权利保护法》第 33 条规定,委员会应向立法会议每年递交一份关于其工作活动的年度报告。

座、行业保障私隐活动、培训教材、国际会议及资讯科技讲座等内容。以网上学习平台为例,公署推出网上课程“研发流动应用程式”“内部资讯科技管理的资料保障”“最新的资讯及通讯科技与资料保障”“中小企业个人资料私隐自学课程”“零售业保障私隐面面观”“个人资料(私隐)条例培训课程‘课后评估’”“医护人员保障个人资料私隐自学课程”“酒店从业人员保障个人资料私隐自学课程”等,方便资料使用者可以直接在网上便利地了解到条例的相关规定,以及结合行业特点的个人资料保护的相关知识。同时,为了使律师、银行服务人员、保险机构、人力资源等领域从业人员等获得信息保护的培训,还定期开设个人资料专业研习班,包括隐私管理系统、资料保障法律实务研习班、资料保障与查阅资料要求、保险业的资料保障、直接促销活动的资料保障、银行/金融服务的资料保障、人力资源管理的资料保障等课程。不仅如此,为了提高香港特别行政区市民对《个人资料(私隐)条例》的认识和理解,公署每月定期举办条例简介讲座,公开接受报名。例如,“智能手机的隐私陷阱”“善用网上资料和社交网络　保护个人资料兼广交好友”“三招破五网络私隐陷阱”“流动通信日新月异教你善用新 APPs 保护个人资料”等结合市民日常生活的讲座,以通俗易懂的语言、图片及故事性内容让大家能够非常容易地了解到个人信息保护的基本常识。针对资料使用者,如果企业或其他组织需要了解更多条例的规定及在实务中如何更好地进行个人资料的保护,还可以向公署提出申请,要求举办机构内部讲座。

为了使公营机构可以在执行《个人资料保护法》过程中起到表率作用,我国澳门特别行政区个人资料保护办公室在公营机构中全面展开上述法律的普及工作,包括讲解会、专题讲座、培训课程等,[1]协助市民掌握个人资料保护的相关规定,清晰自身的权利与义务,学会保护自身和他人的个人资料。同时,还全面开展个人资料处理的通知、申报。通过上述活动,公营机构可以全面检视其内部的个人资料处理情况,按照法律原则去分析相关的处理是否符合法律要求,特别是是否违反适度原则、是否具有正当性、是否确保当事人的权利等。对于私营机构,由于各行业的资料处理存在较大的差异性,个人资料保护办公室从行业需求出发,分门别类地进行宣传及指导。在这个过程中,其在行业协会的协助下,与各领域机构进行面对面的执法讨论,为其更好地执行法律提供指引。此外,个人资料保护办公室通过印制宣传单、

---

〔1〕 2015 年个人资料保护办公室以“资讯安全”为主题,以青少年为重点宣传对象,推出了系列具有针对性的宣传活动,如举行“青少年安全上网”研讨会、“安全上网”学生中文征文比赛等,并与教育界合作制定《非高等教育机构处理个人资料行为守则》、编制《隐私教与学》个人资料保护辅助教材等。2015 年办公室共召开《个人资料保护法》讲解会 41 场,参与人数 2123 人;研讨会及讲座 7 场,参与人数 1027 人;开设培训课程 119 场,参与人数为 2511 人,成效显著。参见 2016 年 8 月 30 日出版的《个人资料保护办公室年度报告 2015》。

宣传品、年报等，在各种场所放置宣传资料供市民免费领取等方式扩大宣传的范围，力求社会民众都能普遍了解到保护个人资料私隐权的重要性。[1] 此外，澳门特别行政区个人资料保护办公室应负责实体的要求，就具体的个人资料处理发出法律意见书，可以帮助企业或组织在处理个人资料时就合法性、正当性及适度性提出具体意见。

7. 跨境国际交流合作

作为信息领域的监管机构，自然也肩负代表本国政府与其他国家信息监管机构进行跨境监管交流合作的职责。如英国法第 54 条就明确规定，数据保护专员与其他 EEA 国家的监管机构或欧盟委员会进行交流合作。

8. 保密义务

欧盟 1995 年《个人数据保护指令》第 28 条第 7 款规定，成员国应当规定监管机构成员及其全体官员对其所接触到的秘密信息负有保密义务，即便在其任其结束之后，这种保密义务仍然存在。基本上，欧洲大部分国家的数据保护立法均作了此项规定。例如，比利时法第 34 条规定，在不违反第 32 条第 2 款规定的情形下，委员会的委员、工作人员以及被请求协助的专家，有义务对基于职务履行获得的有关事实、措施或者信息保密。[2]

二、大数据背景下信息监管者的独立性和执法权力不断被强化

应当说，个人信息保护制度除了有明确的立法指引外，更要有执法机构的法律实施和执法保障。为了应对大数据、互联网、方位追踪等新兴技术带来的挑战，无论是欧盟还是美国，都通过强有力的法律实施和执法惩戒，以加强个人对自身数据信息的有效控制。

欧盟 2016 年《通用数据保护条例》的突出特点，是强化了各成员国数据保护机构的独立地位和监管权力。1995 年《个人数据保护指令》施行后，虽然各成员国的国内数据保护法大都规定了数据保护机构应为独立机构，不得接受其他机关指示，同时应具有充分的资源，如办公场所、人员、经费等，以保障其履行职责的独立性。[3] 但从实际运行情况来看，由于面临着资源紧张的困境，很多成员国的数据保

---

〔1〕 参见陈海帆、赵国强主编：《个人资料的法律保护：放眼中国内地、香港、澳门及台湾》，社会科学文献出版社 2014 年版，第 13～15 页。

〔2〕 关于比利时法相关规定翻译内容，参见周汉华主编：《域外个人数据保护法汇编》，法律出版社 2006 年版，第 156 页。

〔3〕 如法国《数据处理、数据文件和个人自由法》第 21 条规定，CNIL 成员在行使职权过程中不得接受任何机构的任何命令；荷兰法第 52 条规定，委员会在履行职责过程中应保持独立。

护机构不足以独立完成其法定职责。[1] 为此,GDPR 特别强调了数据保护机构的独立性。监管机构独立履行其职责,免受来自外部直接或间接影响,也不接受任何其他机构的指示;不得从事与履行职责不兼容的其他职务或从事其他有报酬的工作。各成员国应当保障监管机构自身独立的选人用人权,而且其财务支出属于国家预算的一部分。

GDPR 第 57 条规定,具体规定了监管机构的职责,包括监督和实施本条例;推动社会大众对个人数据活动之风险、规则、保障措施及权利的了解和认知,儿童数据处理要特别引起大众的关注;提出有关自然人数据保护的相关建议;帮助数据控制者及处理者对于本条例规定之义务的认知;基于数据主体的请求,向其提供相应信息,如果合适,与其他成员国的监管机构进行合作;处理数据主体、机构或协会的投诉,并在合适的情况下调查投诉的主题、告知投诉处理的进展,并在合理时间内答复调查结果;与其他监管机构进行合作,如信息共享、提供帮助等;根据本条例进行调查,包括根据其他监管机构或行政机构提供的信息开展调查活动;监测有关信息及通讯发展技术对个人数据保护产生的影响;采纳标准合同条款;建立并维护数据保护的影响评价指标;基于处理者相关的处理操作建议;根据该条例第 40(1)(2)条的规定,鼓励数据控制者或处理者拟定行为准则或建立认可数据保护的认可机制,并给出意见及予批准提供充分保障措施的行为准则以及认可标准;施行认可机制的定期审查;起草并发布鉴定机构的资格标准,以监测行为准则及认可机构;批准标准合同条款、约束性公司规则、参与欧盟数据保护理事会的活动;保留违反本条例的行为以及监管机构所采取的措施之内部记录等。

为了确保上述职责的顺利实施,GDPR 第 58 条赋予监管机构三项权力:(1)调查权(investigative power),如命令数据控制者和处理者及其代表提供为履行监管职责所需的所有信息;执行审计形式的调查和对认可机制的审查;通知数据处理者或控制违反条例的行为;可以进入数据控制者及处理者的经营场所,接触到处理设备。(2)纠正权(corrective power),如针对数据控制者或处理者可能违反条例规定的行为进行警告;对控制者或处理者已经违反条例规定的行为进行训诫;命令数据控制者或处理者按照数据主体要求或者条例要求的特定方式并在一定期间内履行义务;命令控制者告知个人数据遭泄露的情况;对数据处理施加临时性或终局性限制;命令更正、删除或限制数据处理及告知个人数据披露的接收方;撤销证书或命令认可机构撤销证书,或当证书不在符合要求时,命令认证机构禁止颁发证书;罚款;命令中止个人数据向第三国或国际组织进行传输。(3)批准及建议权(authorisation and advisory power),如向控制者提供事先协商程序的建议;依职权或依申请,向成员国

〔1〕 Commission of the European Communities, Analysis and Impact Study on the Implemantation of Directive EC 95/46 in Member States, 2003, p. 38.

议会、政府或其他机构以及公众发表有关数据保护的意见;发布意见和批准行为准则;授权认证机构;发放证书及许可认证的标准;采纳及批准标准合同条款;批准约束性公司规则;批准行政性安排。需要注意的是,上述权力也只是最低要求,各成员国可以赋予监管机构其他额外权力。

同时,GDPR 针对违法行为,具体列举了监管机构在实施行政处罚时应考虑的因素,如是故意还是过失、先前违法行为、被侵害个人数据的种类、是否采取了减轻损害的措施等。同时,明确了罚款额的上限标准,即按照违法行为类别分为两档:第一档针对那些不能履行条例规定义务的数据控制者及数据处理者,不履行条例规定义务的认证机构以及不履行规定义务的有关行为准则的监督主体等,上述违法者将被处以 1000 万欧元或者前一年度全球营业额的 2% ,以两者中较高者为准。第二档针对未能说明如何获得了用户的同意、违反数据处理之一般性原则、侵害数据主体的合法权利,以及拒绝服从监管机构的执法命令等性质更为严重的违法行为,违法者将被处以 2000 万欧元或者企业前一年度全球营业额 4% ,以两者中较高者为准(第 83 条)。显而易见,数据保护机构的处罚限额和力度都明显地加大和提升。

在美国,联邦贸易委员会、联邦通信委员会、金融消费者保护局等执法机构,对侵害隐私权的违法行为实施零容忍,并施以重罚。例如,2015 年《消费者隐私权利法案草案》就明确规定,任何违反本法案的行为都被视为是《联邦贸易委员会法案》第五部分项下的"不公平行为"或"欺骗行为"(unfair or deceptive acts),联邦贸易委员会(Federal Trade Commission,FTC)将处以高达 25,000,000 美元的民事罚款。罚款的计算方式,既可以按照该主体违反法案的天数累计计算并由 FTC 确定罚款的具体数额(不超过 35,000 美元),也可以按照遭受直接损害的消费者的数量累计计算(不超过 5000 美元)。只有当 FTC 向相关主体通知其所涉嫌的违法行为,并在 45 日内要求其答复时,才能采用后一种罚款的计算方式。针对违法行为,州检察官也可以采取申请禁令救济的方式。美国联邦通信委员会(Federal Communications Commission,FCC)对手机相关的电信运营商进行相应的管制,如果运营商未经手机用户同意就将用户数据和信息用于他途,或者将用户信息进行二次销售,都将受到严厉的惩罚。为了强化救济程序,在 2016 年 11 月"有关保护宽带客户及其他通讯服务的保护的报告和指令"中,FCC 特别强调将于 2017 年 2 月启动在宽带服务客户合同中强制性纳入仲裁要求的规则。[1]

韩国在其 2011 年《个人信息保护法》中,进一步完善了个人信息的事后救济程序法。一方面,该法进一步扩大了"个人信息纷争调停委员会"的职权,改变过去只调解民间领域的个人信息纷争、不调解公共领域的个人信息的不周全问题,为双方

〔1〕 Federal Communications Commission, Report and Oder: Protecting the Privacy of Customers of Broadband and Other Telecommunications Services, FCC 16 – 148, November 2, 2016.

信息纠纷的解决提供调解途径。而且,为了便于及时受理个人信息侵害案件,韩国还专门设立了"个人信息侵害申告中心"。一旦发生个人信息侵害事件,受侵害的信息主体可以拨打该中心的电话,申报个人信息被侵害的事实。另一方面,鉴于一些情形下个人信息的被侵害方往往人数众多,该法第七章专门规定了个人信息的团体诉讼制度。而且,该法将侵害个人信息的违法行为的处罚上限提升至10年以下有期徒刑,最高可处10亿韩元的罚款。[1]

大数据时代的数据价值更多体现在对零散而大量的原始数据的深度挖掘和分析,提炼出更有经济价值的信息。这种特征也使传统个人信息保护的重心从原来的"告知同意"模式,转变为"事后控制"模式,因此强化个人信息违法行为的事后救济处罚机制、加大执法力度、完善诉讼及非诉程序成为新形势下个人信息保护制度发展的一个共有趋势。

三、我国金融信息保护监管机构的模式选择

(一)监管模式比较分析

事实上,两种监管模式各有优劣。从总体上看,设立专门信息保护机构之监管模式,将监管权限集中于一个专职部门,有利于监管权限的行使,对公私领域、不分行业实施监管,能够实现执法标准、执法程序的相对统一。但其弊端在于不区分行业领域实行统一化标准,往往会忽视不同行业信息保护的个性化要求。而且,设立一个独立的专司信息保护的监管机构,要拨付相应的机构运营费用,监管成本必然上升。相比之下,后一种模式更倾向于关注各领域的个性、特殊性,由该领域的监管当局承担个人信息保护职责,鉴于各监管当局长期从事相关行业监管,积累了丰富的监管经验,监管措施不仅有针对性且更具实效性。但不足之处也非常突出,即监管当局只是附带性实施该领域的个人信息保护,在监管力量、人员配比、资源投入等方面都有所欠缺,而且监管标准在不同行业存在差异,可能导致监管套利问题的出现。

从目前的立法实践来看,采用专门立法保护模式的相关信息法律法规大都不会深入到每一个行业领域的每一个信息保护细节,毕竟各个行业在信息储存时限、可加工信息甄选、数据主体权利延伸等方面,都存在差异性。[2] 为了克服在具体行业上存在的不足,即便采用专门信息保护机构模式的部分国家及地区也会针对不同行业制定具体行业指引,引导并规范不同领域的信息处理行为及活动。如前所述,我

---

〔1〕 参见康贞花:《韩国〈个人信息保护法〉的主要特色及对中国的立法启示》,载《延边大学学报》2012年第4期。

〔2〕 Mario Viola de Azevedo Cunha, *Market Integration Through Data Protection: An Analysis of the Insurance and Financial Industries in the EU*, Springer, 2013, p. 200.

国香港特别行政区及澳门特别行政区发布了相关行业指引,积极督促该领域企业或其他机构遵守《个人资料保护法》的规定。金融行业因其行业特点,以及提供的准公共产品的特性,更需要执行性法规的存在,且基于保险、银行、证券等不同金融领域的划分,可能还需要更加细化的执行性法规存在。这种执行性法规与以往的行业规则或是行业习惯不同,它是由政府信息保护机构发布的,因此应当算作政府信息保护立法中的一个重要组成部分,政府信息保护机构即成为执行性法规的制定者和执行者。

(二)我国金融信息保护的监管机构设置选择

就目前我国国内信息保护法制现状而言,个人信息权尚未成为法律上明确认可的一项具体人格权,也还未出台专门的个人信息保护法,也没有设立专门的信息保护机构。故而,在信息保护机构设置选择上,现阶段可采取由我国金融监管机构,即证监会、银监会、保监会履行证券期货、银行、保险市场的消费者信息保护职责、中国人民银行负责监管信息的交流与协调之模式较为妥当。金融监管机构不仅对于金融机构执行信息保护政策及履行信息保护义务的情况进行监管,而且要对金融消费者进行信息保护方面的宣传教育。为了更好地履行信息保护职责,作为金融领域的信息保护机构还需要与其他领域的执法机构进行配合,以确保信息保护工作落到实处。具体而言,金融监管当局更着眼于履行以下监管职责:(1)制定相关的金融信息保护规定,以便于金融机构根据该规定调整自身的信息保护政策;(2)定期审查金融机构信息保护部门提交的信息保护政策,并与金融机构的信息保护部门随时保持联系,监督其履行保护义务的行为;(3)受理金融消费者提交的与信息安全有关的争议,并提出解决方案。金融机构一旦涉嫌侵犯金融消费者信息安全,权益被侵犯的金融消费者往往人数众多。在这种情况下,金融监管当局可以作为第三方对被侵权的金融消费者群体与金融机构直接的纠纷进行调解,以谋求对纠纷事实的认定和争议解决的快速合理处置方法。对于金融消费者,监管机构则应强调教育引导作用,强化金融消费者对信息权和数据安全的认知,提高自身的维权意识。

待我国个人信息保护立法发展到新的阶段,如出台专门的信息保护法,这时再谈设立专门信息保护机构才有法律上的基础。可由该机构统一负责整个信息领域的保护职责,同时在金融领域与上述金融监管机构积极合作,如联合发布金融信息保护的专门规章或通知意见等规范性法律文件,就金融行业的信息保护作具体的执行性规定。

交易安全视域下我国大数据交易的法律监管*

张　敏**

我国“十三五”规划建议中提出实施国家大数据战略，并于2015年印发国务院《关于印发促进大数据发展行动纲要的通知》，明确了发展大数据、促进大数据交易的要求。自2014年2月以来，我国已设立了中关村数海大数据交易平台、贵阳大数据交易所、长江大数据交易所、武汉东湖大数据交易中心、徐州大数据交易所、河北大数据交易中心、哈尔滨数据交易中心、江苏大数据交易中心、上海大数据交易中心、湖北长江大数据交易所、陕西西咸新区大数据交易所、浙江大数据交易中心等10余家大数据交易平台与中心。国内大数据交易刚刚起步，但已呈现出发展迅猛的态势，2014年中国大数据产业规模大约为1038亿元，2015年产业整体规模达到1692亿元。预计2016年年末，市场规模将达到2485亿元，而随着各项政策的配套落实及推进，到2020年，中国大数据产业规模或达13,626亿元的高点。对于大数据交易，除国家政策文件之外，贵州省率先出台了具有法律效力的地方性法规《贵州省大数据发展应用促进条例》（2016年3月1日起施行），各交易平台也相继各自出台了大数据交易的行业规范也相继出台。但整体而言，我国大数据交易还处于初级阶段，并未形成完整的交易规范体系。

目前，关于大数据的研究，国外研究基本上体现为大数据技术、大数据科学、大数据应用、大数据工程四个方面，〔1〕国内研究亦是如此。国内大数据交易虽处于起步阶段，但据知网显示关于“大数据交易”的文献数量非常之大，自2007年起每年文献数量已达到10万篇，并呈现逐年递增的趋势，2015年文献数量已超过15万篇，但其中完全关注于大数据交易的研究并不多见。除关于大数据交易现状研究

* 本文转载自《情报杂志》2017年第36卷第2期。系陕西省软科学项目“交易安全视域下大数据交易的政策环境研究”（2017KRM001）研究成果之一。

** 西北工业大学人文与经法学院法学系主任，教授。研究方向：商法。

〔1〕 贵阳大数据交易所：《中国大数据交易产业白皮书（2016）》，载 http://www.gbdex.com/website/view/aboutGbdex.jsp,26，最后访问日期：2016年1月20日。

之外,[1]可分为静态的大数据权属研究[2]和动态的大数据交易过程相关问题的研究,[3]主要集中于大数据交易价格、会计、许可机制、法律规制等问题的研究,但基于大数据交易自身特点研究大数据交易法律监管的论文几乎没有,无法满足大数据实践中交易风险对法律监管的需求。

大数据交易本质上属于商事交易,交易安全则是商事活动中法律追求的终极价值目标,在与自由、平等的平衡中,安全毫无疑问地被置于最高的境界,正如霍布斯所说:"人的安全乃是至高无上的法律","保护生活、财产和契约的安全,构成了法律有序化的最为重要的任务;自由与平等应当服从这一崇高的政治活动的目标"。[4] 在交易安全视域下研究大数据交易的法律监管,对于避免大数据交易风险、规范大数据交易行业都有重要的意义。

一、大数据交易的交易安全

作为商事交易,大数据交易具有商事交易的交易双方地位平等、交易自由的基本特征,同时也因大数据交易平台的存在而具有主体复杂、权利义务不清晰的特殊性。

(一)大数据交易的本质

大数据交易本质上是以大数据为标的的商事交易,数据的提供方和购买方之间存在买卖合同法律关系,分别相当于买卖合同中的卖方和买方,交易双方处于平等的交易地位,以契约自由为原则形成一致的意思表示,并分别享有卖方交付货物、收取款项的权利义务以及买方接收货物、交付款项的权利义务。与普通买卖合同的不同之处在于大数据交易对买卖双方资格的限制,按照各交易平台公布的交易规则,[5]大数据交易平台实行会员制,由交易平台对买卖双方的资格进行审核,审核通过成为交易平台会员之后,才能够作为买卖双方进行大数据交易。

---

[1] 黄永勤:《国外大数据研究热点及发展趋势探析》,载《情报杂志》2014年第6期。

[2] 穆会军:《国内大数据交易平台建设及交易情况的相关分析——以华中大数据交易所为例》,载《信息系统工程》2016年第9期;杨琪、龚南宁:《我国大数据交易的主要问题及建议》,载《大数据》2015年第2期。

[3] 汤琪:《大数据交易中的产权问题研究》,载《图书与情报》2016年第4期;王玉林、高富平:《大数据的财产属性研究》,载《图书与情报》2016年第1期;王融:《关于大数据交易核心法律问题——数据所有权的探讨》,载《大数据》2015年第2期;梅夏英:《数据的法律属性及其民法定位》,载《中国社会科学》2016年第9期。

[4] 王忠:《大数据时代个人数据交易许可机制研究》,载《理论月刊》2015年第6期;刘洪玉、张晓玉、侯锡林:《基于讨价还价博弈模型的大数据交易价格研究》,载《中国冶金教育》2015年第6期;陈筱贞:《大数据交易定价模式的选择》,载《新经济》2016年第18期;史宇航:《个人数据交易的法律规制》,载《情报理论与实践》2016年第5期;唐薇:《大数据交易会计处理问题研究》,载《财会研究》2016年第7期。

[5] [美]E.博登海默:《法理学——法哲学与方法》,邓正来译,中国政法大学出版社1972年版,第243页。

大数据交易与普通买卖合同的不同之处,在于交易平台的特殊地位。现有的政策及地方性法规均未明确大数据交易平台的法律地位,《贵州省大数据发展应用促进条例》第19条之规定也并未明确其法律地位。[1]

表1 大数据交易平台部分规则内容对比

	《贵阳大数据交易所702公约》[2]	《中关村数海大数据交易平台规则(征求意见稿)》[3]	《安徽大数据交易中心交易规则》[4]	《长江大数据交易有限公司交易规则》[5]	《哈尔滨数据交易中心交易规则》[6]
交易所地位	五、本大数据交易所是指依本公约规定条件设立的,为数据交易的集中和有组织的交易提供场所、设施,履行国家有关法律、法规、规章、政策规定的职责,实行自律性管理的法人	5. 交易平台是服务于各行业数据流通交易的场所,由数据源登记系统、数据源评估系统、数据中转系统、数据检索系统、数据调用计费系统等组成	12. 当交易双方选择并确认使用交易中心支付服务后,将视为接受由交易中心提供的各类支付服务	交易有限公司以中介服务的模式为买方会员和卖方会员撮合数据交易	无

---

〔1〕 如《贵阳大数据交易所702公约》第1条规定:希望通过本公约推动制定与推行大数据交易标准、交易安全、监管监察等规则制定,从而推进大数据交易的发展,形成相关技术与产业的创新,推动培育世界领先的大数据技术、产品、产业和市场;《哈尔滨数据交易中心交易规则》第1条规定:为促进开放、透明、分享、责任的新商业文明,保障哈尔滨数据交易中心(以下简称"交易中心")用户的合法权益,创建、维护和谐的网络商业环境,制订本规则;《中关村数海大数据交易平台规则(征求意见稿)》第3条规定:数据交易应遵循公开、公平、公正的原则,遵循诚实信用原则和意思自治原则。

〔2〕 《贵州省大数据发展应用促进条例》第19条规定:数据交易服务机构应当具备与开展数据交易服务相适应的条件,配备相关人员,制定数据交易规则、数据交易备案登记等管理制度,依法提供交易服务。

〔3〕 贵阳大数据交易所:《贵阳大数据交易所702公约》,载 http://www.gbdex.com/website/view/bigData.jsp,最后访问日期:2016年11月5日。

〔4〕 中关村数海大数据交易平台:《中关村数海大数据交易平台规则(征求意见稿)》,载 http://www.doc88.com/p-3127588160700.html,最后访问日期:2016年11月5日。

〔5〕 安徽数据交易中心:《安徽数据交易中心交易规则》,载 http://www.otcbeta.com/news/520861.html,最后访问日期:2016年11月5日。

〔6〕 长江大数据交易有限公司:《长江大数据交易有限公司交易规则》,载 http://www.cjbigdata.com/,最后访问日期:2016年11月5日。

续表

	《贵阳大数据交易所702公约》	《中关村数海大数据交易平台规则(征求意见稿)》	《安徽大数据交易中心交易规则》	《长江大数据交易有限公司交易规则》	《哈尔滨数据交易中心交易规则》
交易所权利与义务	十五、2. 大数据交易所的职能包括: (一)提供数据交易的场所和设施; (二)制定大数据交易所的业务规则; (三)接受数据交易申请、安排不同数据品种的交易; (四)组织、监督数据交易; (五)对会员进行监管; (六)对数据交易对象进行监管; (七)设立数据交易登记结算机构; (八)管理和公布市场信息; (九)相关主管单位许可的其他职能。 3. 大数据交易所主要功能及职责: (一)大数据交易对象的审核; (二)大数据相关的金融工具设计; (三)大数据相关指数发布; (四)数据交易过程的监管	6. 交易平台对数据交易行为具有监督和审核的权利,有权按相关法律法规和本规则及时停止违规交易行为。 7. 交易平台接受联盟监督,交易平台应为数据交易提供稳定可靠的运行平台,保障数据的安全,并维护交易市场健康、稳定发展。交易平台有义务配合执法部门依法对涉嫌违法数据内容开展调查。 8. 交易平台未经授权委托不得将托管数据出售或非法提供给他人。 9. 交易平台应当采取技术措施和其他必要措施,妥善保管托管数据,防止第三人未经授权进行截取、搜集、检索、接入,避免发生托管数据泄露、毁损、丢失、篡改等安全事件	6. 交易平台对数据交易行为具有监督和审核的权利,有权按相关法律法规和本规则及时停止违规交易行为。 7. 交易平台接受联盟监督,交易平台应为数据交易提供稳定可靠的运行平台,保障数据的安全,并维护交易市场健康、稳定发展。交易平台有义务配合执法部门依法对涉嫌违法数据内容开展调查。 8. 交易平台未经授权委托不得将托管数据出售或非法提供给他人。 9. 交易平台应当采取技术措施和其他必要措施,妥善保管托管数据,防止第三人未经授权进行截取、搜集、检索、接入,避免发生托管数据泄露、毁损、丢失、篡改等安全事件	无	第十八条 交易中心有权回收未通过身份认证或虽通过身份认证但连续超过一年未登录的会员账号;交易中心有权关闭涉嫌欺诈等重度违规行为的会员账号,并有权删除该账号下所有相关信息;会员可通过交易中心客服主动申请关闭其账号

续表

	《贵阳大数据交易所702公约》	《中关村数海大数据交易平台规则(征求意见稿)》	《安徽大数据交易中心交易规则》	《长江大数据交易有限公司交易规则》	《哈尔滨数据交易中心交易规则》
交易所权利与义务	4. 大数据交易所交易新的数据交易品种,应当报相关主管单位批准。 5. 大数据交易所的数据交易品种,应当报相关主管单位批准。 6. 大数据交易所应当在其职能范围内制定和修改业务规则。 大数据交易所制定和修改业务规则,由大数据交易所董事会通过,报相关主管单位批准。 大数据交易所的业务规则包括交易规则、会员管理规则及其他与数据交易活动有关的规则	10. 在发生或者可能发生托管数据泄露、毁损、丢失等隐患时,交易平台应当立即采取补救措施。 11. 如因不可抗力、意外事件、非法入侵、法律修订、政策变动等造成交易平台无法提供交付服务,交易平台不承担责任	10. 在发生或者可能发生托管数据泄露、毁损、丢失等隐患时,交易平台应当立即采取补救措施。 11. 如因不可抗力、意外事件、非法入侵、法律修订、政策变动等造成交易平台无法提供交付服务,交易平台不承担责任		

按照各交易平台制订的交易规则显示,现有的大数据交易平台对于自身法律地位及权利义务的界定基本有三种形式:第一种,明确将大数据交易所界定为自律性法人,明确大数据交易所的监管职责,如贵阳大数据交易所;第二种,没有明确界定大数据交易所自律性法人地位,但明确规定大数据交易所监督审核的权利,如中关村数海大数据交易平台、安徽大数据交易中心;第三种,既没有明确界定大数据交易所自律性法人地位,也没有明确规定大数据交易所监督审核的权利,会员自主登记注册即可称为会员,对于会员的资格,交易平台并不审核确认,如哈尔滨数据交易中心、华东江苏大数据交易中心。但无论是哪一类交易平台,大数据交易所均始终以

营利为目的、长期持续地进行经营性行为，其法律性质应确定为商事主体。[1]

因此，大数据交易平台、数据的提供方和购买方均是商事主体，大数据交易本质上是以大数据为标的的商事交易。

（二）大数据交易安全的含义

法国法学家雷纳·多米尼克（Rene Demoque）将法的安全分为静态安全和动态安全，其中，静态安全是以静态利益为保护的目的，静态利益即归属性利益，决定利益在不同主体间分配的静止结构、状态、形式和格局；动态安全则是导致新的静态利益关系形成的流转过程及其有效性，我国台湾学者郑玉波将其分别称为“所有的安全”和“交易的安全”。[2] 交易安全是与交易有关的安全问题，其最终目的是使买卖双方不受财产损失。[3]

笔者认为，大数据交易的安全应包括静态安全与动态安全，其中静态安全是动态安全的前提与基础。大数据交易的静态安全是指大数据自身的安全，是大数据民事权利的界限，即大数据权利的归属。静态安全是大数据交易的根基，也是实现大数据交易安全的前提和基础。大数据交易的动态安全是指大数据流转中的安全，即买卖双方进行大数据交易的行为有效，交易行为不被认定为无效、可撤销，双方财产不受损失。“交易安全的核心意义，一言以蔽之，即在于确定民事权利的界限。”[4] 这一界限，不仅在于交易之前大数据的所有权明确，还在于交易中和交易后的权属明确，买卖双方对大数据所有权的流转无异议，双方财产均未受损。

交易安全是商事活动中法律追求的终极价值目标，具备商事交易本质特征的大数据交易也应将交易安全作为终极价值目标，贯穿于大数据交易法律监管的全过程，体现为法律监管的原则，具体转化为法律监管的具体法律制度中。

二、我国大数据交易法律监管的必要性

作为商事交易，大数据交易面临着因主体资格、交易标的、质量标准导致的内在交易风险，也将面临因此而导致的行为无效、可撤销以及财产受损的交易安全风险，更加显示出法律监管的必要性。

---

〔1〕 哈尔滨数据交易中心：《哈尔滨数据交易中心交易规则》，载 http://www.doc88.com/p-3127588160700.html，最后访问日期：2016 年 11 月 5 日。

〔2〕 如《贵阳大数据交易所 702 公约》第 9 条规定：交易所支付结算体系大数据买方可在交易系统储值、银联支付、微信支付、公司转账、第三方支付等。买家选择需要的数据支付金额，交易所扣除 40% 的佣金后余款进入卖家账户余额。卖家可以金额放在交易所账户，也可以提取到公司银行。

〔3〕 郑玉波：《法的安全论》，载刁荣华：《现代民法基本问题》，台北，三民书局股份有限公司 1982 年版，第 1～3 页。

〔4〕 徐炳：《买卖法》，经济日报出版社 1995 年版，第 48 页。

(一)交易主体不明确

大数据交易涉及三方主体:数据源层(卖方)、数据中介(交易平台)、数据用户(买方)。就目前各交易平台的交易规则和实践来看,交易主体的不明确性体现为交易主体范围与交易主体资格。在大数据交易中,卖方、买方和交易平台均是以营利为目的商事主体,个人、公司、合伙企业、个人独资企业及其他经济组织能否作为卖方、买方和交易平台,能否成为大数据交易的主体,以及作为交易主体的卖方、买方和交易平台应具备什么样的资格,交易主体范围和交易主体资格均不明确。在大数据交易中,卖方、买方和交易平台均是交易主体,是大数据交易中享有权利和承担义务的主体,各主体具有相应的权利能力和行为能力是保证交易顺利进行的基础和前提条件,也是合同有效的主体要件。交易主体不明确极有可能导致合同无效,买卖双方利益也将因此而受到重大损失。交易主体范围和交易主体资格的不明确势必造成大数据交易的隐患,也是导致交易风险的内在原因。

(二)交易范围不明确

无论采用哪种模式,大数据交易范围都包含个人数据、企业数据、政府数据等几类。《中华人民共和国政府信息公开条例》中明确了政府对外公开的信息范围,但这些信息是否可用于交易却并没有明确的规定。无论是政府公共政策的制定和社会管理职能的实施,还是企业发展战略和营销策略的制定,都需要以个人数据为基础和依据。实践中,已出现大量个人数据被反复倒卖,数据所有者受到骚扰与侵害,造成难以挽回的损失。〔1〕 企业数据亦是如此。交易范围不明确将会导致交易标的物的合法性问题,是大数据交易中不可回避的风险。因而,在大数据交易中,哪些数据可用于交易,数据范围如何确定,都是大数据交易的核心问题,也是法律监管的重点所在。

(三)数据质量不明确

数据是大数据交易中的标的物,数据质量也是交易双方关注的核心问题。在大数据交易中,无论是原始大数据交易还是分析、甄别处理后的大数据交易,数据质量均应具有明确的质量标准。实践中,提供原始大数据交易的个人、企业、机构、政府,对于数据并未进行形影的甄别分析,数据的真实性、客观性均无法保证,"脏数据"无处不在,无法满足需求方对于数据的需求。〔2〕 分析、甄别处理后的大数据交易,在技术提供商的处理之后,真实性、客观性有所提高,但仍然存在诸多的质量问题。以大数据检索服务为例,针对同一关键词,国外谷歌的检索结果是国内百度的3倍多,数据质量并无统一明确的标准。主体的多样性将会使提供的数据呈现多样化导致

---

〔1〕 丁南、贺丹青:《民商法交易安全论》,载《深圳大学学报》(人文社会科学版)2003年第6期。

〔2〕 如2016年8月19日发生的"山东徐玉玉案件"、2016年8月12日发生的"山东宋振宇案件"所引发的悲剧。

大数据交易中数据质量的不明确，无法满足现实交易中对数据质量的要求，造成不可避免的交易风险，导致买卖双方的财产损失。

三、我国大数据交易法律监管的原则

目前，我国在大数据交易的法律监管方面的政策法规几乎没有，地方政府中仅有贵州省出台了全国首部大数据地方法规《贵州省大数据发展应用促进条例》，但仅从一般民商法角度对数据交易需要遵守的基本原则、交易合同及交易场所作了原则性规定，并未凸显大数据交易与一般交易的差别。基于大数据与一般交易对象的不同，在大数据交易的监管中，保证大数据交易安全、自由流通才是重中之重，大数据交易法律监管的目标，实质上是要实现大数据交易安全与数据自由流通两大立法价值之间的平衡。

（一）交易安全原则

根据《中国大数据交易产业白皮书（2016）》，大数据产业链包括六大方面：数据源层、硬件支持层、技术层、交易层、应用层、衍生层。〔1〕 大数据交易只是大数据产业链中的一个环节，就大数据产业现状和发展趋势而言，六大环节中应用层发展最为迅速，在技术层、数据源层以及衍生层支持下，在大数据相关产品及应用的不断普及的背景下，未来5年，应用层规模将达到应用市场规模份额的40%，至3187亿元。〔2〕 为满足应用层对大数据的交互、整合、交换的需求，大数据交易也将进入迅猛发展期间。大数据交易是大数据流通的重要途径，大数据产业各个层面之间已经通过大数据交易的方式实现数据流通并实现数据价值的兑现。因而，大数据交易的发展，既能打破行业信息壁垒，实现信息共享，又能够完善大数据产业的生态环境，实现各个层面的协同进步，推动大数据产业链的全面发展。

交易安全对大数据交易产业的发展有极为重要的意义，在交易安全之下，不仅能够保证交易双方财产不受损失，还能够保证交易双方的预期利益得以实现，并最终实现双方的经济利益和交易目的，以实现法律保护交易各方利益、促进交易的法律目的。交易安全是法秩序价值的体现，大数据交易本质上是以大数据为标的物的商事交易，大数据交易立法的目标就是通过建构合理的健全的法律制度，实现大数据交易正义的社会秩序。

（二）数据自由流通原则

自由是法律在商事交易中期望实现的重要的价值目标，自由原则也是商事交易

---

〔1〕 例如，美国密歇根大学法学院通过替换足够数量的学生，以改变中位数的方式，达到学院排名上升的目的，利用虚假数据赢取排名，导致大数据显示结果失真。

〔2〕 贵阳大数据交易所：《贵阳大数据交易所702公约》，载 http://www.gbdex.com/website/view/bigData.jsp，最后访问日期：2016年11月5日。

中的重要原则,契约自由、交易自由都是自由的价值目标和自由原则在立法中的体现。作为商事交易的大数据交易,其自由原则体现为数据的自由流通原则。数据的自由流通首先是指数据动态流通中的自由流通,即数据可以通过交易的方式,在市场主体之间流通。在大数据交易中,市场主体可以根据自身的需要,自主选择交易的相对方,自主决定需要交易的数据的范围、数量、种类、品质、规格等交易内容。另外,数据的自由流通也体现了反对数据垄断,反对通过自身的地位优势、技术优势控制数据、垄断数据交易,对数据交易和数据共享造成实质的障碍。

四、我国大数据交易法律监管制度的构建

法律监管是指通过立法构建完善的法律制度,以确定监管模式、监管内容,建立完善的监管体系。我国目前尚未有关于大数据交易的立法,更没有大数据交易监管的法律制度。目前,与大数据交易相关的文件包括国家政策、地方性法规、行业规范三类,其中国家政策类文件较多,主要有2006年《2006~2020年国家信息化发展战略》、2008年《中华人民共和国政府信息公开条例》、2011年《关于深化政务公开加强政务服务的意见》、2012年《“十二五”国家战略性新兴产业发展规划》、2013年《电信和互联网用户个人信息保护规定》、2014年《政府工作报告》、2015年9月《促进大数据发展行动纲要》、2015年10月《中共中央关于制定国民经济和社会发展第十三个五年规划的建议》、2016年1月《关于组织实施促进大数据发展重大工程的通知》。地方性法规只有贵州省于2016年出台的《贵州省大数据发展应用促进条例》。部分大数据交易平台也推出了大数据交易的行业规范,如目前国内设立的大数据交易所,相继出台一系列规则,如上海大数据交易中心制定《个人数据保护原则》《数据流通禁止清单》《数据互联规则》《数据流通原则》等;安徽大数据交易中心制定《安徽大数据交易规则》;贵阳大数据交易所制定《贵阳大数据交易所702公约》;哈尔滨大数据交易中心制定《哈尔滨数据交易规则》;江苏大数据交易中心拟定《大数据交易用户协议》;中关村数海大数据交易平台出台《中关村数海大数据交易平台规则(征求意见稿)》,等等。

就上述文件而言,国家政策主要是原则性的指导意见,明确了国家支持大数据产业发展的态度,但对于其内容,并没有规定大数据交易的具体内容。《贵州省大数据发展应用促进条例》是地方性法规,法律效力层级低,作为区域性的地方性法规,仅在贵州省行政区域内具有法律效力。从其内容来看,仅有39条,除总则和附则之外,主要规定了发展应用、共享开放、安全管理、法律责任四部分内容。其中第四章安全管理部分仅有3条,虽然已体现出对大数据交易安全的足够重视,但内容单薄难于实现监管的目标。大数据交易平台推出行业规范均是交易平台自行制订的行业规范,经交易主体认可后仅在交易平台内部适用,不具有普遍的法律约束力。总

体而言,上述文件、政策、法规及行业规范更多的只是指导性的内容,并没有规范大数据交易的具体内容,未形成我国大数据交易法律监管制度。鉴于法律的稳定性和现实的多变性,我国应尽快通过行政法规的形式建构大数据交易的法律监管制度,明确监管模式,并对大数据交易的交易主体、交易范围、交易价格、交易质量等核心内容进行监管。

(一)大数据交易的监管模式——自律监管与行政监管并行的监管模式

出于对数据价值的认可和营利的需求,有些公司尝试采用限额等量交换的方式或者就事论事的方式定价出售数据,但因缺乏交易规则和定价标准,致使交易成本很高并直接制约了数据资产的流动。出于对交易成本的控制和交易规范的需求,第三方数据交易平台因承担了这样的职能而应运而生。实践中,大数据交易平台不仅提供交易规则,还承担着审核交易主体资格、监督交易行为的职责,无论第三方主体是否将其定义为自律性法人,其都在一定程度上扮演着自律性法人的角色。

从技术层面来看,大数据交易存在数据准备技术、数据存储技术、数据平台技术、数据处理技术等数据交易的标准化问题。从市场层面来看,大数据交易是大数据产业中数据价值兑现的核心环节,对于协调与平衡大数据产业各环节的协同发展意义重大。基于大数据交易技术性和大数据交易在大数据产业中的核心地位,单纯的政府监管既不能满足技术性的要求,又不能过于干涉经济生活以实现全行业协调发展,无法实现对大数据交易的法律监管目标。因而,大数据交易应确立自律监管与行政监管并行的监管模式,由政府部门和大数据交易平台分别承担监管职责,并按照政府部门整体监管、大数据交易平台具体监管的原则各自监管。立法中应明确各自的监管范围,明确法律与行业规范的边界,授权大数据交易平台通过制订平台交易规则等行业规范的方式实行具体监管。

(二)大数据交易法律监管的内容

1. 交易主体

大数据交易主体主要包括数据买方、数据卖方和大数据交易平台,基于大数据交易平台在大数据交易中的核心地位和其监管职责,对于大数据平台的资格应由法律予以规定并由政府部门予以监管。作为与股权众筹平台同样的以营利为目的的第三方平台,可以参照《私募股权众筹融资管理办法(试行)》中众筹平台设立条件,规定大数据交易平台的企业性质、注册资本、人员及管理制度等方面的条件,并明确大数据交易平台对交易行为的监管职责,授权大数据交易平台通过制订交易规则等行业规范进行监管。

数据卖方、数据买方的资格,在法律规定的原则之下可授权大数据交易凭证明确具体标准并予以审核监管。首先,对于数据卖方、数据买方的范围,应通过法律明确规定。鉴于大数据交易标的的特殊性和交易安全的目标,数据卖方和数据买方范围应限定为公司、企业或其他经济组织，个人不应成为大数据交易的主体。其次，对于数据卖方和数据买方的具体标准，则应授权大数据交易平台通过交易规则明确规定并进行审核。

2. 交易范围

大数据交易的范围事关国家安全、公共安全与个人隐私的保护，应当通过立法明确规定。对于个人数据、企业数据、政府数据不同种类的数据，则应通过不同的方式进行规定。我国《中华人民共和国政府信息公开条例》中第二章已经明确规定了政府数据公开的范围，对于大数据交易中的政府数据则应规定，该条例公开的数据可作为交易标的依法进行交易。大数据交易承载着安全交易和保证数据自由流通的双重目标，对于个人数据和企业数据，可以采用负面清单模式明确禁止交易、限制交易的数据范围，以“法无禁止即授权”为原则，允许负面清单以外的个人数据和企业数据自由交易。

3. 交易价格

商事交易中的契约自由原则，同样应当体现在作为商事交易的大数据交易之中，对于大数据交易中的交易价格，则应当完全适用契约自由原则，由买卖双方协商确定交易价格。因而，对于交易价格，不应通过法律予以监管。就数据交易而言，不同的数据获取来源决定了不同的定价机制。大数据交易平台可根据不同种类数据的品种、时间跨度、数据深度、数据完整性、数据样本及数据实时性的特点，确定不同种类的数据价格机制。例如，在贵阳大数据交易所的定价系统中，实时价格主要取决于数据的样本量和单一样本的数据指标项价值，而后通过交易系统自动定价，价格实时浮动。数据交易的最终价格，由交易所撮合数据买卖双方，价格由卖方与交易所最终确定。

4. 数据质量

数据质量不仅影响着数据的利用，也是交易双方最易发生争议和纠纷之处，是大数据交易的风险所在，因而确保数据质量对于大数据交易有非常重要的意义。数据质量具体表现在准确性、完整性、冗余性和一致性等各方面，而在数据生成、采集、传输和存储的诸过程都可能影响数据质量，这正是数据质量保证的难点所在，更应成为法律监管的重点。立法中应针对数据的清洗、整合、相似检测、质量评估、质量过程控制和管理等事关数据质量的各个环节，建立数据质量监管的程序，并确定各个环节中的监管重点。在上述环节中，数据质量评估是提高数据质量的基础和必要前提，既能对应用系统的整体或部分数据的质量状况做出评估，又能帮助数据用户了解应用系统的数据质量水平，因而，立法中应明确数据质量评估机构的地位、职能和作用，并由政府组建数据质量评估机构或指定数据质量评估机构，作为数据质量的最终决定机构。

大数据交易在我国刚刚起步,并未形成规范的交易规则。大数据交易中存在因交易主体、交易范围、数据质量不明确导致的内在交易风险,对大数据交易进行法律监管,对于避免大数据交易风险、规范大数据交易行业都有重要的意义。大数据交易本质上是以大数据为标的的商事交易,数据的提供方和购买方之间是买卖合同法律关系,大数据交易平台也是以营利为目的的商事主体,基于大数据交易之商事交易的本质特征,大数据交易应以交易安全和数据自由流通为原则,尽快制定行政法规,确立自律监管与行政监管并行的监管模式,由政府部门和大数据交易平台分别承担监管职责,并按照政府部门总体监管、大数据交易平台具体监管的原则各自监管,同时立法中应明确各自的监管范围,明确法律与行业规范的边界,授权大数据交易平台通过制定平台交易规则等行业规范的方式实行具体监管。对于具体监管内容,则应针对不同的监管事项确定法律与行业规范分别监管的范围。具体如下:

(1)对于大数据交易中交易平台,应由法律规定大数据交易平台的企业性质、注册资本、人员及管理制度等方面的条件,并明确大数据交易平台对交易行为的监管职责,授权大数据交易平台通过制订交易规则等行业规范进行监管的方式。数据卖方、数据卖方的资格,在法律规定的原则之下可授权大数据交易凭证明确具体标准并予以审核监管。

(2)对于交易范围,政府数据可根据《中华人民共和国政府信息公开条例》公开的数据可作为交易标进行交易。对于个人数据和企业数据,可以采用负面清单模式明确确定交易范围。

(3)对于交易价格,应本着契约自由原则,由买卖双方协商确定交易价格。大数据交易平台可根据不同种类数据的品种、时间跨度、数据深度、数据完整性、数据样本及数据实时性的特点,确定不同种类的数据价格机制。

(4)对于数据质量,应成为法律监管的重点。立法中应针对数据清洗、数据整合、相似记录检测、数据质量评估、数据质量过程控制和管理等事关数据质量的各个环节,建立数据质量监管的程序,并确定各个环节中的监管重点。立法中应明确数据质量评估机构的地位、职能和作用,并由政府组建数据质量评估机构或指定数据质量评估机构,作为数据质量的最终决定机构。

大数据背景下我国电子证据开示制度之建构

——以电子化储存信息为中心

戴　果*

随着大数据与互联网的不断发展,电子媒介成为现代社会人们首要的信息储存方式。新储存业态对传统证据形式产生冲击,进而对诉讼原则与庭审制度带来挑战。有别于传统证据的稳定性,电子证据种类繁多且流动性强,其真实性、合法性与关联性往往遭受当事人质疑,在庭审中当事人据此提出相关鉴定申请势必会影响法庭审理节奏。在比较法视野下,以电子化储存信息为核心的证据开示制度在一定程度上缓和了因电子证据而产生的成本扩大、诉讼延迟等问题。为切中"以审判为中心"的诉讼制度改革脉搏,我国有必要审视电子证据庭前开示制度的法理精神,平衡电子证据在庭前与庭审中的处理比重,寻求符合集中审理原则之"庭前开示 + 庭审审查"二元制结构的中国化进路。

一、时代之问:大数据背景下电子证据开示之关切

(一)现实挑战:大数据加速证据电子化

大数据加速了电子化储存信息的衍生与增长,证据电子化成为无法回避的事实。

一方面,证据的来源网络化。比如,在一起侵害商标权及不正当竞争纠纷中,原告作为"维多利亚的秘密"品牌在华管理公司,发现用户名为"victoriessecret 总部"的新浪微博账号中有大量关于"维多利亚的秘密"的信息,如众多模特照片上有"VictoriasSecret 总部""VictoriasSecret 总经销"字样。同时,进入该微博账号提供的加盟销售微信账号,账号名中突出使用了"VICTORIA' S SECRET"标志。[1] 原告提交的证据几乎全部产生于网络数据,这在传统书证时代是难以想象的。这也意味着,当事人首要面对的问题必是如何从大量的电子化储存信息挑选出与案件有关的部分作为证据提交至法院。

---

* 湘潭大学法学理论专业硕士,2014 年 9 月到湖南省安化县人民法院工作。2016 年获全国法院系统第二十八届学术讨论会两个二等奖。

〔1〕 参见上海市高级人民法院(2014)沪高民三(知)终字第 104 号民事判决书。

另一方面，证据的电子形态多样化。新兴传媒介质的出现让电子证据的表达方式越发多样。如在上海市第一中级人民法院审理的一起网络服务合同纠纷中，双方所提交的证据涉及了电子交往邮件、网络虚拟财产、游戏账号中的网络账户数据、技术平台服务器记录、后台数据网页截屏等。[1] 电子化储存信息的多样化动态表征不同于实体事物，其提取与保存都依赖于一定的技术条件，为证据的发现带来考验。[2] 因此，在大数据的环境下，当事人与法院都必须接受以电子化储存信息作为证据方式，否则就会造成举证上的困难。传统证据制度迫切需要针对电子证据独有特征作出相应调整。

（二）成本扩大：证据电子化导致诉讼延迟

随着电子化储存方式的普及和高频的司法出镜率，因电子证据特点与传统审理方式之间的张力所造成的成本扩大问题直接影响诉讼效率的达成。

一是诉讼费用的扩大。针对电子证据法定形态不同，法院在审查过程中所适用的审查方式各异，实践中以申请司法鉴定、进行公证保全等方式为主。如在广东省高级人民法院审理的一则专利权纠纷中，合议庭便以深圳市版权协会对相关电子证据进行公证生成的“固化报告”作为认定事实的依据。[3] 据调查，在我国北京、广州等大城市，单次公证与鉴定的费用并不低。另外，据日本学者加藤新太郎研究表明，日本于20世纪20年代初虽已从立法上赋予电子化储存信息法律保护的独立地位，但审判中仍需将电子数据以“可能文书”形式制成“生成文书”形式，才能作为证据提交法院审查。如审理医疗纠纷时针对被告提交的电子打印医药费单据，以盖有“兆祥仁和医院”印章的予以认定，其余不予认定。[4] 此时的电子化储存信息仍需通过转化才拥有独立的证据地位，以至于司法认定也无法达成一致。从诉讼经济学的角度来看，技术鉴定与证据转化带来的费用，无疑给当事人增加了新的负担。

二是时间成本的扩展。现阶段，若当事人在庭审中对证据的真实性有异议申请鉴定或勘验，则难免导致庭审过程断裂，出现庭审中止、多次开庭等情况。甚至，因电子证据证明力瑕疵的问题，在实践中常有当事人不服一审判决而上诉的情形。如一起专利侵权纠纷，宁波市中级人民法院基于电子化储存信息易篡改、可复制等不稳定特征，不予认可被告提供的电子版设计图纸、客户转发电子邮件、数码照片等电

---

〔1〕 参见上海市第一中级人民法院（2014）沪一中民一（民）终字第2189号民事判决书。

〔2〕 Genevieve H. Harte，“Electronic Discovery in Civil Litigation：Avoiding Surprises in Cost Shifting Decisions”，12 *Seton Hall Cir. Rev.* 267（2016）.

〔3〕 广东省高级人民法院（2015）粤高法民三终字第45号民事判决书。

〔4〕 参见日本平成22.10.26民集64卷医疗纠纷案。转引自林裕顺：《“迅速审判”法制研究——日本司改“审前整理”“证据开示”之启示》，载《台湾检察新论》2010年第8期。

子证据的证明力。被告一审败诉后随即上诉,然而二审亦被驳回,维持原判。[1]

笔者认为,因证据电子化衍生司法异质的情形存在,有必要对现阶段庭审模式重新思考——将电子证据在庭前组织交换与开示,归纳争议焦点以促进审判,这也符合我国推行庭审实质化的改革方向。

(三)国际趋势:电子证据的庭前开示

如前所述,伴随着证据电子化趋势,各国均围绕着"纸本资料储存方式——电子化储存信息方式"进行制度修改。以美国为例,联邦民事诉讼程序法于1938~2006年的修改直捣证据开示程序问题的核心,主要目的在于让电子化储存信息从传统文件中独立出来,获得了与书证同等的法律地位。另外,在诉讼流程上围绕电子化储存信息进行特别规定,内容上包括在证据开示的范围、书面质询的内容、文件揭露义务范围、电子证据的取得(accessibility)与取回(retrieval)、安全港条款等条文上,为电子证据开辟了一席之地,在证据开示流程中明文加入了"电子化储存信息"这一概念,意味着美国联邦民事诉讼程序法正式进入了电子信息化时代。[2] 电子证据开示程序让美国司法效率大大提升,大量案件在庭前开示阶段便得到了和解与处理。

与之相比,我国在2012年《民事诉讼法》第63条规定,将"电子数据"纳入证据种类,提升了电子化储存信息的证据品格,属于我国电子证据的立法进步。但不足之处在于,证据规则与审理流程并没有针对电子证据特点作出相应修改。因此,如何应对大数据背景下电子化储存信息带来的证据量级化增长,以及对传统庭审结构的冲击,是我国诉讼制度不得不解决的现实问题。

二、适当匹配:电子证据开示制度公因式提取

为契合现阶段我国庭审制度对集中审理的现实需求,往往于庭审中"对证据总量予以限制、对证据材料进行严格的剪辑和集中"。[3] 应此要求,电子证据开示制度以"适当匹配"原则为最大公因式。其中,关联、成本与安全系"适当匹配"原则的三个方面。

(一)公因式一:关联比例

控制电子证据总量进入案件的首要标准,为确保电子化储存信息的案件关联性。一般来说,除非法院通过命令对此加以限制,否则电子证据开示的范围,原则上

---

〔1〕 祝芳、洪婧:《灯具被诉专利侵权,拿出一箩筐电子证据为啥仍败诉》,载《浙江法制报》2017年1月20日,第8版。

〔2〕 Minnesota E-Discovery Working Group, "Using Legal Holds For E-Discovery", 40 *Wm. Mitchell L. Rev.* 462 (2014).

〔3〕 韩静茹:《系统论视野下队民事集中审理的多维度思考——中国庭审方式改革之反思与展望》,载《贵州警官职业学院学报》2013年第4期。

是以“任何一方当事人所主张或抗辩有关事项”为准。在该标准之外的电子化储存信息,应剔除出证据提交的范畴。各国在具体内容的表达方式上稍有不同。从新加坡法院判例可以看出其对“关联比例”描述分为三个层次:一是来源可靠,如案例5中由警察录制的影片,这类具有公信力的电子证据;二是与案件内容相关,如案例4中涉及诽谤的电子邮件等;三是经双方共同协商确定提交的内容,如案例1中的硬盘,其中所描述“不被争议”是针对该硬盘与案件之间的联系而言。综合来看,新加坡法院所明确的电子证据开示关联性内容分为积极开示的比例范围和不开式的具体情形,以前者为首要衡量标准。

为防止证据开示程序滥用,美国建立了一个二阶段的关联比例范围构架:第一阶段的证据开示为“与任何一方当事人主张或抗辩有关的事项”,可以自由行使电子证据开示程序;第二阶段为与争议本身不相关的“与系属诉讼主体相关事项”,则要求开示方必须向法院提出行使电子证据开示的“正当理由”。[1] 其中,“有关”的维度揭示了电子证据“双联性”的特殊机理,即内容上的实质性与载体上的相关性两方面,换言之,“电子媒体在内容上是直接生成于案件事实,还包括电子介质所有者系案件纠纷当事人及密切相关人员”。[2] 我国民事诉讼制度于2012年将“电子数据”纳入证据范围,同时对审理程序结构进行了“审前程序+集中审理”的二元制革新,规定了“人民法院可以在答辩期届满后,通过组织证据交换、召集庭前会议等方式,作好审理前的准备”,展现了司法改革实现集中审理的考虑。然而遗憾的是,从现行《民事诉讼法》及其司法解释规定的范围来看,在集中审理要求下的证据交换制度规定过于原则化,并没有特别针对电子化储存信息的证据范围作出限制,仅存在“宣示意义”。[3] 但在我国司法实践中,有法官在证据认定方面认可了电子证据双联性特征。以某民间借贷纠纷中的微信聊天记录为例,举证方要提交微信作为证据时,一方面要考虑微信用户与被告身份对应问题;另一方面确保微信内容涉及了双方借贷关系或者数额,在主体和内容两方面确认该微信聊天记录均与本案有关。[4]

(二)公因式二:成本比例

英国电子证据开示有一项重要的原则,即“与诉讼程序无关的电子文件不要揭露给对方,以免造成对方时间和费用的负担及浪费”。[5] 根据域外经验,电子化储存信息极有可能在证据开示程序中发生大量的诉讼费用。我国台湾地区有学者研

---

〔1〕 Genevieve H. Hart, “Electronic Discovery in Civil Litigation: Avoiding Surprises in Cost Shifting Decisions”, 12 *Seton Hall Cir. Rev.* 267(2016).

〔2〕 刘品新:《电子证据的关联性》,载《法学研究》2016年第6期。

〔3〕 李少平:《以审判为中心的诉讼制度改革:功能定位与路径规划》,载《中国审判》2015年第11期。

〔4〕 参见北京市海淀区人民法院(2017)京0108民初31667号民事判决书。

〔5〕 Jack H. Frandtyre, The Core of Civle Produce, Public law No. 391(2009).

究表明,2007 年美国在电子证据开示问题上总共花费 27 亿美元,至 2010 年增长 15%。[1] 可见成本费用是控制电子证据总量的必要考虑因素之一。

事实上,与英国相同,各国均主动考虑电子证据开示中高额的成本负担问题。解决方式包括:一方面通过排除规则将费用高额的因素进行限制,如在前文中,"费用负担极为庞大"系新加坡电子证据消极排除范围之一;而美国则通过 2015 年修正案在成本比例上有了更具体的限制:必须是对方提供相关的、可以合理取得的电子化储存信息,并要求各方所考虑的因素涉及"费用""当事方资源"以及"诉求所关系到问题的重要性"等方面。另一方面,从美国 Mikron 案中可以了解到,基于美国《联邦民事诉讼规则》第 26 条的限制条件,提供方有责任向法院证明,其提供申请方所要求的电子数据是"无法合理取得"并"超出其可负担成本",法院可以考虑包括转移费用等相关措施以减低提供方的困境。[2] 具体而言,美国在电子化储存信息作为证据开示的特殊限制流程可如图 1 所示。对于电子证据开示的费用问题系法院针对当事人申请所考虑的首要因素,参考标准在各大判例中有几类,如著名的 Zubulake 七要素、Rowe 八要素,以及最新的赛多纳会议 6 项标准等。其中,赛多纳会议 6 项标准更能反映出目前美国司法界相较于前二者而言更加审慎的界限与态度。

(三)公因式三:安全比例

为了电子证据开示能有效进行,必须对特定关系中的行为人进行诉讼活动的权利保护,以给予当事人特定行为安全感。在证据开示程序中,最常被使用且与之相关者为律师与当事人之间的秘密通信特权。美国联邦最高法院在 Hickman 案中提到,秘密通信特权是为了让律师可以在不受"不当及不必要干扰"下调查所有案情及准备相关诉讼的电子证据,且不需要在意对当事人是否有利,亦不必担心对方当事人可以利用证据开示程序获取对己方不利的事项。[3]

关于秘密通信特权的信息之所以可排除被开示的原因,代表一种社会的抉择:若特定目标的利益高于开示关联性证据所带来的利益时,该电子化储存信息就容许被排除开示。就经济分析的角度而言,当特定沟通是社会所需要的,如果此等沟通不受"拒绝提供证言"的保护时,人们或许会减少此类沟通。有学者认为,这是源自英国普通法上的权利。电子化储存信息无论是在成文法还是普通法下,仍然适用于传统证据开示规范,故秘密通信特权于电子证据开示的适用上并无差异。需要注意的是,在现今电子时代,由于律师在开示期间阅读信息量相当庞大,故很容易错误地

---

〔1〕 邱靖棠:《集中审理准备程序之研究——以美国预审制度为借鉴》,台湾地区台湾大学法律学院法院研究所 2015 年硕士学位论文。

〔2〕 Mikron Ind,Inc v. Sanders,437 U,S. 340,358(2013).

〔3〕 Hickman v. Taylor (2011).

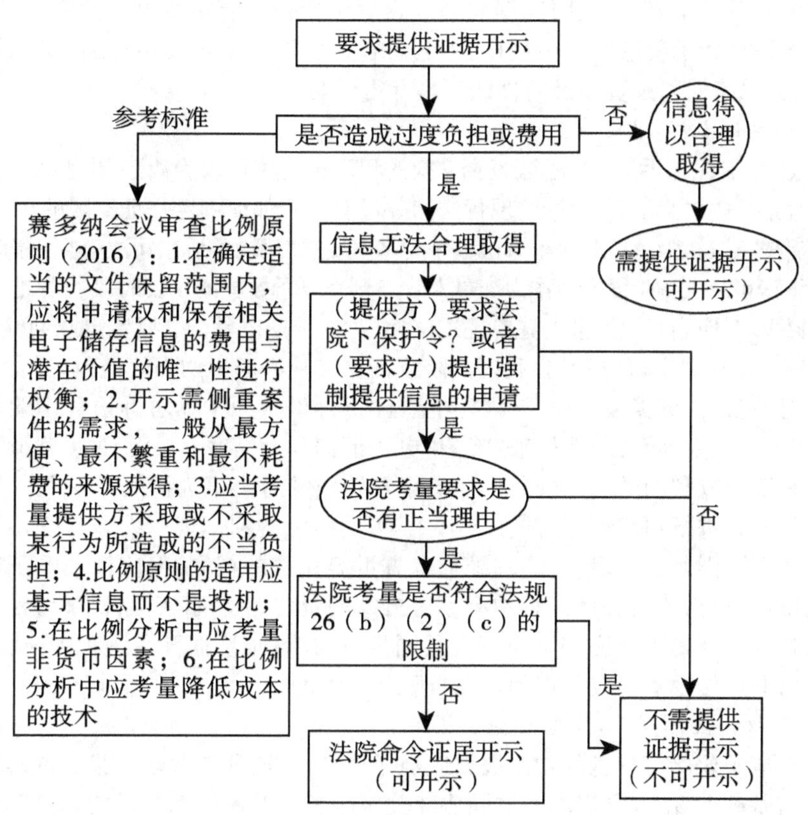

图1　美国电子化储存信息的特殊限制

将秘密通信信息传递给了对方当事人。因此，律师需改变对于证据开示的传统回应方式，以免不慎揭露了属于秘密特权的信息。[1]

综上所述，电子证据开示之适当匹配公因式包括如下三个方面：一是为提升集中审理烈度，电子证据总量需控制在与案件争议相关的范围，系当事人为佐证其诉讼请求或答辩声明之事实的有关电子证据；二是该电子证据收集与对证在可承受成本范围内，且没有其他更便捷方式取证；三是该电子证据开示不能造成当事人无法正常诉讼。

三、流程指向：电子证据开示程序基本坐标

电子证据开示制度作为审前程序的重要组成部分，如何安排各项环节以保证庭

〔1〕 Adjoa Linzy, "The Attorney-Client Privilege and Discovery of Electronically Stored Information", *Duke L. &Tech. Rev.* 4(2011).

前证据的充分准备,对防止因证据问题导致庭审拖沓具有重要意义。实践证明,合理的电子证据开示程序在平衡程序正当与效率之间,主要依靠主体协力性、权利平衡性、义务严格性以及责任及时性四项坐标得以实现。

(一)主体坐标:从法官到当事人

根据我国《民事诉讼法》规定,证据交换的程序推进主体仅为法院,当事人在法官给出的举证期限内提交证据。然而,现行法律并没有关于如何确定举证期限的具体程序。我国学者毕玉谦认为,"按照民事诉讼程序的基本要求以及《民诉法司法解释》的旨意,我国民事诉讼审前准备阶段应当作为当事人收集调查电子数据的主要时段。在此阶段,法院认为必要时,应当组织当事人庭前证据交换,对电子证据是否需要鉴定或勘验预先作出安排"。[1] 从规定可以看出,我国法院于证据交换程序中的强势地位。

相对而言,在英美法语境下,程序上多注重诉讼行为主体对诉讼程序的推动义务,强调当事人主动性,以诉权来"唤醒"电子证据开示程序。然而,过度强调当事人主义容易造成权利的滥用,美国从 2007 年开始便针对当事人滥用开示程序导致资源浪费的问题进行司法纠正,并在 2015 年修正案中得到体现。维多利亚州法院维客利法官在一则判决中表示,法院维护双方诉至司法的权利,但应保证电子数据在合理范围内进行,法官在此过程中有不可推卸的责任。[2] 事实上,民事诉讼程序的开启与顺利进行离不开法官与当事人共同推进,在电子证据开示进程中,法官与当事人协力共进体现了诉权与审判权在权限配置上的平衡。

(二)权利坐标:初始披露的自主与申请

关于电子化储存信息的初始披露应当尽早进行,通常在考虑主张或抗辩的事由的性质与基础上,由双方当事人共同协商关于电子化储存信息开示的相关问题。具体而言,在早期揭露程序中,电子化储存信息相比其他证据而言需要特别注意之处在于以下三个方面:一是任何有关揭露或开示电子化储存信息的问题,双方需先行讨论有关电子证据的形式;二是任何有关电子证据秘密通信特权的主张或诉讼准备中文件保护的问题,双方需在程序上达成协议;三是有关电子证据早期披露程序应当尽可能早的进行,并在诉讼初期向法院提出有关如何开示电子化储存信息的处理方式。这三个方面产生于 2006 年美国联邦民事诉讼程序修正案,同时也逐渐被其他地区所适用,目的是在证据开示期间,避免数据量过大的电子化储存信息浪费有限的司法资源。[3]

其中,关于电子证据的储存形式直接影响该证据的证明力与有效性。以微信语音文件为例,微信语音文件无法脱离专用软件直接读取和保存,原因在于微信语音以

---

〔1〕 毕玉谦:《论民事诉讼中电子数据证据庭前准备的基本建构》,载《法学论坛》2016 年第 2 期。

〔2〕 McConnell Dowell Constructors v. Santam. U. S. Rev. (2017).

〔3〕 Paul & Nearon, at 21(2011).

"Silk Version3"的格式编码储存在"slk"作为拓展名的文件下。作为微信语音文件的披露方,应当保留微信语音原始文件作为证据原本,再提取"slk"语音文件,并刻录有关的证据副本于光盘(易于播放的音频文件)中以便于与证据原本进行比对。[1]

(三)义务坐标:电子化储存信息之保留

针对电子化储存信息特点,当事人在诉讼保留中所尽义务相比传统书证有特殊要求。在2003年著名的Zubulake案中,法官提出了对电子化储存信息进行诉讼保留的步骤:(1)掌握所有相关的资料保存、备份、存档及销毁的政策;(2)指示工作人员不得任意修改或删除相关的电子资料,如电子邮件信箱的内容及储存的档案;(3)积极保存现行资料的诠释资料,以备日后诉讼之需;(4)禁止重写备份磁带,以防日常企业运作时,破坏或修改相关的电子资料。可见,基于电子化储存信息不稳定性的特点,证据制度对电子数据、文件的保存、保留持有相当慎重的态度,通常苛以文件持有人较重的合理保存义务。此种义务被确定至今仍未被司法实践所忽视。在2017年6月OmniGen案中,由于被告故意删除了几个电子邮件账户中的文件,破坏了"源数据",法院遂裁定驳回被告反诉以制裁被告行为,以此维护电子证据开示程序的文件保留规则。该案法官重申了关于电子化储存信息诉讼保留的两个问题:一是保留开始的时间为"当合理地意识到或应该知道(预期)诉讼发生时,即需开始保存";二是基于"常务性删除文件业务仍需运作,但不能删除争议相关资料唯一可取得来源"之标准,确定电子证据保存范围。[2]

诉讼保留中亦有免责情形,即"安全港条款"。当事人因常规、善意的操作系统导致电子化储存信息丧失时,可免除基于诉讼保留义务的司法制裁。然而在逻辑上,该规则仍有不当保护之处。比如,未考虑尽责保留文件仍无法保全之可能,所谓"常规、善意的操作系统"亦无明确参考标准,同时规则保护范围仅适用于当事人,对其他诉讼利害关系人没有提供相应保护。盖因英美法系素有判例可进一步规范,而我国对此问题应在立法时考虑完善。

(四)责任坐标:惩罚及时到位

失权问责制度是英美法系审理集中化实现的一项重要因素。为使当事人遵守证据开示规则,以美国为代表的国家对于不遵守相对人证据开示请求或者违反法院开示命令的行为苛以制裁。法院在针对当事人违反电子证据开示所制裁的内容包括但不限于表1中所示情形:(1)认定违反程序的当事人藐视法庭,法院可以对该当事人加以传唤、课处罚金,及负担另一方当事人因该方当事人违反行为所产生的合理费用,如表1中案例1、2、5;(2)裁定他方当事人主张为真正有效,如案例6;(3)裁定限制该违反程序的当事人提出反证;(4)裁定驳回违反程序者的诉讼,如案例4、

---

[1] 何俊:《微信语音作为民事诉讼证据若干问题的研究》,载《电子物证》2017年8月21日。

[2] OmniGen reasearch v. wang, U. S. Dist. Lexis 78107(2017).

5;(5)作出违反程序方败诉的缺席判决。与英美法系不同,我国现阶段民事诉讼法采取的是温和的证据失权制度。针对逾期举证的当事人,法院并不会采取强制制裁手段。而在美国,对违反应尽义务当事人制裁及时性体现了司法在维护电子证据开示程序的强势立场。从表1推断,考察案例中法院各项制裁手段的目的,一方面,法院以苛责罚金的方式希望对违反规则的当事人达到警示效果;另一方面,通过惩罚实现对规则的矫正正义。同时,也可以从这样的判决中,让其他当事人学习并警惕自己,不要轻视规则对电子化储存信息提供的要求,以维持证据开示程序的精神。

表1　美国电子证据开示罚则相关案例〔1〕

序号	案例	相关情形	责任内容	惩罚方式	判决理由
1	Kamatani v. Benq Corp F. Supp. 2d. 2015WL 2455825	Buenq 公司在证据开示使向法院隐匿或为不实陈述	违反法院要求进行电子证据开示的命令	进行了两次较少罚金的预警惩罚;判决 Benq 必须支付原告相当于1700万新台币的高额罚金	法官必须惩罚违反法院命令的当事人,相较于其所销售数亿金额的数位影碟机而言,这个金额是适当的
2	Qualcomm v. Broadcom 2014 WL66932	诉讼代理人未尽到合理询问的义务	违反合理询问义务,延误电子证据开示行程	对当事人以及诉讼代理人课以罚金	当诉讼代理人未能尽到其职责时,委托人亦会受到违反证据开示规定的制裁
3	Treppel v. Biovail Corp 249F. R. D. 111. 2016WL 866594	Biovail 公司未尽到保存电子化储存信息的必要义务	违反诉讼保留原则	法院准许了原告电子证据开示申请并同意进行费用转移	当争议产生时,公司对于及早管理和保存电子证据以供开示有重要义务
4	Baker v. Gerould WL 850236	原告申请被告进行电子邮件内容开示,被告以"无法合理取得"为由拒绝开示	不符合"无法合理取得"条件	法院驳回被告"无法合理取得"之理由,并命令被告进行电子证据开示	"无法合理取得"必须以实际证据予以证明,不能只用假设或流于辩论
5	Montgoymery v. Iron Rooster-Annapolis, 2017 U. S. Dist. LEXIS 71338	原告未能保留 HTC 手机数据	违反诉讼保留原则	法官以原告没有听取法院命令为由,对原告课以罚金,驳回原告请求	原告有义务对工作手机的数据进行保留,以证明争议关系
6	OmniGen Reasech v. Wang, 2017 U. S Dist. LEXIS 78107	被告故意销毁个人电脑和电子邮件	被告违反电子化储存信息保留规则	法院裁定制裁被告滥用诉讼权利的行为,认定原告请求有效	被告删除的数据系原告案件必不可少的证明文件

〔1〕 案例摘自美国联邦法院官方网站案例库:http://www. uscourts. gov/courtrecords/find-case-pacer,最后访问日期:2017年7月25日。

四、契合与超越:我国电子证据开示制度基本维度

在我国长期司法实践中,尚未能完整契合电子证据开示这一“舶来品”。在功能设计上,我国电子证据庭前开示必须面对具有中国特殊的司法现实,寻求中国式个性进路。

(一)节点明晰,电子证据庭前开示个性化进路

与美国相比,我国诉讼制度没有规定证据交换所涉及的证据范围和基本流程,这使我国庭前证据交换程序在门槛上可谓“大门畅通”。因此,构建我国电子证据庭前开示个性化进路首要方面即以前文所述公因式为基准,明晰中国节点。

1. 节点一:是否全面开示

在是否全面开示的问题上,适用电子证据开示制度的案件根据类型予以区分较为妥当。加拿大学者斯嘉勒·莫塞科从演进路径的角度将美国划分为“起源模式”,而将德国等大陆法系国家则为“后进模式”。[1] 他认为,美国在开示问题上态度最为宽容,开示范围最为广泛。相比较而言,其他国家略为谨慎。事实上,同为“起源模式”的英国也以限缩式排除了不予开示的案件类型,如公共利益类纠纷。另外,针对电子证据出现较多的案件类型,采取法定要求庭前开示程序的方式。

相对而言,中国进路宜采用“双轨制”,即依法适用和参考适用并行。在现阶段原则性规定的基础上,有必要将各类情形具体化。一方面,可以参照一方或双方主要证据以电子化储存信息为主的案件类型,或是一方或双方主要事实以电子化储存信息证明的案件类型,以依法适用为准。例如,专利纠纷、网络服务合同纠纷、电子商务纠纷等专业性强、技术性要求高的案件。另一方面,一方或双方电子证据数量较多的案件类型,或者一方或双方提交电子证据存在争议较大的案件类型等,同样需依法适用。恰当适用电子证据开示制度,是我国目前切入司法实用主义脉搏的具体方式。而针对婚姻家庭纠纷、借款纠纷等案情简单、证据不复杂的案件类型,则可根据当事人请求的具体情况参照适用。

2. 节点二:限缩的比例范围

在权衡哪些电子化储存信息应当予以开示的问题上,国际趋势的一般性变化系比例范围的步步限缩。笔者发现,美国历史上因过度开示而引起司法负累和国际法冲突的问题并不鲜见,如与欧盟国家在隐私保护与障碍法上的冲突。詹姆斯大法官曾提出,欧盟《数据保护法规》采取的是“数据隐私说”,规定必须在保证第三国能为数据隐私提供“充分”保护的前提下,才允许将数据转移第三国。[2] 但美国法院通

---

〔1〕 Scaller H. Moceiico, “Annotated Case Law on E-Discovery”, *Canada Law Journal*(2008).

〔2〕 刘盼:《论以审判为中心的诉讼制度改革》,载《法制与经济》2017 年第2 期。

常以“国家利益说”为参考标准,不会太重视他国的障碍法之狭隘规定。比如,在Moses案中,美国法院认为原告的开示申请是关于被告银行信息的“一般性陈述”,并不会侵犯法国国家利益,从而驳回被告基于法国障碍法的“保护性命令”的抗辩理由,导致两国基于该案进行外交交涉。[1] 为了缓和这一冲突,美国在随后修法过程中,逐渐倾向于对相关国际法的价值取向。在跨境纠纷案中,对确属于保护个人数据隐私利益的申请予以尊重。[2]

在这个问题上,持反对意见的主张认为,有关障碍法的规定应限制在数据内部流转的情形下,在证据开示中,应该仍以利益说为准。[3] 然而,绝大多数国家为控制数据泄露事件发生的风险,仍以支持开示比例的限缩为主要态度。对此,我国立场与之无异。在Richmark案中,我国公司根据《国家保密法》拒绝了对方要求的全球资产开示的命令,认为一旦开示则会造成对我国国家机密的泄露。[4] 可以看出,支持开示比例的限缩同样系我国电子证据开示门槛之一。

(二)设计流程,电子证据开示程序平衡点

以目前国际司法实践经验,把握电子证据开示需注意两点平衡:一是当事人诉权与法院审判权之间平衡;二是电子证据在庭前开示与庭审审查之间平衡。

1. 平衡点一:诉权 vs. 审判权

电子证据开示制度运行状态的优劣,与诉权和审判权在庭前权限分配有重要关系。赋予当事人程序主动权,符合民事诉讼的特点与诉讼对抗制的本质属性。正如美国学者弗兰泰勒所言,但凡当事人“有理性地进行关联电子化信息披露程序,而不论是否被法庭采纳,都是应当被允许的”。[5] 因此,在中国语境下,若双方当事人均申请要求进行电子证据开示,法院应当组织双方当事人进行庭前证据交换;抑或通过一方当事人申请,对符合电子证据开示规则的请求,法院应当向对方当事人下达进行证据开示的文书。

在程序构造中,构建诉讼保留规则亦是赋予当事人主动权的第一步,并不需要法院出面干涉。美国学者史密斯·波克认为,当事人诚实地进行诉讼,负有对其提交的文件真实性的主要责任。但大陆法系有研究表明,在证据开示阶段,当事人所承担的诉讼保留义务仅限于“自己认为真实”标准即可,而不需要保证电子数据的客观真实性。[6] 依照诉权的基本性质,大陆法系的主观标准说更适合我国司法实践。

---

〔1〕 Moses v. Credit S. A, 229 F. D. R(S. D. N. Y, (2004)).

〔2〕 郭玉军:《论美国与欧盟国家域外取证领域的冲突及其解决》,载《河北法学》2011年第4期。

〔3〕 Terrance K. Byrne, "The Federal rules of Civil Procedure, Electronic Health Reacords and The Chanllege of Electronic Discovery", 28 *J. L. & Health* 379 (2015).

〔4〕 Richmark Corp v. Timber Falling Consultants 959 F. 2d 1468(1992).

〔5〕 龙宗智:《庭审实质化的路径和方法》,载《法学研究》2015年第9期。

〔6〕 Ng Koo Kay Benedict v. Zim Integrated Shipping Services Ltd. 2 SLR 860 (2010).

与此同时,法官应当主动向当事人释明电子程序开示规则、程序及当事人权利与义务。澳大利亚学者托克在批判美国过度开示的问题上提出,“法官在过程中的消极态度易导致当事人滥用诉权,从而造成过度开示与诉讼拖延”。[1] 法官的重要性同样需要得到法律明确。在我国,审判权维度应当着墨于法官释明义务上。法官的释明权系我国电子证据开示制度顺利推进的重要方向,属于法官审判权的重要组成部分。

2. 平衡点二:庭前开示 vs. 庭审审查

日本学者田口守一曾对日本增设庭前程序表示担忧,他认为庭前程序的设置有可能造成审判结构“前重后轻”的情形出现,导致“审判前置”。[2] 将视野浓缩至电子证据的问题上,当事人或法院为盲目追求纠纷的解决,从而将证据采信与认定提前至庭前完成,确实会成为电子证据开示制度的运行隐患。因此,平衡证据庭前开示与庭审审查之间的关系,是民事诉讼制度庭审中心主义改革的重要议题之一。

笔者经研究发现,在比较法的视野下,关于电子证据在庭前与庭审之间的分配有三种模式(如图 2 所示):模式 A 属于庭前与庭后对应型,该模式下庭前电子证据开示主要进行的工作包括电子化储存信息的收集与保留、早期披露,组织交换、梳理与归纳,决定对有争议的电子证据进行鉴定等程序;模式 B 属于庭前缩小型,电子证据在庭前程序占用比例不高,我国现阶段属于典型的庭前缩小型模式;模式 C 属于庭前扩大型,该模型发挥了电子证据开示程序定分止息的功能。根据三种模式参考比较,我国电子证据在庭前与庭审之间的分配应当以实际情况而定,如模式 A 适合在绝大部分情形下适用。以软件专利纠纷为例,首先要书面质询对方当事人“关于产品版本源代码、专利发明日和优先日等信息”,其次“提供文件和物件”方式的具体操作步骤,最后要求对方自认部分文件的鉴定与基础事实问题等。[3] 而针对焦点清晰、争议不大、双方当事人对电子证据认定不存在过多分歧的情形,可以适当允许证据的采信与认定在庭前完成,主要原因系在这类情形下,当事人大多会在庭前达成和解。另外,在把握对待电子证据的关联性、真实性及证明力的问题上,双方当事人仅能针对证据表明态度(有无异议或是否认可),而不能围绕证据进行质证和发表观点。

---

[1] Tomky Ross,“The Twombly Revolution”,36 *Pepp. L. Rev.* 1063(2009).

[2] [日]田口守一:《刑事诉讼法》,张凌、于秀峰译,中国政法大学出版社 2010 年版,第 213 页。

[3] 冯娇:《大数据时代中电子证据的认定规则》,载《互联网法学》2017 年 7 月 25 日。

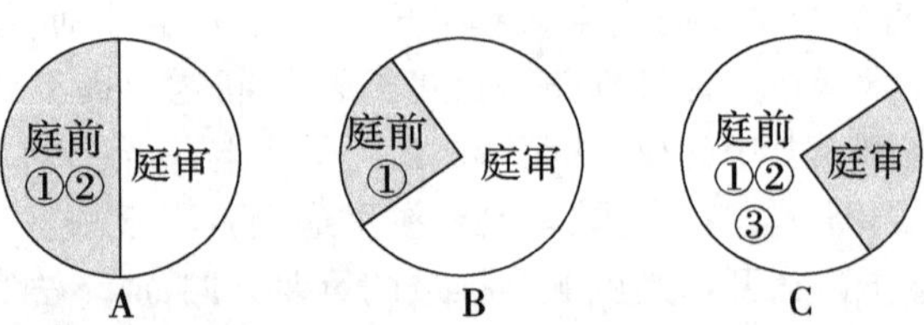

图2　电子证据庭前开示与庭审审查关系

（三）防卫措施，创新引入失权惩罚规定

好的程序规则除了体现对权利使用的激励之外，还应当体现压力。透视国外经验，法律通常对违反电子证据开示规则的当事人苛以严格的赔偿费用惩罚。情节严重时，法院亦会当机立断，作出影响当事人程序上或实体上的裁判。通过对前文表1中美国判例的观察，在具体惩罚类型上法院通常有三种观点：一为制裁说。在表1案例1中，法官认为Buenq公司的不实陈述严重违反了诚实信用原则，采取了预警罚金与高额罚金两种惩罚方式，二者均是出于审判权主动对Buenq公司不实行为的制裁。[1] 二为赔偿说。有学者指出，赔偿应为当事人在滥用开示程序时对对方当事人所造成损失的弥补，因此法院制裁应当以受损方实际损失为准。[2] 三为费用转移说。该说认为罚则应是依据被申请方开示相关电子储存信息产生的费用转移而来。[3] 如表1中案例3，法院依据费用转移说将违反开示程序所产生的资源成本转移给了被告。

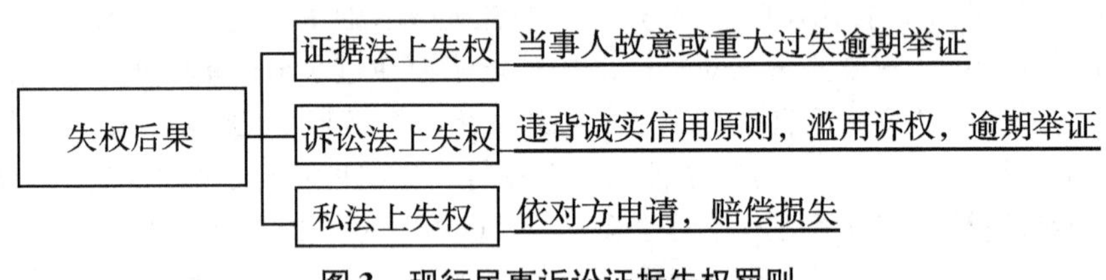

图3　现行民事诉讼证据失权罚则

相较而言，我国民事诉讼制度并没有严苛的罚则作为电子证据开示制度的防卫措施。有研究表明，现阶段我国民事诉讼证据失权后果包含三个层次（见图3），即

〔1〕 Kamatani v. Benq Corp F. Supp. 2d. 2015WL 2455825.

〔2〕 Halima Doma, "Enhancing Justice Administration in Nigeria through Information and Communications Technology", 32 *J. Marshall J. Info. Tech. & Privacy L.* 89 (2016).

〔3〕 Michael Thomas Murphy, "Occam's Phaser_ Making Proportional Discovery (Finally) Work in Litigation by Requiring Phased Discovery", 4 *Stan. J. Complex Litig* (2016).

证据法上失权、诉讼法上失权与私法上失权。将证据法上失权范围严格限定在当事人故意或重大过失而造成逾期举证的条件下，可谓改变了2001年在最高人民法院《关于民事诉讼证据的若干规定》中引入举证时限规则时所确立的严格证据失权制度。现行民诉法对证据失权制度的约束与调整系基于对中国本土司法现状的考量。就根本上而言，判断证据失权的惩罚依据以及电子证据是否在庭前进行开示有一项共同标准，即是否造成诉讼迟延。电子证据开示制度的必要限度之一在于规范当事人证据行使行为，防止电子化储存信息在发现、保留、认定等问题上影响庭审实质化的进行。因此，结合现行证据失权制度考虑，需要仔细斟酌一个问题，即如何对待当事人没有经过开示程序而提出的电子证据。经前文论述，笔者认为，应结合实际情况考虑，一方面从当事人角度，审查当事人是否存在故意或重大过失，或逾期提出是否有法律上的“正当理由”，进一步参考对方当事人是否同意逾期提交；另一方面从电子化储存信息的角度，该电子证据是否对认定案件基本事实具有重要作用，是否需要另行鉴定，是否会造成巨大费用，还需要考虑该电子证据的形成时间是否在开庭审理之前。当然，还应当考虑其提出是否会造成程序上的“显失公平”，或是待证明事实是否已经有其他证据予以证明，是否存在其他失权理由等情形。

五、结语

孕育于英美法语境下的电子证据开示制度，是以集中审理的司法实质和完整的“审前程序+开庭审理”的二元化诉讼结构为土壤。在中国本土语境下，“一步到庭”的传统观念难免使当事人在证据环节处于被动消极的“等待”状态，不利于集中化庭审的实质展开。西方国家经验证明了电子证据开示制度的构建系解决诉讼拖延窠臼的方式之一。党的十八届四中全会提出“以审判为中心”的诉讼制度改革，明确了我国民事诉讼制度以实现庭审实质化为原则的改革方向，为电子证据开示制度的启动奠定了制度基础。因而，要用活“舶来品”，电子证据开示制度必须在适应上进行本土化，在华夏土壤上寻求中国化指向坐标。

韩国大数据应用与个人信息保护法律问题及其启示

徐世杰* 金 秋**

一、韩国大数据概念及发展现状

(一)韩国大数据概念

大数据(Big Data),是指以既有方式基本上无法存储、管理及分析的规模庞大、变化速度快及形态多样的数据。从更广义上来说,大数据是指从数据中分析查找有价值的信息、结果分析、视觉化等方法。大数据具有6个特性,即"Volume"(容量)、"Velocity"(速度)、"Variety"(种类)、"Visualization"(视觉化)、"Veracity"(真实性)及"Value"(价值)。数据容量是指数据的物理大小,最近其规模已经超过"Petabyte"或"Exabyte"。关于数据种类,有结构化数据、半结构性数据、非结构化数据。数据速度是指对数据收集、加工、分析等一系列过程,实时或在一定周期内,能够处理数据的能力。真实性是指数据应该是能够为个人意思决定货企业活动使用的真实且正确的数据。视觉化是指用户可以通过视觉功能,利用大数据的所有潜力。价值则是交易的重点。大数据创造经济价值的过程从收集数据开始,然后对数据进行分析、处理,将其结果提供给企业,用于经济活动。例如,分析消费者购买类型,建立销售战略;通过统计网页检索信息,分析网络交流软件,预测市场及开发新产品等。[1]

(二)韩国数据产业发展现状

根据未来创造科学部和韩国数据振兴院的《2016年数据产业现状调查》,[2]韩国数据产业在2015年的市场规模为约133,555亿韩元,2016年为136,832亿韩元,同比增长2.5%。自2010年之后,年平均增长率为8.0%。按类别来看,2016年韩国数据解决方案的市场规模为14,876亿韩元,数据构建/咨询的市场规模为55,651

---

* 青岛大学商学院博士后。

** 北京工商大学法学院副教授,法学博士。

〔1〕 이현승,송지환,개인정보비식별화기술의쟁점연구,소프트웨어정책연구소,2016,pp. 3 -6.

〔2〕 2016年数据产业现状调查,载 http://www.kdata.or.kr/info/info_01_view.html?field=&keyword=&page=1&dbnum=253&mode=detail&type=,最后访问日期:2017年11月14日。

亿韩元,数据服务的市场规模为66,305亿韩元。从市场份额来看,以2016年为准,数据服务市场占48.5%,比重最大;然后是数据构建/咨询市场,比重为40.7%;市场份额最小的是数据解决方案,只占10.9%。同时,该调查指出,随着人工智能等ICT环境发生变化,人工智能社会的到来是数据产业市场成长的主要动力。到2020年为止,数据产业将以每年3.5%的速度成长,其规模也将达到160,000亿韩元。

表1 2010~2016年数据产业市场规模

单位:亿韩元,%

年份	2010	2011	2012	2013	2014	2015	2016	CAGR
数据解决方案	6752	8717	10,487	10,789	13,619	14,124	14,876	14.1
数据构建/咨询	37,407	43,180	47,715	49,985	53,730	55,280	55,651	6.8
数据服务	42,242	43,218	47,317	52,258	57,329	64,151	66,305	7.8
共计	86,374	95,115	105,519	113,032	124,678	133,555	136,832	8.0

资料来源:未来创造科学部和韩国数据振兴院的《2016年数据产业现状调查》。

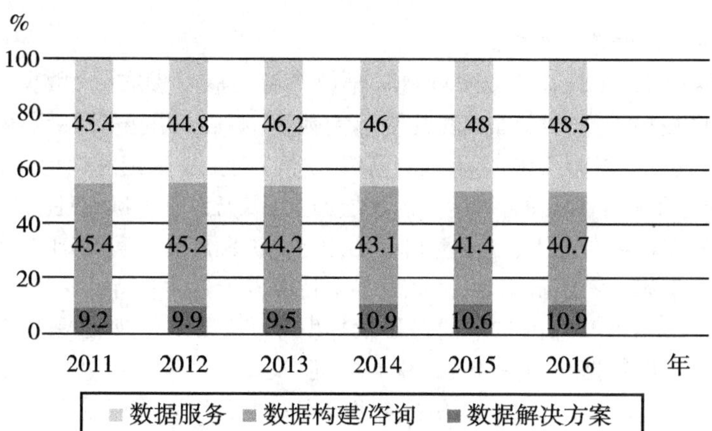

图1 数据产业各部门的市场份额

资料来源:未来创造科学部和韩国数据振兴院的《2016年数据产业现状调查》。

根据韩国数据振兴院的《2017年数据产业白皮书》,韩国大数据市场规模在2016年达到了3440亿韩元,同比增长31.1%。这主要归功于对企业大数据的认识好转、大型企业的投资及政府发展大数据产业的意志非常强烈。2016年政府、公共部门的投资就达到了998.6亿韩元，同比增长43.1%。[1]

二、韩国大数据发展政策

自2011年开始，韩国政府政策开始提及了大数据。2011年11月自韩国政府提出《利用大数据体现智慧政府（草案）》以来，主导大数据政策的机关分别由国家信息化战略委员会、未来创造科学部及科学技术信息通信部来主导。根据2017年7月26日修订的韩国《政府组织法》第26条第1款第3项规定，重组未来科学部之后，设立中央机关科学技术信息通信部并且负责大数据政策。

（一）李明博政府时期政策

2011年11月2日韩国国家信息化战略委员会发布《利用大数据实现智慧政府（草案）》，希望通过知识融合与分析行政实现智慧政府。该草案的目标有两个：一个是通过利用公共数据，促进政府部门之间及政府与民间之间的知识融合；另一个是实现实时分析、应对国内外经济、社会、疾病等情况的高品质服务国家。

2012年11月28日韩国教育科学技术部等部门联合发布《为实现智慧国家的大数据总体规划》，该总体规划希望通过创造性使用数据而实现智慧强国。截至2016年，政府和民间资本将投资约5000亿韩元，主要项目为：第一，大力推进能够共享、使用大数据的基础建设；第二，技术研发；第三，培养专业人才；第四，修改、完善法律制度。

（二）朴槿惠政府时期政策

2013年12月11日韩国未来创造科学部等部门联合发布《大数据产业发展战略》。该发展战略希望将韩国建设成使用大数据的强国，主要目标为：在7个领域内，开发核心技术；培养5000人以上的高级人才；培育10家国际性专业企业等。该发展战略树立了三个方面的目标：在需求层面上，市场具有不确定性，因此需要挖掘和扩大市场；在供给层面上，产业基础不足，因此，扩大产业培育基础；在基础建设层面上，数据的生态系统仍显不足，因此营造可持续发展的生态界。

2014年12月5日韩国未来创造科学部发布了《数据产业发展战略》。在此之前，数据产业是以数据库相关产业为中心的，但该文件将不规则、复合型的数据相关产业也纳入了数据产业之中。该发展战略规定的主要发展课题分为四个方面：在生产层面上，支援生产和开放高品质数据，提升韩国国内企业的技术竞争力；在流通层面上，促进数据中介及流通，消除对隐私和安全方面的担忧；在使用层面上，在多个领域内应用数据；在基础层面上，培养专业人才并完善相关制度。

---

[1] 2017年数据产业白皮书，载 http://www.kdata.or.kr/info/info_02.html，最后访问日期：2017年11月14日。

2015年3月未来创造科学部发布《K-ICT战略》,其将大数据纳入其九大培育产业之中,充分显示了大数据在未来产业中的重要地位及价值。主要内容为,改造包括技术开发、人才等韩国ICT生态界,通过大规模投资扩大需求及放宽规制,集中培育战略产业。就大数据部分,其目标为,到2019年为止成为大数据三大强国之一。

2016年12月为应对第四次产业革命,韩国政府部门联合发布了《智能信息社会中长期综合对策》。该对策将政策发展方向分为技术、产业和社会领域,并具体规定了战略课题。在技术领域,智能信息技术达到世界水准;在产业领域,推进所有产业的智能信息化;在社会领域,通过完善社会政策,提前应对智能信息社会。该政策将数据资源规定为未来竞争力的源泉,并将积极予以支持。

(三)文在寅政府政策

2017年7月国情计划咨询委员会发布了韩国文在寅政府未来5年的政府计划,即《文在寅政府国政运营5年计划》。其计划主要为,实现国民主权并在各领域体现公正社会;创造工作岗位及迎接第四次产业革命,提升国家竞争力;通过均衡发展,为各地区打下自立成长的条件,并且推进地方分权和居民自治;通过加强国防力量和国际外交,成为对国民安全负责的政府。关于大数据的计划有,自2019年开始,设立及运营公共大数据中心,构建跨部会的数据管理体系。关于金融改革部分,自2018年之后,通过修改、完善法律制度,为开发、流通大数据、金融科技等创新金融服务创造良好条件。在大数据的社会应用方面,从2017年开始,利用大数据构建发现处于危机状态儿童的系统;到2022年为止,构建航空安全大数据平台;扩大大数据分析应用范围,强化逃税所得的课税等。2017年8月16日在国务会议上决定设立了隶属于总统的机构,即四次产业革命委员会。其主要目的是协调政府机构,为迎接第四次产业革命,确保人工智能、大数据技术等基础条件,并推出相应的主要政策。

三、文献综述

韩国大数据文献涉及多个领域,如大数据的定义、应用大数据的经济影响、政府改革等。其中,对大数据的应用领域做了较多研究。[1]

关于交通领域,李杨柱(Seokjoo Lee)、延知胤(Jiyoun Yeon)、千承勋(Seunghoon Cheon)(2013年)分析大数据在交通领域内的特性,并指出交通大数据在数据收集、数据构建及数据流通阶段存在的问题,认为在公共数据公开问题上,应厘清各个公共机构提供范围及方式;并且,关于位置信息服务商通过导航收集的个

---

〔1〕 이재호, Utilization of Big Data for Realization of Gov. 3.0,한국행정연구원, 2013, p.58.

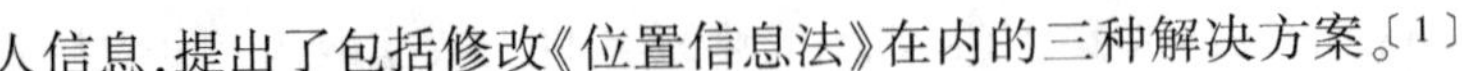
人信息,提出了包括修改《位置信息法》在内的三种解决方案。[1]

关于医疗保健领域,宋泰玟(Tae-Min Song;2014 年)指出,在保健医疗领域内利用大数据的基本原则。第一,设立跨部门的保健医疗大数据管理运营机构;第二,管理非结构化数据,并与民间机构建立协助体系;第三,国家应提供 API(Open Application Programming Interface);第四,开发可以分析保健医疗大数据的技术;第五,培养能够从非结构性大数据中分析有效信息的专业人才;第六,出台保护保健医疗大数据的个人信息和机密信息的安全政策。[2]

在国民安全领域,关于预防犯罪方面,李源商(Lee Won-sang;2016 年)指出,利用大数据是预防犯罪的最为适当手段,但其与保护个人信息之间产生冲突。因此,应当防止侵害个人隐私、强保护化尖端技术安全,并且明确相关法律规定,防止运用尖端技术时出现安全事故。[3] 关于灾害预防方面,李东奎(DongKyu,Lee;2014 年)指出,灾难有四个阶段,即紧急的人命救助或正确的预防、防备、应对及灾后恢复阶段,并且分析了大数据在每个阶段如何最大程度发挥作用。在法律制度方面,灾难管理需要多个政府部门配合,因此应当修改并完善政府组织相关法律规定。而且,充分利用大数据则需要充分收集、使用个人、公共数据,为防止侵害个人基本权利,应对基本权利保护措施予以制度化。[4]

关于金融领域,吴勇熙(Oh,Young Seok;2016 年)指出,韩国金融机构主要使用大数据进行商品开发与个性化服务、销售、信用评价、风险与安全管理、提高业务效率等。并认为修改《信用信息法》,将不可识别化数据排除在个人信用信息之外的措施,将推动金融机构更大限度地适用大数据。[5]

关于税收领域,赵奎日(Joe, Kyu Il;2013 年)认为,在构建课税资料综合管理系统之前,应当持续将保管课税资料的各机关系统进行联网作业,并且应当修改《地方税基本法》、《金融实名制法》(为确保滞纳税金人员的财产信息)等,为运营课税资料综合管理系统提供明确的法律依据。[6]

---

〔1〕 Seokjoo Lee, Jiyoun Yeon, Seunghoon Cheon, Big Data for Transportation Policies and Their Applications, The Korea Transport Institute, 2013.

〔2〕 Tae-Min Song, Efficient management of Big Dataon Health & Welfare, Korea Institute for Health and Social Affairs,2014.

〔3〕 Lee Won-sang, A Study on Legal Issues of Crime Prevention with Advanced Science Technology, Korean Criminological Review 27(2), 2016,6.

〔4〕 DongKyu,Lee, 빅데이터를활용한재난관리시스템시론적연구, The Korean Association For Public Administration, Vol. 2014,No. 12.

〔5〕 오영석,금융권빅데이터활용현황과우체국금융에대한시사점,우정정보 107 (2016 겨울).

〔6〕 조규일,빅데이터를활용한지방세과세자료통합관리시스템구축, Korea Institute of Local Finance, 2013(1).

大数据能否成功地应用于交通、灾难应对等领域,其关键是韩国是否能为其提供完善的法律制度。其中,首先应处理与个人信息保护冲突与协调问题。车相陆(Cha, Sang-Yook;2016 年)指出,韩国《个人信息保护法》并不仅是追求"保护"个人信息,同时也在充分考虑个人信息的"使用"价值,应当达到信息主体与信息处理主体之间的法律平衡。在社会达成共识之后,再开始着手立法、修法工作。〔1〕

四、韩国大数据相关法律现状

(一)关于大数据应用、发展的法律现状

1. 为了应用大数据,开放公共数据不是备选项,而是必选项。为此,韩国国会于 2013 年 7 月 30 日颁布了《公共数据的提供及使用相关法律》(以下简称《公共数据法》),并于 10 月 30 日生效。该法的立法目的为,通过规定公共机关提供及使用其拥有、管理的数据,保障国民对公共数据的使用权,并且通过使用公共数据提升国民生活质量,同时促进经济发展。该法有 6 章,共 40 条,具体规定了公共数据的定义、提供与使用公共数据的基本原则和程序等。该法规定的公共机关是指国家机关、地方自治团体及《国际信息化基本法》第 3 条第 10 款规定的公共机关。"公共数据"是指为了法律规定的目的而创建或获取的数据或信息,如数据库,电子文件等以光学或电子方式处理的数据或信息,是指下面各项规定的内容:(1)《电子政府法》第 2 条第 6 款规定的行政信息;(2)在《国家信息化基本法》第 3 条第 1 款规定的信息中,由公共机关创建的信息;(3)在《公共记录物管理相关法律》第 20 条第 1 款规定的电子记录物中,由总统令规定的电子记录;(4)此外,由总统令规定的资料或信息。《公共数据法》为公共数据开放政策提供了稳定的动力,是韩国国内数据产业的基石,推动了开放数据政策的现代化。

2. 为了保障宪法保护的国民知情权,韩国国会于 1996 年 12 月 31 日通过了《公共机关的信息公开相关法律》,并于 1997 年 12 月 31 日正式生效。该法分为 5 个章节,共有 28 个条文。该法的立法目的为,通过规定国民要求公开公共机关拥有和管理的信息及公共机关的公开义务等相关内容,保障国民的知情权,确保国民能够参与国政与国政运营的透明度。根据该法的规定,"信息"是指公共机关根据职务需要制作或取得和管理的文书(包括电子文书)、图面、照片、胶片、磁带、幻灯片及其他类似的媒介中记录的事项。请求公开的人员包括所有韩国国民,和符合一定条件的外国人或外国机构,如在韩国国内有住所或为学术、研究滞留一定期限的人员;或者在韩国国内拥有办公场所的法人或团体。

---

〔1〕 Cha, Sang-Yook, "A study on Collision and Tasks Between Personal Information Protection Legislation and the Use of Big Data", *Han Yang Law Review*, Vol. 27 - 1, 2016(2).

3. 为实现知识信息社会，韩国国会通过了《国家信息化基本法》，并于1996年1月1日起生效。该法分为6个章节，共有52个条文。该法的立法目的为，规定国家信息化的基本方向及其相关政策的建立、推进所必要的事项，为实现持续可能的知识信息社会提供助力，并且提高国民生活品质。

（二）关于个人信息保护的法律现状

2011年为止，韩国个人信息保护分为公共部门和民事部门。公共部门的法律有《公共机关的个人信息保护相关法律》，民事部门的法律有《医疗法》《教育基本法》等法律。2011年3月29日韩国制定了《个人信息保护法》，并于2011年9月30日开始实施，从而将公共部门和民事部门的个人信息保护，统合为该法保护之下，《公共机关的个人信息保护相关法律》被废止。[1]《个人信息保护法》是个人信息保护领域内的一般法，其他法律另有特别规定的，适用其规定。特别规定有，为了促进信息通信网的使用与保护个人信息，制定了《信息通信网使用促进及信息保护等相关法律》（以下简称《信息通信网法》）；为防止泄露、误用及滥用位置信息、保护个人生活秘密，并且确保安全的位置信息使用环境，制定了《位置信息的保护及使用等相关法律》（以下简称《位置信息保护法》）；为有效率地使用并系统管理个人信用信息，防止信用信息被误用、滥用从而保护个人私生活秘密，并且保护信用信息主体，制定了《信用信息的使用及保护相关法律》（以下简称《信用信息法》）；为保障实名金融交易和金融交易的内容，颁布了《金融实名交易及秘密保障相关法律》（以下简称《金融实名制法》）；为确保电子金融交易的安全性和信赖度、保护使用者，颁布了《电子金融交易法》，规定金融机构等需要遵守的事项。[2] 另外，还颁布了其他法律法规，如2016年6月30日韩国行政自治部、金融委员会等政府机构联合发布《个人信息不可识别措施指南》等（见表2）。

---

〔1〕 Byung-chul Kim, A study on Utilization of Big Data Based on the Personal Information Protection Act, Journal of Digital Convergence, 2014 Dec., 12(12), p. 90.

〔2〕 Ang-Il Moon, “Big Data and the Protection of Personal Information”, 경제법연구 Vol. 14, No. 2, 2015, pp. 268 - 269.

表2　韩国个人信息保护相关法律现状

区分		法律名称	保护对象
一般法		《个人信息保护法》	个人信息
特别法	公共部门	《电子政府法》	行政信息、个人信息
		《居民登录法》	居民登录电算信息
		《公共机关的信息公开相关法律》	行政信息
		《公共记录物管理相关法律》	记录物信息
	电信	《信息通信网法》	个人信息
		《位置信息保护法》	(个人)位置信息
		《通信秘密保护法》	监听资料、通信事实确认资料
		《电信业务法》	通信秘密、通信资料
	电子交易	《电子文书及电子交易基本法》	电子文书、个人信息、商业秘密
		《电商交易等中的消费者保护相关法律》	身份信息、交易信息、个人信息
		《电子签名法》	电子签名生成信息、个人信息
		《电子金融交易法》	金融信息、个人信息
	金融	《信用信息法》	(个人)信用信息
		《金融实名制法》	金融交易秘密
		《保险业法》	个人信息
		《资本市场与金融投资业相关法律》	投资者信息
	保健医疗	《医疗法》	义务记录、个人信息
		《药师法》	个人信息
		《传染病的预防与管理相关法律》	疾病信息、个人信息
		《国民健康保险法》	保险信息、个人信息

资料来源:韩国数据振兴院《2017 年数据产业白皮书》。

五、存在的法律问题及其启示

(一)"个人信息"定义与不可识别化

韩国《个人信息保护法》对个人信息的含义作出了明确的界定,即个人信息是自然人的信息,是指可以通过姓名、居民身份证号码及影响等能够识别个人(包括即使根据相应信息不能识别特定个人,当与其他信息结合后易于识别的信息)的信息。

从以上界定中可以看出,个人信息包括两个范围的信息:一是易于识别的个人信息,即通过姓名、身份证号码等能够识别个人的信息;二是不易于识别的个人信息,即虽然属于个人信息,但因匿名性难以识别的信息,如果能够与其他有关的个人信息结合起来识别个人的情形下,就属于个人信息保护的范围。可见,韩国《个人信息保护法》对个人信息作出了较为宽泛的界定。[1]

有人认为,无论韩国个人信息保护法律制度保护的个人信息是否实际上可以识别到个人,只要是"有可识别的可能性",就属于保护对象,就应予以严格保护。但是,对"可识别的可能性"的规定过于抽象、概括,在实际操作过程中,很难明确和客观把握个人信息的保护范围。最终导致信息主体与个人信息处理人很难准确判断和预测自己的信息或收集、处理的信息,是否属于个人信息保护相关法律法规的保护对象。因此,应当将个人信息概念修改得更具弹性。[2]

作为修改个人信息保护范围的一环,个人信息的不可识别化相关研究非常活跃。不可识别化是指限制或消除可以识别个人可行性的措施。[3] 但是,从规定不可识别化概念的条文中可知,都以该理论为前提,即采取不可识别化措施的信息不属于《个人信息保护法》的保护对象。如果将不可识别化之后的个人信息排除在个人信息保护制度之外,则将对《个人信息保护法》带来根本性的打击。因此,应对不可识别化进行广泛探讨之后,再做法律修改。[4] 同时,也需要解决不可识别信息的再识别问题。韩国还没有对该信息予以规制。就此,有学者认为,为了保护个人信息,政府应当建立管理体系,管理再识别数据流通。同时,也应当立法,防止生成再识别数据,明确数据使用标准及销毁程序等。[5]

(二)个人信息使用同意方式

实现个人信息自决权是制定《个人信息保护法》的主要理论基础之一。为解决学术上对"个人信息自决权"的诸多争议,韩国宪法法院于2005年5月26日在其判决书中指出"个人信息自决权是与宪法第17条的规定(私生活的秘密和自由)是不同的,是新的独立的基本权,是宪法未明示的国民权利",并且进一步指出,"以个人信息作为对象的调查、收集、保管、处理、利用等行为,原则上都相当于对个人信息自决权的限制",从此,"个人信息自决权"成为韩国国民的一项宪法权利。

---

[1] 康贞花:《韩国〈个人信息保护法〉的主要特色及对中国的立法启示》,载《延边大学学报》(社会科学版)2012年第4期。

[2] Sangwhi Cha, A study on the protection of personal information in accordance with the activation of Big Data industry, Chonbuk National University, Ph. D. Thesis, 2017, pp. 154 – 155.

[3] 심우민,개인정보비식별조치에관한입법정책적대응과제,국회입법조사처, 2017, pp. 1 – 3.

[4] Cha, Sang-Yook, pp. 315 – 359.

[5] So-Jin Lee, "De-identification Policy Comparison and Activation Plan for Big Data Industry", *The Journal of the Convergence on Culture Technology*, Vol. 2, No. 4, 2016, pp. 71 – 76.

韩国《个人信息保护法》在第15条明确规定了个人信息的收集与使用事宜。该法第1款规定,有下列情形之一的,个人信息处理者可以收集个人信息,并在收集目的范围内对其予以使用:(1)经信息主体同意;(2)法律有特别规定,或因法令遵循义务而不可避免的情形;(3)公共机构为执行法律法规规定的主管业务而不可避免的情形;(4)为了与信息主体签订或履行合同而不可避免的情形;(5)信息主体或其法定代理人处于不能表示意见的情形,或因地址不明而无法事前取得同意的情形;(6)为达成个人信息处理者的正当利益,在必要且其明确优先于信息主体正当利益时,与个人信息处理者的正当利益有相当关联,并且仅限于未逾越合理范畴的情形。个人信息处理者根据第1款第1项取得同意时,应告知信息主体下列事项。下列任一事项发生变更的,应告知信息主体并取得同意:(1)收集及使用个人信息的目的;(2)将要收集的个人信息的项目;(3)个人信息的保有及使用期间;(4)信息主体有权拒绝同意的事实,以及拒绝同意将导致不利情形时,不利的内容。

韩国《个人信息保护法》第15条规定了个人信息收集、使用的同意原则。在原则上是事前同意,但是在一定情形下,认可事后同意。然后,原则上要求取得明示的同意,但在一定情形下,也承认默示同意。有学者认为,在现行的个人信息保护制度下,由于过于侧重保护个人信息,大数据产业很难成长起来。应当将重点放在如何正确且安全地使用个人信息,同时促进产业发展和提高公共服务质量。为此,有必要采取弹性的同意原则。具体方法为,取得个人信息保护管理等级的事业者,除了直接收集信息主体的信息之外,对于在收集、处理、分析等过程中生成的个人信息,不需要信息主体的同意,在采取不可识别化措施之后,可以使用该信息。即对于采取不可识别措施的信息中,对于直接收集的信息,需要事前取得信息主体的同意;除此之外的信息,则不需要同意,采取不可识别措施之后,即可使用。但是,该例外需要一定的评估和监督。[1]

对于立法方式,有学者认为,在《个人信息保护法》中采取对个人信息的收集、使用阶段,规定信息主体的事前同意方式,而在其他法令中,例外规定事后同意方式。[2]

反对意见认为,在大数据产业中,即使是特性上是不可识别的信息,但是经过处理、分析之后,能够识别的可能性会非常高。而且,事后同意方式违背了包括《个人信息保护法》在内的个人信息保护法律制度的大原则,即个人信息使用的事前同意。

---

〔1〕 Yun, Ju Hee, A Study on the Improvement of Consent Procedure · Method according to Collection of Personal Information and on the Introduction of Management Grading System of Personal Information Protection, Korea Communications Commission, 2014, p. 248.

〔2〕 Yoon, Seok Jin, "Conflicts of Personal Information Protection and Advantage of Big Data, the Problem and the Legislative Policy Issues", *Chung Ang Law Review*, Vol. 17, No. 1, 2015, p. 42.

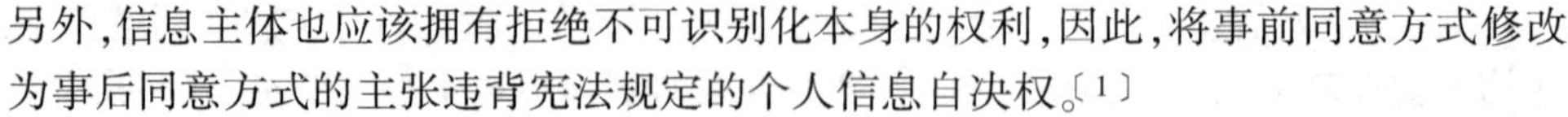

另外,信息主体也应该拥有拒绝不可识别化本身的权利,因此,将事前同意方式修改为事后同意方式的主张违背宪法规定的个人信息自决权。[1]

(三)对我国的启示

2015 年 8 月 31 日国务院印发《促进大数据发展行动纲要》(以下简称《纲要》),系统部署大数据发展工作。《纲要》明确,立足我国国情和现实需要,推动大数据发展和应用。同时,关于个人信息保护的规定有,明确数据采集、传输、存储、使用、开放等各环节保障网络安全的范围边界、责任主体和具体要求,切实加强对涉及国家利益、公共安全、商业秘密、个人隐私、军工科研生产等信息的保护。妥善处理发展创新与保障安全的关系,审慎监管,保护创新,探索完善安全保密管理规范措施,切实保障数据安全。

2016 年 3 月 18 日工业和信息化部发布《国民经济和社会发展第十三个五年规划纲要》,在第二十七章实施国家大数据战略中规定,把大数据作为基础性战略资源,全面实施促进大数据发展行动,加快推动数据资源共享开放和开发应用,助力产业转型升级和社会治理创新。在第二十八章强化信息安全保障中规定,加强个人数据保护,严厉打击非法泄露和出卖个人数据行为。

我国《网络安全法》于 2017 年 6 月 1 日开始实施,在第四章网络信息安全中详细规定了网络运营商收集及保护个人信息的措施。另外,个人信息保护的法规,还规定在《民法通则》《刑法》《民事诉讼法》等法律,以及《电信和互联网用户个人信息保护规定》等部门规章之中。

关于个人信息保护,韩国首先以《个人信息保护法》的形式,制定了一般法意义的法律,为个人信息保护法律制度提供基础依据。然后,根据每个部门的特性,再具体制定法律法规。对于技术上的问题,还需再出台指南,以供参考。但韩国法学理论与实务界,对于指南是否有法律效力,仍有争议。虽然,韩国个人信息法律制度仍有缺陷,但是我国也应该制定法律层面上的个人信息保护规定。在个人信息保护法律制定之前,需要社会广泛讨论,听取不同立场的意见,切勿匆忙立法。需要注意的是,个人信息保护的立法并不是要阻碍大数据产业的发展,而是要对其保驾护航。个人信息立法不健全,并不代表大数据产业就可以收集、使用更多个人信息,这会对大数据产业产生不良影响,乃至负面评价,最终阻碍大数据产业健全发展。

六、结论

金融科技已经成为全球关注的热点,也是经济发展新的成长动力。大数据是金融科技的一个领域,大数据通过分析数据为个人决定、企业商业活动提供有价值信

---

〔1〕 Cha, Sang-Yook, pp. 315 – 359.

息,从而创造价值。韩国从李明博政府开始到现在文在寅政府,一直在大力发展包括大数据在内的金融科技,并且将数据定性为未来发展的源泉。现在,负责大数据的中央主管机关是科学技术信息通信部。在发展大数据产业的同时,韩国政府一直在强调个人隐私、信息等基本权利的保护,并且试图在大数据与个人信息保护之间寻求平衡。理论界对修改个人信息的方式,提出了多种方案。为发展大数据产业,我国也出台了多项政策,并且,也在强调保护个人信息。但是,我国没有在法律层面专门规定保护个人信息,都是散见于民法、刑法、行政法等法律法规之中。大数据侵害个人信息的可能性较高,因此,为保护个人信息,并不阻碍该产业发展,应当通过社会广泛探讨,寻求符合我国国情的个人信息立法。

运用监管科技(RegTech)革新金融大数据应用的监管

李　根*　王　平**

一、金融大数据应用的形式与发展

大数据时代已经来临,日渐成熟的大数据技术也给众多行业的发展与变革提供了基础性的支持力量。自20世纪末互联网开始普遍应用以来,全球信息数据的规模就开始迅速增长,到21世纪移动互联网普及,全球信息数据规模开始呈现爆发式增长,并于2010年达到ZB级别。据国际数据资讯(International Data Corporation, IDC)预测,2020年全球数据规模将达到35ZB。[1] 这些数据不仅具有庞大规模的特点,还有新时代的"大数据"特征,即规模庞大、来源与格式多样、处理速度快且价值密度低等,而随着云计算和大数据分析技术的进步,这些数据的价值得到了实现,大数据时代也随即到来。随着大数据时代的到来,企业生产和个人生活消费的方式也在大数据分析技术的应用下逐渐发生改变。借助大数据技术,企业可以实现精准化营销、高效率风控、低成本运营,分析过去发现生产经营问题,预见未来实施战略规划布局。借助以大数据技术为基础的应用,个人可以获得更准确的挖掘消费需求、获取个人信用、合理投资消费等。

金融行业也是大数据技术应用最为广泛的领域之一,行业经过多年的发展与累积,已经形成了规模庞大、体系完整的金融大数据生态系统。本文的金融大数据分为狭义和广义两类:狭义的金融大数据是指通过分析人类金融活动产生的海量数据提升金融生产效率的技术;广义的金融大数据则是指通过分析人类各类活动数据对个人和群体特征进行判断,并将判断的结果用于提升金融生产效率的技术。

随着电子计算机技术、互联网技术以及移动互联网技术的应用,金融活动逐渐地从线下转到线上,由纸面记录转为数字记录,形成了金融信息数据。在技术力量的推动下,金融活动的成本迅速下降、效率大幅提升,各类金融产品增加、人们参与

* 法学硕士,宜信研究院高级研究员。研究方向为互联网金融、金融科技、监管科技、普惠金融。

** 法学学士,宜信研究院研究员。研究方向为互联网金融、金融科技、监管科技、普惠金融。

[1] 陶雪娇、胡晓峰、刘洋:《大数据研究综述》,载《系统仿真学报》2013年第25卷增刊。

金融活动的频率提升,由此产生的金融数据也呈爆发式增长,形成了大数据分析所需要的海量数据规模,金融大数据应运而生。借助于金融大数据,诸多金融企业可以通过分析大量的市场数据对产品进行定价、更准确地掌控市场和产品风险,从而能够更高效地匹配金融资源。通过对金融大数据的应用,金融机构实现了从产品设计到定价、交易、风险管理全流程的革新与发展,金融市场也实现了从买方到卖方以及辅助型机构等参与者的转型与升级,由此建立了以大数据技术为基础的金融大数据生态体系。[1]

除了金融活动产生的数据之外,许多非金融活动的数据经过大数据技术的处理,也逐渐被应用到金融领域,成为广义金融大数据的一部分。在互联网和移动互联网时代,人类的日常活动产生了各种不同类型的信息数据。从应用场景上来看,有电商交易数据、社交互动数据、网络搜索数据,不同种类的音频、视频、游戏等娱乐数据,以及其他各类应用数据。这些数据由每个人类个体产生,借助大数据技术,不仅可以用于分析个体行为的特征,还可以用于分析群体行为的特征,从而实现对个体和群体的现状描述和未来预测。这些非金融活动数据的大数据分析结果被应用于金融领域,就产生了巨大的价值,其中体现最为明显的有个人与企业征信、风险控制与管理、金融产品精准化营销与资产与资金的精准匹配等。

二、我国金融大数据应用中的问题及监管挑战

金融大数据技术在我国已经被广泛地使用在金融生产的各个领域,无论是传统金融机构还是新兴金融科技机构,都在不遗余力地应用金融大数据以降低经营成本或提升经营效率。以征信业为例,在个人征信方面,据央行征信中心统计,我国目前个人征信数据覆盖人口在8亿左右,实际有数据记录人口在3亿左右,相较于美国征信体系覆盖到所有成年人的高覆盖率,我国征信体系的覆盖率仍处于较低水平。[2] 金融大数据则为许多没有征信记录但有互联网使用痕迹的人建立了信用图谱,并帮助众多原本被金融体系忽略的人获得了应有的金融服务,大大提升了征信体系的覆盖范围。在企业征信方面,金融大数据通过收集与分析企业的电商交易数据、供应链数据公检法数据以及其他网络痕迹数据,为小微企业建立了法人信用信息,在一定程度上缓解了中国上千万小微企业面临的融资难问题。

虽然金融大数据应用在我国发展迅速,为金融业的革新与效率提升提供了新的动力,但金融大数据应用过程中也产生或可能产生许多社会与法律问题。从微观角度来看,这些问题可能包括个人隐私侵犯、个人信息泄露、征信信息报送异议等;从

---

〔1〕 参见保建云:《大数据金融生态系统、社会超群博弈与中国大数据金融战略》,载《江苏行政学院学报》2016年第4期。

〔2〕 参见李真:《大数据信用征信:现实应用、困境与法律完善逻辑》,载《海南金融》2015年第1期。

宏观角度来看，这些问题可能包括金融市场资源配置不均衡以及爆发系统性风险。

这些问题产生的根源在于金融大数据本身：首先，金融大数据的数据来源较为多元，既难以确定数据是否是信息主体本身产生，也难以发现数据中存在的造假等问题，不能完全保证其可靠性，使用不可靠的数据将会使分析结果产生偏差或错误；其次，金融大数据使用较多的弱相关数据，又受到数据维度和模型的制约，且未经过充分的实践检验，并不一定真正能够准确判断个人或群体特征，这种不够准确的分析结果应用于金融业务可能会产生较大风险；[1] 最后，金融大数据的基础是海量的数据规模，这就在一定程度上造成了数据资源的集中和垄断，会加重金融机构大而不倒的问题，使少数垄断性机构有能力威胁到金融市场的整体安全。

金融大数据的这些问题给监管部门带来了极大的挑战，以目前监管部门所能利用的资源很难通过传统的监管手段解决这些问题。目前的监管手段对监管者有很大的制约，在当前现场检查和信息报送的监管方式下，监管者需要耗费大量的人力、物力来对使用金融大数据技术的企业进行监管。即便如此，监管者也很难实现其想要的监管目标，这是由于金融大数据技术本身给监管者带来的挑战：一方面，金融大数据的数据规模过于庞大，信息数据瞬息万变，监管机构很难做到对金融机构运营的实时监控；另一方面，金融大数据的应用根植于云端，实体场景下监管者很难触达金融大数据分析的根本。所以从微观角度上来看，监管者很难保证企业收集的每条信息都获得了信息主体的授权，无法监测到信息数据的泄露以及泄露源，更难以发现信息数据的持有者是否在未获得许可的情况下将这些数据转售他人。从宏观监督来看，监管者很难及时地对市场风险作出预判和处理，更难以对大型垄断机构进行拆分和风险隔离，从而难以控制系统性风险的爆发。

行业在积极地拥抱科技，监管更应该及时跟进，甚至站在更长远、超前的角度携手科技。大数据、云计算等技术使金融行业发展的逻辑和企业运营的模式大不同于以前，由此产生的问题也更加复杂与棘手。无论是宏观、微观的审慎监管，还是金融消费者保护，都需要有效的监管来规范与保障。毫无疑问当下监管者面临的诸多问题是科技的发展与应用带来的，而解决这些问题的根本也在于监管者对技术的态度，是仅把科技作为执行的工具，还是深度地拥抱科技，从理念、措施到资源运用都借助科技的力量展开变革，是当前监管者所需要思考的问题。但毋庸置疑的是，借助科技的力量将成为监管的必由之路。

三、监管科技的概念与理念

监管科技也称“RegTech”，与“FinTech”（由“Finance”和“Technology”二词组

[1] 参见巴曙松、侯畅、唐时达：《大数据风控的现状、问题及优化路径》，载《金融理论与实践》2016年第2期。

成)这一概念同出一辙,"RegTech"是由英文单词"Regulation"和"Technology"相结合组成。简单的望文生义,"RegTech"可以理解为"在监管中应用科技"。基于不同的角度,目前对"RegTech"的概念产生了不同的定义。英国政府科学办公室(UK Government Office for Science)定义"RegTech"为"可以应用于监管或被监管所使用的科技",[1]以此为开端,英国行为监管局(FCA)基于"金融科技子集"的界定对"RegTech"进行深入探索,总结认为"RegTech"是"采纳新科技实现监管目标较目前更有效和高效的达成"。[2] 国际金融协会(Institute of International Finance)提出"RegTech"是"能够高效且有效解决监管和合规性要求的新技术"。[3]

总体来看,这些概念和定义无论是侧重机构合规还是解释为监管对科技的运用,都集中于"RegTech"阶段性表现形式的总结,因而尽管不失准确却难以全面反映"RegTech"的理念。当前,已经有学者提出"RegTech"是金融监管范式的革新,将会成为金融监管逻辑革命和金融服务的基础支撑,并对金融监管产生深远影响。[4]此外,"RegTech"概念下的需求对象与应用行业也应扩大范围,在涵盖金融监管和非金融监管的范畴下,以技术应用辅助被监管机构提升合规效率和降低合规成本,同时辅助监管机构提升风险监测识别效率和降低监管工作量。[5]

参照人类发展历史中的诸多理念和范式革命,最初的萌芽往往是新工具诞生。在"RegTech"范畴中数字技术、信息技术、数据技术等诞生与广泛应用的背景下,新技术逐渐融入政策制定、执行和修订等过程中,促进数据驱动、技术驱动、算法驱动、目标导向、激励相容、宏观审慎与微观审慎并重等监管思想和理念的实现。本文试图在此对"RegTech"作出一个全面的定义,"RegTech"应该是一个系统性的概念,是在后金融危机和"FinTech"发展的大背景下,以手段与工具创新为表现并蕴含监管新理念的实现与融合的监管范式革命,且最终影响监管者与被监管者、监管者与监管者、被监管者与被监管者互相之间制度安排彻底颠覆,这一范畴可以涵盖所有监管领域的监管者与被监管者,从政策制定、政策执行、风险识别延展至监管目标实现,可以具体包含标准化数据报送、创新监管数据存储与组织方式、数据联机分析处理(Online Analytical Processing, OLAP)、基于 Agent 建模的复杂环境模拟、监管沙

---

〔1〕 参见英国政府科学办公室:FinTech futures: the UK as a world leader in financial technologies 第六章,2015 年 3 月 18 日。

〔2〕 参见英国金融行为监管局:FS16/4:Feedback Statement on Call for Input: Supporting the development and adopters of RegTech 第一章,2016 年 7 月 20 日。

〔3〕 参见国际金融研究所:Regtech in Financial Services: Solutions for Compliance and Reporting, 2016 年 3 月 22 日。

〔4〕 See Arner D. W., Barberis J. N., Buckley R. P., *FinTech, RegTech and the Reconceptualization of Financial Regulation*, Social Science Electronic Publishing, 2016.

〔5〕 杜宁、沈筱彦、王一鹤:《监管科技概念及作用》,载《中国金融》2017 年第 16 期。

箱、人工智能、区块链、生物识别、计量经济分析等技术、工具、手段和理论。

诚然,由于金融机构对监管合规降低成本与提高效率的迫切需求和“RegTech”创业投资热潮,现阶段“RegTech”主要表现为以金融机构合规和风险管理等技术为主。但这远不能代表“RegTech”的全部,当前英国、欧洲、美国等国家的金融监管部门已经在积极探索“RegTech”的潜力,并已经产生部分实践。中国人民银行也在2017 年 5 月成立金融科技(FinTech)委员会,要“强化监管科技(RegTech)应用实践,积极利用大数据、人工智能、云计算等技术丰富金融监管手段,提升跨行业、跨市场交叉性金融风险的甄别、防范和化解能力”。[1]

四、监管科技的作用与国际实践经验

未来金融监管的倚重与方向将是“RegTech”已经成为一个共识,一方面,“RegTech”的技术属性使其相较于人工具备高效率、低成本的优势;另一方面,“RegTech”的制度属性为平衡创新与风险提供了很好的解决方案。

金融机构发展“RegTech”可以有效改善严格监管环境下的企业生存能力,增强内部风险管理能力,实现合规的效率提升与成本缩减,并及时根据经济与行业环境和监管变化指导企业业务发展。监管部门发展“RegTech”可以培育良好的金融科技创新生态,[2]以实时、动态的监管促进事后监管升级到事中监管,增强识别与处置系统性金融风险的能力。[3] 对于金融系统则可以在准确识别的风险极限范围内运转,从而实现连续的风险可承受,并保持创新的活力。

奥地利央行(Oesterreichische Nationalbank)率先提出一种应用数据仓库理念的新监管数据报送、存储与分析的框架,即智能立方(Smart Cubes)。[4] 开发和运营这一系统的机构是由 7 家奥地利最大的银行业集团出资成立的 AuRep GmbH 公司(Austrian Reporting Services GmbH),并由银行集团和奥地利央行组成的常委会管理。通过统一规范的报送标准与多维度数据组织和存储方式,这一框架不仅在监管数据报送方面简化流程提升效率,还支持联机分析处理数据(Online Analytical Processing,OLAP)的操作,为基于数据洞察的金融机构业务战略制定、金融监管部门政策制定执行与修订提供了重要的基础支撑和保障。

---

〔1〕 参见中国人民银行网站新闻栏目:http://www. pbc. gov. cn/goutongjiaoliu/113456/113469/3307529/index. html,最后访问日期:2017 年 5 月 15 日。

〔2〕 参见廖岷:《全球金融科技监管的现状与未来走向》,载《新金融》2016 年第 10 期。

〔3〕 参见伍旭川、刘学:《监管科技推动监管升级》,载《金融博览》2017 年第 15 期。

〔4〕 See Maciej Piechocki, Tim Dabringhausen, Reforming Regulatory Reporting: From Templates to Cubes, inCombining micro and macro statistical data for financial stability analysis, Irving Fisher Committee, May 2016.

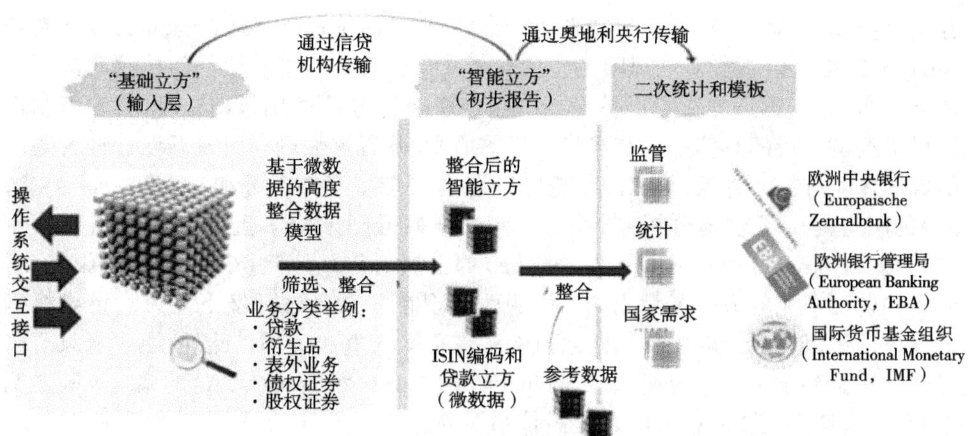

图 1　奥地利智能立方框架

资料来源：参见 2015 年 7 月在由 ISI2015 组织的第 60 届世界统计大会(60th World Statistics Congress)上，奥地利央行统计部门主管约翰斯特纳(Johannes Turner)的演讲 PPT，"欧洲数据报送框架(European Reporting Framework，ERF)——应对银行数据报送挑战的一个可行解决方案"。

英国政府探索"RegTech"的实践最早也最深入，由英国金融行为监管局在广泛调研和征求意见后设立了监管沙箱(Regulation Sandbox)制度，继英国之后，迪拜、新加坡、澳大利亚和我国香港特别行政区等国家和地区也纷纷设立监管沙箱制度。这一有限测试的理念，最早在英国政府科学办公室的报告中以"学习三期临床试验"的描述提出。英国的监管沙箱已经初步达成了促进创新和竞争的同时确保合适的消费者保护目标。[1] 目前，英国金融行为监管局授命金融创新组织(Innovate Finance)完成了对行业沙箱(Idustry Sandbox)的调研咨询，这将是一个有别于监管沙箱，在隔离与真实经济市场环境下，由行业主导的完全虚拟市场环境模拟测试。[2]

此外，在分析技术方面美国证券交易委员会已经应用诸如潜在狄利克雷分布(Latent Dilchlet Allocation，LDA)等机器学习算法，分析信息披露文件和其他类型的

〔1〕 参见英国金融行为监管局：《监管沙箱经验教训总结报告》(Regulatory Sandbox Lessons Learned Report)，2017 年 10 月。

〔2〕 Innovate Finance，A Development in Open Innovation：Industry Sandbox Consultation Report，2017 年 5 月 9 日。

文本,从而实现对可能出现风险的领域的提前识别。[1] 同时,早在2009年美国证券交易委员会就设立经济与风险分析部门[2](Division for Economic and Risk Analysis),提供宏观经济与风险的预测分析支持施政和监管。该部门在此后向全委员会发布了《美国证券交易委员会规则制定中经济分析通用指南》,[3]为政策制定提供了经济分析的具体指引与经济分析的原则,并着重强调和引入了以计量为基础的成本效益分析。并且,该部门在帆船基金内幕交易案件起诉和《多德－弗兰克法案》的制定提供了重要分析支持。[4] 墨西哥央行则采用多重结构网络风险分析(Multiplex Structure of Network Exposure)的方法对传染风险(Contagion Risk)进行分析并以可视化的方式展示出来,[5]从而实现在复杂金融环境下对风险传导机制的清晰认识以及对金融机构的网络风险暴露程度的直观理解。此外,墨西哥央行已经建立一个基于主成分分析法(Principal Component Analysis,PCA)的系统风险监测系统,[6]实现基于"RegTech"的金融体系风险监控。

以数据仓库等创新的数据报送与存储为保障,基于效率提升与风险可控的目标,借由复杂系统科学的如基于Agent建模(Agent-Based Modelling)技术仿真宏观和市场环境,通过虚拟测试(行业沙箱)、真实测试(监管沙箱)监控金融创新、政策制定等的影响,并使用计量经济的分析方法从数据和行为中洞察因果,并以此为据

---

〔1〕 参见美国证券交易委员会DERA部门代理局长和代理首席经济学家史考特·保格斯(Scott W. Bauguess)在操作风险北美(OpRisk North America)2017年会议的演讲:《大数据、机器学习和人工智能在评估风险中的作用,一个监管视角》(The Role of Big Data, Machine Learning, and AI in Assessing Risks: a Regulatory Perspective),载https://www. sec. gov/news/speech/bauguess-big-data-ai,最后访问日期:2017年5月15日。

〔2〕 2009年9月16日美国证券交易委员会主席玛丽·夏皮洛(Mary L. Schapiro)宣布得克萨斯大学法学院教授亨利胡(Henry T. C. Hu)被提名为新设的风险、战略和金融创新部门(Division of Risk, Strategy, and Financial Innovation)主管。该部门被赋予了向SEC提供风险和经济分析、战略研究与金融创新等重大责任。这些分析需要整合经济、金融和法律法规。2013年6月该部门被重命名为经济与风险分析部门(Division for Economic and Risk Analysis)。

〔3〕 2012年3月16日美国证券交易委员会下属经济与风险分析部门联合总法律顾问办公室共同以备忘录的形式通过邮件向全委员会发送了《美国证券交易委员会规则制定中经济分析通用指南》(Current Guidance on Economic Analysis in SEC Rulemakings)。该文件可以从以下链接获取:https://www. sec. gov/divisions/riskfin/rsfi_guidance_econ_analy_secrulemaking. pdf。

〔4〕 参见美国证券交易协会2011年年度报告内容,载https://www. sec. gov/about/annrep. shtml,最后访问日期:2017年5月15日。

〔5〕 具体分析工具的阐述和结论的分析参见墨西哥央行的年度报告,可以从以下链接获取:http://www. banxico. org. mx/publicaciones-y-discursos/publicaciones/informes-periodicos/reporte-sf/index-en. html.

〔6〕 原文为"The feasibility of such a system has been shown, albeit on a small scale, by the Bank of Mexico, which does the clearing for Mexican financial institutions, and has developed a system for monitoring systemic risk based on principal components analysis (PCA)"。

不断反馈修正确保目标的达成,从而可以形成一个"RegTech"的监管体系。在学界,有更多的创新监管理念被提出来,包括算法驱动监管、智能监管、人工智能监管等,这些理论创新尚留待实践来验证其作用。

五、对我国监管金融大数据应用的启示

我国金融监管目前最核心的任务在于平衡行业发展的创新与风险,亟待解决的问题就是如何提升监管效率。针对当下监管者所面临的挑战,最优的选择就是借助科技的力量来发展监管科技,从而高效、低成本地实现监管目标。从各国的金融科技监管实践来看,我国的监管者要从监管理念开始变革,以监管沙盒、数据仓库等方式作为实施监管的有效手段,并最终建立起监管领头、机构参与和成本共担的监管科技系统,以实现不同的监管者与被监管者多方诉求的协调统一,从而让金融大数据技术能够更好地促进行业发展。

首先是监管理念的革新,监管者应该以全面开放的态度拥抱科技,不应该仅仅将监管科技作为一种工具或手段,而是应该深刻地认识到其系统化的作用,并将其融入整个监管体系中。我们应该认识到,监管科技将不仅能用于协调统一不同监管者与被监管者的诉求,还可以用于金融机构之间的协调经营,甚至用于政府金融部门的宏观政策规划与制定。

其次是监管科技体系的建立,监管者应该本着成本共担的原则,制订金融科技监管框架与原则,引领与指导金融机构参与到监管科技体系的建设中,由独立的科技机构提供技术支持。监管者应该成立科技研究部门,致力于监管科技的研究与应用,并向监管政策制定者提供咨询建议。目前,央行成立的央行科技委员会可以承担起这一责任。

最后是监管手段的创新与发展,借鉴奥地利央行数据仓库的发展经验,我国监管者可以创设一个独立于市场的监管中心平台(中间件),这一平台可以以政府平台为基础,将致力于统一各类金融数据报送标准,归集整合单个机构、机构间以及市场上的信息数据,并针对各方需求提供各项信息数据报送与分析的服务,有效提升监管效率的同时,也能够实现金融大数据的合理健康发展。

从数据本质看数据的法律性质*

李海敏**

法学研究以特定的研究对象为基础,从而对具体的法律关系展开讨论,因此研究对象的本质和特点就成为相关法学研究话语体系确立的逻辑起点。所谓"逻辑起点",黑格尔认为是理论体系得以展开、建立的客观根据和基础,是最初、最直接、最简单、绝对抽象的东西,与研究对象的历史起点相一致——"逻辑开始之处即真正的哲学史开始之处";[1]所谓"本质"是指某类事物区别于其他事物的基本特质,世界上的任何事物都是本质和现象的对立统一,本质决定事物的性质和发展趋势,透过现象把握本质是科学的基本任务之一。一般而言,主体对研究对象的认识总是从对特定问题的解答开始,经历"实践需求——研究起点——基本问题"这样一个体系建立的过程,在这个过程中,初始问题逐渐分化为问题群,其中直接对实践应用问题的回答可称为本研究的目标和意义,属于方法论层面;而对解答其他问题具有根本价值的问题则为基本问题,属于认识论层面,逻辑起点即回答基本问题所依赖的关键概念。[2]

就数据法律问题而言,数据权属是一个很重要的实践应用问题,商业参与者在商业活动过程中会不可避免地遭遇这个问题;数据的本质与法律属性则是数据理论体系中的基本问题,若要解答其他问题都绕不开这一基本问题;而数据本质所对应的概念或描述即为数据法律问题研究的逻辑起点。但"绝对抽象"的概念不好寻找,其确定"是一项艰巨的任务",[3]因此我们需要回溯历史,考察数据自产生之初一路走来,其中最简单、最抽象、最本质的特点,这是影响整个理论体系之后一系列问题的关键所在。

纵观人类历史可知,"数据"和"信息"并非是现代社会的独有产物,只是在进入

---

* 本文受清华大学自主科研项目"大数据技术的法律规治:原理、立法与实施"项目资助。

** 清华大学法学院2015级知识产权法方向博士研究生。

〔1〕 总结自[德]黑格尔:《逻辑学》(上卷),杨一芝译,商务印书馆1966年版,第51~61页。

〔2〕 参见周越、徐继红:《逻辑起点的概念定义及相关观点阐释》,载《内蒙古师范大学学报》(哲学社会科学版)2006年第5期。

〔3〕 冯振广、荣今兴:《逻辑起点问题琐谈》,载《河南社会科学》1996年第4期。

信息社会后才愈渐凸显出来,简言之,这二者最早都发轫于信息通信领域,[1]不属于法学的传统概念。所以,若要将其纳入法学研究的范畴内,就需要借助源生学科的相关理论和知识进行概念移植和理论分析。唯此才不至于破坏其与源生学科的兼容性,并能使法学研究有所可依、有的放矢。同时,这也有助于更好地理解数据的本质和法律性质。另外,在生活中的一些语境下,人们对数据和信息一般不做严格的区分,尤其是对信息通信领域来说,从业者在表述信息与数据时明确知道自己处理的对象是什么,因此没有深究的必要,知其然未必要知其所以然。但对于法学研究者而言,在对概念进行移植的过程中,从感性认识上升到理性认识,就需要对事物的本质特点加以抽象,从本源性的概念出发展开分析。

一、"数据"的演化

(一)"数"的源起

"数据"的产生与"数"的概念有着密不可分的联系。当原始人类在进行采集和狩猎等生产活动时,通过对不同事物的比较,"逐渐认识到存在某种共通的特征,即在同类事物中存在最小事物个体——事物的单位性。同时,意识到非同类事物之间数量的其他共同特点,如数量上相互间可以构成一一对应的关系,这种非同类事物所共有的数量的抽象性质,就是数"。[2] 而这种对数的知觉即"数觉",[3]当"数觉"与人类的其他能力相结合,便形成了"计数"。"计数"俗称"数数",即数事物个数的过程。计数的出现是信息技术发展历史上一个具有里程碑意义的时刻,它不仅使人类告别了原始蒙昧时期对"数"的朦胧认识,还开启了一个以计数为基础的对客观世界精确记录和认识的新阶段。

"计数"的发展包括记数系统及数的运算两部分内容。

我国的《易・系辞下》里记载有"结绳"和"书契"。"结绳"即结绳记数,是指在绳子上打一个结表示一个数或一件事;而"书契"即刻划,"书"是划痕,"契"为刻痕,具体是指在各种动物骨头、金属、泥版上刻画各种符号用以记数。这些最早期的实

---

[1] 根据教育部《学位授予和人才培养学科目录》,目前信息领域主要的一级学科共有4个,分别为:电子科学与技术、信息与通信工程、控制科学与工程、计算机科学与技术。这几个学科都涉及数据和信息的获取、传输、处理、存储等内容,涵盖光电子技术、微电子技术、通信技术、自动控制技术、计算机技术、人工智能技术等一系列高科技技术群,是信息时代的前导领域和当代新技术革命的核心推动力。参见朱庆华、杨坚争主编:《信息法教程》,高等教育出版社2001年版,第195页。本文为叙述方便统称其为"信息通信领域"。

[2] 刘红、胡新和:《数据革命:从数到大数据的历史考察》,载《自然辩证法通讯》2013年第6期。

[3] [美]T.丹齐克:《数:科学的语言》,苏仲湘译,商务印书馆1985年版,第1页。丹齐克同时还提及"数觉"并非人类独有,动物学家们已经观察到在一些鸟类群体中,也存在一些极为有限的"数觉"现象。

物记数操作，虽然显得很笨拙、烦琐，但有限地运用了抽象概括的能力。后来，不同文明中的记数符号，最终不约而同地演化为一套不同于文字数字的“符号数字”，其中流传最广、最为人熟知的是罗马数字和阿拉伯数字。数字的出现，使记数更简洁、准确和统一，也更易于信息传播。

数的运算涉及与数相关的另一个重要概念——“量”。“量”是指事物存在的规模、等级、发展的程度及内部各要素的排列结构，是事物所固有的一种规定性，对量进行研究是认识的升华和具化。测“量”即可获得量的大小，量的大小由数字来表征。“数字是对具体事物的量的符号化，它脱离了事物的‘形’”，而数字的这种抽象化能力，“从形而上的意义看，是人类辨别某些事物的量之关系和这种量的关系有可能怎样变化、怎样与另一类量的关系发生联系的一种能力”，[1]它使人类可以精确运用测量和数字对事物的变化进行某种程度的预测，预测的准确度主要取决于测量的精确度和数据的“量”，当然还有运算的方法。

（二）“数据”的发展

“数据”是在“量”的基础上进一步发展而来的——针对某一特定场合，表示某一种量的数为数据。尽管数据与文字一样也是对客观事物信息的表达，但它需要借助于数字表示。数据除了数值这一层的表意功能之外，本身不具有其他任何意义，其还需要借助技术手段或其他操作才能转化为对人类有意义的信息。而在计算机出现之前以及广义上的数据则是指“进行各种统计、计算、科学研究或技术设计所依据的数值”，[2]可见，数据具有实用性的特征，在科研和技术领域应用广泛。

英文中“数据”（Data）一词的出现要追溯到16世纪，[3]源自拉丁语，[4]有“给予”（given）的含义。[5]欧洲的16世纪恰恰是传统教会权威逐渐衰弱、文艺复兴达到鼎盛的时期，同时也是科学技术开始萌芽、地理大发现持续发展的时期。文艺复兴解除了中世纪以来长期束缚人们思想自由的神学禁锢，使人们的自由和创造意识彻底觉醒。从培根创立以观察和实验为基础的归纳法到笛卡尔主张以数学为基础

---

[1] 柳延延：《从“数觉”到“数的运算”》，载《解放日报》2011年1月13日，第7版。

[2] 中国社会科学院语言研究所词典编辑室：《现代汉语词典》，商务印书馆2002年版，第1176页。

[3] 在谷歌图书（Google Books）的全球书籍词频统计器 Ngram Viewer 中，语料库选择英语（English corpus），时间跨度选择1300年至2017年，输入关键词“data”搜索，结果显示“data”一词于1504年首次在文献中出现，载 https://books.google.com/ngrams/graph? content = data&year_start = 1300&year_end = 2017&corpus = 15&smoothing = 3&share = &direct_url = t1%3B%2Cdata%3B%2Cc0。

[4] “Data”的词根来源参见 *Oxford English Dictionary* (2 ed.), Oxford University Press, 1989, 载 http://www.oed.com/view/Entry/296948? redirectedFrom = data#eid 以及 http://www.etymonline.com/index.php? term = data，最后访问日期：2017年4月20日。

[5] 英国学者维克托·迈尔-舍恩伯格和肯尼斯·库克耶认为数据具有“已知”的含义，也可理解为“事实”，参见[英]维克托·迈尔-舍恩伯格、肯尼斯·库克耶：《大数据时代：生活、工作与思维的大变革》，周涛等译，浙江人民出版社2013年版，第64页。

的演绎法,从伽利略倡导实验科学应以数学为工具到开普勒运用数学分析发现天体运动规律……这些先贤的主张和经验经牛顿等后来人综合运用而发扬光大,使收集和使用数据被提升到了科学方法论的地位,数据成为近代科学研究范式——归纳、演绎和验证——的基础,而数值计算则成为该范式的重要组成部分。[1] 实验科学的兴起,促进了数学和数据技术的发展,而数学成果又进一步反哺和影响其他科学领域。

18 世纪到 19 世纪,欧洲经历二次工业革命。在这过程中,科学研究和发明开始告别个人兴趣和自娱自乐的小众标签,投身于服务社会生产和商业发展的大潮中,逐渐成为大工业生产不可或缺的一部分,其成果也感染和渗透社会的方方面面。与此同时,与科学技术和社会生产力高速发展相伴随的是科学仪器、设备日渐精准的改进,其使数据采集变得更加容易。到了 19 世纪末,起源于意大利的统计学开始为英语世界所熟知,其主张应以大量数据为基础开展研究工作,并被用于解释一些社会经济问题,数据应用开始不再局限于自然科学领域,其在整个学术研究中的基础地位日臻牢固。

(三)"大数据"的出现

随着社会化大生产在全球范围内的展开以及科学研究在各个领域的深入探索,20 世纪的科技革命带来了生物工程、航天航空、新能源和材料技术以及通信网络等多个领域的跨越式发展,实践中产生了越来越多的数据,这些数据的体量已远非 16 世纪、17 世纪的科学家们利用人工手动计算的数据可相比拟,因此对数据计算能力的要求也越来越高。

1946 年世界上第一台电子计算机埃尼阿克(ENIAC)诞生,自此,人类进入电子计算机时代,数据也被赋予了"传输和存储电脑信息"之意,[2] 数据与计算机的关系变得越来越紧密,以至于现在人们提起数据,特指狭义上计算机环境下的电子数据(Electronic data)。[3] 电子数据是"大数据"出现的前提条件和必然结果,其以二进制信息单元 0 和 1 的形式表示,只能被计算机等电子设备读取和识别,二进制的 1 位即为 1 比特(bit),是数据度量的最小单位。

---

[1] 刘红、胡新和:《数据哲学建构的初步探析》,载《哲学动态》2012 年第 12 期。

[2] 详见维基百科"计算机(computer)词条",载 https://en.wikipedia.org/wiki/Computer,最后访问日期:2017 年 4 月 21 日。

[3] 其实这种表述不甚准确,电子数据既包括数字数据(Digital data),也包括模拟数据(Analog data),这两者都可体现为电子形式,并可以相互转化。在计算机等采用二进制的电子设备中,只存在数字数据,而不包含模拟数据。之所以使用"电子数据"一词,是因为我国新修订的三大诉讼法中已将其作为法定证据种类写入,属于法律概念,且学界也多以此称呼。但关于电子数据的内涵和外延,学界的讨论基本立足于证据角度,而非数据本身。参见樊崇义、李思远:《论电子证据时代的到来》,载《苏州大学学报》(哲学社会科学版)2016 年第 2 期。

所谓“大数据”,麦肯锡将其定义为“无法在一定时间内用传统数据库软件工具对其内容进行抓取、管理和处理的数据集合”,[1]具有四个维度(4V)的典型特征:数量(Volume)庞大、来源类型(Variety)多样、处理快速(Velocity)、蕴含价值(Value),而这一名词从第一次在《科学》(*Science*)杂志上出现[2]到现如今,从仅用于描述数据规模到涉及现代工业和商业技术领域的多个方面,直至发展成为欧美等发达国家的一项基础性战略资源,[3]还离不开互联网产业的高速发展。

在网络诞生初期的设想中,设计者们曾提出了记忆延伸的概念,展望了信息检索、人机交流、分布式通信的概念,并最终设计了 TCP/IP、HTTP 和 HTML 等基础协议,[4]以便信息和数据可以自由、无障碍地交换和流通,而对数据和信息进行收集、抓取、保存则是实现这一系列概念的必要前提,因此数据收集和数据储存不可避免、更势在必行。以与人们日常生活最为密切的商业网络为例,网络用户只要接入互联网,从挪动鼠标的那一刻始,其在网络上的任何一个操作动作均会被记录,这是他们获得便捷网络服务的前提,也是互联网商业模式的起点,更不用说承担公共服务职能的政府部门和科研学术机构以及工农产业中为改善生产经营状况、提高投入产出比而专门进行的数据采集、积累等,这是人类自学会“结绳书痕”起就一直延续下来的生产、生活、学习的。

二、“数据”与“信息”的关系辨析

(一)“信息”的本质

“信息”(information)一词,也源于拉丁文,本意是关于某个特定主题的知识表达、交流。[5] 直到 20 世纪 40 年代左右,一些工程师们开始使用其来表达一些技术性的概念,如信息的数量、信息的测量等。“信息”开始像“质量”“能量”“运动”等词一样,在应用于科学领域时,被提炼、赋予了特定的含义,[6]而其作为一个科学的

---

[1] See McKinsey Global Institute Big data, The next frontier for innovation, competition, and productivity, https://www. mckinsey. com/business-functions/digital-mckinsey/our-insights/big-data-the-next-frontier-for-innovation, october 9, 2017 visted.

[2] Cass, T., A Handler for Big Data, Science, 23 October 1998, 282(5389), p.636. 转引自刘红、胡新和:《数据革命:从数到大数据的历史考察》,载《自然辩证法通讯》2013 年第 6 期。

[3] 参见张勇进等:《主要发达国家大数据政策比较研究》,载《中国行政管理》2014 年第 12 期。

[4] 根据石强、孙曾田导演的纪录片《互联网时代》总结,中央电视台财经频道 2014 年首播。

[5] 参见 Oxford English Dictionary, 载 http://www. etymonline. com/index. php? allowed_in_frame=0&search=Information,最后访问日期:2017 年 5 月 2 日。

[6] 参见[美]詹姆斯·格雷克:《信息简史》,高博译,人民邮电出版社 2013 年版,第 4~5 页。

基本概念首先诞生于通信领域。1948年信息论[1]奠基人香农(Shannon)首提:“信息是用来消除随机不确定性的东西”;[2]同年,控制论[3]创始人维纳(Norbert Wiener)也提出:“信息就是我们在适应外部世界,并把这种适应反作用于外部世界的过程中,同外部世界进行交换的内容的名称。”[4]

何为信息的本质?维纳认为“信息就是信息,不是物质,也不是能量”,但信息“必须以物质和能量为载体,并暗示着有关物质和能量的存在状况”;[5]信息是对具体物质(确切讲是物体)或能量的取值或取义,取值的过程就是价值选择的过程。[6]信息既是客观的,又与人的感觉和意识相关,各种信源每时每刻都在自发地生成各样信息,但对于人而言,这些信息并没有任何实际意义,需借助于人的认识提取(这一点对于其他生物群体也同样适用),只有被人类捕捉、理解并进一步利用,信息才能体现其应有价值,正如信息论学家海因茨·冯·福尔斯特(Heinz von Foerster)所说:“信息论研究的其实仅是哔哔声,只有当这些信号在人的大脑被理解之后,信息才算诞生——总之,信息不在哔哔声里。”[7]

从物质与意识的角度来看,若把物质比作信源,那么意识就是信宿,[8]“物质(信源)以被动的方式发出信息,而意识(信宿)则能动地接受信息”,意识对接收到的信息进行处理,“在摒弃无用信息的基础上形成概念化的科学体系,并运用知识化的信息来认识世界、改造世界……信息是联系物质与意识的中介”。[9] 换句话说,信息既是人类认识和改造客观世界的工具和方法,又是认识和改造的结果与产物,

---

[1] “信息论”是20世纪40年代后期从长期通信实践中总结出来的一门学科,是专门研究信息的有效处理和可靠传输的一般规律的科学,而由于现代通信技术飞速发展和其他学科的交叉渗透,信息论的研究已经从香农当年仅限于通信系统的数学理论的狭义范围扩展开来,成为现在称为“信息科学”的庞大体系。参见[美]托马斯·M.科弗(Thomas M. Cover Joy)、乔伊·A.托马斯(Joy A. Thomas):《信息论基础》,阮吉寿、张华译,机械工业出版社2008年版,第1~2页。

[2] Claude Elwood Shannon, “The Mathematical Theory of Communication”, *The Bell System Technical Journal*, 1948, 27 (3): pp. 379-423.

[3] “控制论”是一门研究机器、生命社会中控制和通信的一般规律以及动态系统在变的环境条件下如何保持平衡状态或稳定状态的科学,参见[美]维纳·N.:《控制论:或关于在动物和机器控制与通信的科学》,郝季仁译,科学出版社2009年版。

[4] [美]维纳·N.:《人有人的用处:控制论与社会》,陈步译,商务印书馆1978年版,第9页。

[5] 罗先汉:《关于广义信息论的探讨》,载《北京大学学报》(自然科学版)2001年第3期。

[6] 黄小寒:《从不同领域信息学的比较研究再论信息的本质》,载《自然辩证法研究》2005年第12期。

[7] Flo Conway and Jim Siegelman, Dark Hero of the Information Age: In Search of Norbert Wiener, the Father of Cybernetics, New York: Basic Books, 2005, p.189.

[8] 信源是指产生各类信息的实体,信宿相对于信源而言,是指信息动态运行一个周期的最终环节,是信息的接受物,参见钟义信:《信息科学原理》,北京邮电大学出版社2002年版,第152页。

[9] 刘怡:《从哲学的角度看信息的本质》,载《图书与情报》2008年第4期。

这一特性恰好可以用奥地利哲学家波普尔(Karl Popper)"三个世界"的理论来解释。波普尔在其《客观知识》一书中将世界划分为:世界1,物质世界;世界2,精神世界;世界3,客观知识世界。其中,世界1是指由物质客体以及物质能量构成的世界;世界2是指人类作为主体主观感受到的世界,如喜怒哀乐、伦理道德观等;世界3是指人类精神对客观世界认识、反馈所生成的客观知识的世界,如宗教艺术、科学、法律制度、语言文字诗歌等。[1] 如果世界1是物质,那么世界2就是意识的,而世界3恰是连接物质与意识的抽象存在,兼具客观与主观的双重属性。信息虽并不属于严格意义上的"知识",但其作为人类对客观世界的感知,是集成和升华为知识的基础与准备,其毫无疑问属于世界3的范畴。

(二)"数据"与"信息"的关系

从香农开始,"比特"成为信息量的最基本单位,但正如前文所述,电子数据也以比特为度量单位。在这种情形下,我们与其说数据与信息共用同一度量单位,不如说,在数据的性质和作用还没有被充分认识到之前,数据与信息相互混用,人们表述的其实是同一个客体。数据与信息紧密联系,不可割裂,也不可不做区分。针对同一组数据,对不同的人意义不一样,对有的人来说是信息,对有的人来说则可能只是数据;[2]不同的人因受个人认识条件和接收手段的制约,得到的信息和产生的认识也不相同;而同一个人因不同时间段所掌握的知识、技能和方法不同,获得的信息也不相同,可见信息具有很强的时效性,受接收者的观念影响较大,相形之下,数据则更为客观。

关于数据与信息的关系,学界已有多种学说,其中最广为人知的是美国管理思想家罗素·艾可夫(Russell Ackoff)提出的DIKW体系(Data-Information-Knowledge-Wisdom)。DIKW体系把人类的知识体系分为四个不同层级,即数据、信息、知识和智慧,这四者呈逐级上升的形式分布在一个金字塔形的层次体系中。[3]具体而言,数据产生于最原始的观察和量度行为中,是人类对客观世界事物的数量、属性、位置及其相关关系和运动过程观察记录的抽象表示,数量巨大、关系不明;而通过对数据进行加工等操作所获得的具有逻辑、能对客观世界产生影响、有意义的数据为信息;在行动中有效地运用信息,对信息进行归纳、总结、提炼,可得到知识;而智慧则是在知识的基础上,通过经验积累逐渐形成对事物的深刻认识、远见,最终

---

[1] 1967年波普尔发表了题为"没有认识主体的认识论"演说,提出了"三个世界"的理论,参见[英]波普尔:《客观知识:一个进化论的研究》,舒炜光等译,上海译文出版社1987年版,第164~165页。

[2] 如一段加密编码的数据,对不相关的人来说只是一堆毫无意义的数据,但对具有解码能力的相关方来说,这些数据就是负载丰富信息量的情报。

[3] See Russell Ackoff, R. L., "From Data to Wisdom", *Journal of Applies Systems Analysis*, 1989 (16).

以精准的判断力体现出来。下文将进一步阐述数据与信息的相互转换。

从数据到信息附加了很多复杂的人工操作,信息来源于数据又高于数据,信息依附于数据而存在,数据通过信息体现其含义和内在逻辑关系,如果说数据是“原材料”,那么信息就是“产品”,[1]两者是形与质的关系,而非包含与被包含的关系。另外,数据需进一步依附于实物媒介,如纸张或电子设备,而信息则可以跳出纸面或硬件的束缚进入人的大脑意识、穿梭于真实的物理世界与抽象的观念之间。实物媒介是现实可“触”的,信息载体是具体可“见”的(即便是计算机环境下的数字数据,也可以看到一堆由1和0组合而成的编码),而信息本身则只能抽象感知。

(三)“数据”与“信息”的相互转换

传统环境语境下的数据,与文字、图像、声音等一样,只是众多信息载体中的一种,以数字体现(见图1)。从这个角度来看,信息的外延要远大于数据,其可以通过各种载体来表现。而随着信息技术的发展,信息的载体也发生了革命性的变化,在新兴的电子通信领域内,包括文字、图像、音视频等在内的所有信息呈现形式最终都需要借助于电子数据才能实现传输、存储和显示。文字、图像、音视频等承载了信息,而数据又承载了它们,数据从信息的大量载体中独立出来,成为“信息系统细胞层次”[2]的存在——电子环境下所有信息载体的唯一、基础载体(见图2)。

在这一抽象出来的“实物媒介→数据→信息载体→信息”的关系链条中,“信息”因抽象、不可“触”“见”、边界模糊、不便把握,在认识论上,只存在于人的观念意识中,故无法通过法律手段予以调整或垄断,不应该成为法律关系中的评价客体。而“实物媒介”属于传统物权领域,可由民法来调整;“信息载体”如文字、图像、音视频等则可由知识产权法来处理;唯独“数据”作为新兴事物,刚刚进入法学研究的视野。因此,厘清数据与信息两者之间的转换关系,对于明确数据的法律性质及权属具有非常重要的意义。

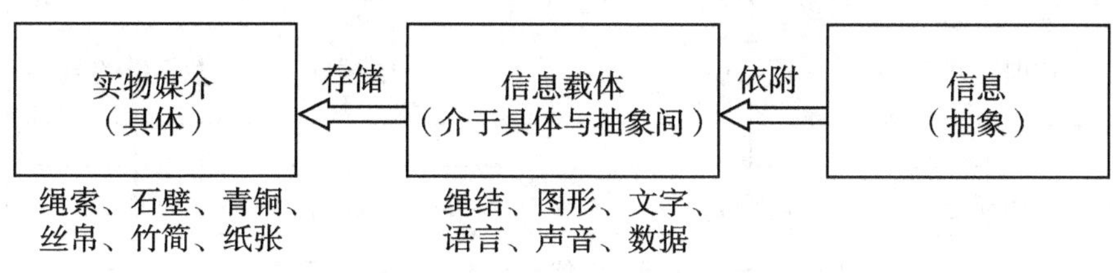

图1 传统环境下信息与载体、媒介的关系示意

〔1〕 苏强、梁冰:《信息质量及其评价指标》,载《计算机系统应用》2000年第7期。

〔2〕 吴永忠:《技术创新的信息过程论》,东北大学出版社2002年版,第34页。

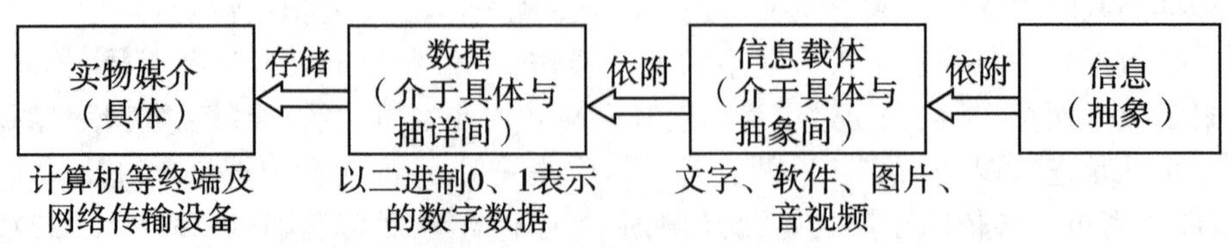

图 2　电子通信环境下信息与载体、媒介的关系示意

由图 2 可知，从只能被计算机识别的数字数据（以下简称数据）过渡到抽象的信息，需通过解码系统以能够被人类识别的文字、图片、音视频等信息载体的方式呈现；而从信息到数据，则需要通过编码系统对文字、图片、音视频等信息载体进行编码，如使用 ASCII 编码（American Standard Code for Information Interchange，美国信息交换标准代码）来表示 26 个英文字母、10 个数字和一些常用标点符号。但要实现信息的传输则要经历非常复杂的转换过程，这恰是计算机及互联网最基本的技术所在（见图 3）。“这种人（信息）→机（数据）→人（信息）的转换链条，实现了信息在发送方及接收方间的无缝对接。”[1]

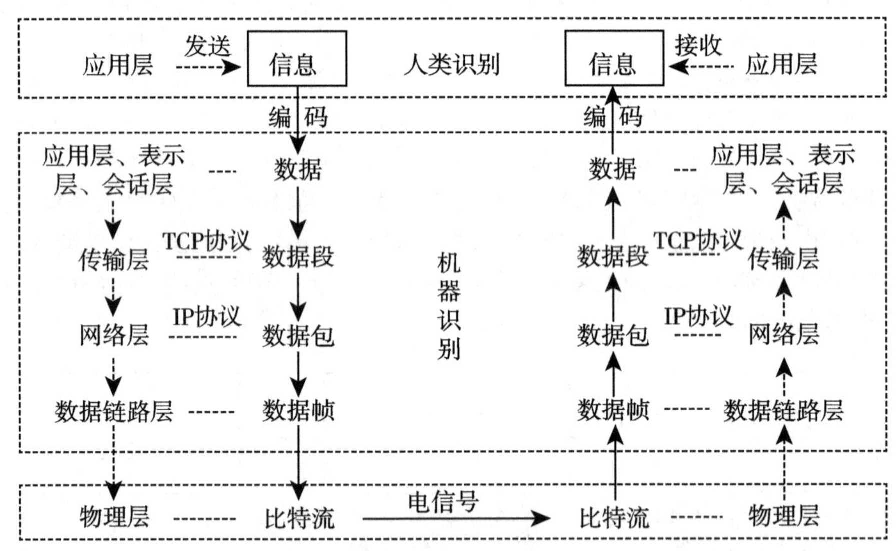

图 3　计算机系统中信息与数据的转换示意

可见，计算机技术和互联网的架构特点重塑了信息与数据的关系转换。不夸张地说，世界上所有的信息，包括以传统的媒介记录、承载的内容，都可以通过这种方

〔1〕 张阳：《数据的权利化困境与契约式规制》，载《科技与法律》2016 年第 6 期。

式先实现数字化，进而实现数据化。[1] 数据化意味着人类可以“从一切太阳底下的事物中汲取信息”，[2]数据世界与物质世界如镜像般对应存在，[3]将物质世界的万物数据化，通过数据来理解和把握万物，是大数据对数据世界的终极追求。

三、数据的法律性质

（一）数据的本质

通过前文的分析，再次回到数据的本质这个问题上来，尝试获得一些初步的结论。尽管数据的本质极少有人关注，但这个问题不光是信息通信等具体的应用领域在方法论上需要解答的，更是哲学和法学在本体论和认识论上需要回应的，非常重要和基础。

有学者认为数据的本质是信息，[4]但笔者认为，数据只有被赋予了特定的内涵、语义之后才能转化为信息，这种赋予是一种人为的添附和加工，不是数据作为“原始数字”所具有的；而一旦数据告别原始状态，其已经不能称为数据，又何谈本质呢？数据、信息、知识就像是一条相关联的进化链条上从低级到高级依次排布的点，它们只是不同时间节点的不同状态而已。在计算机网络系统中，数据承载着信息，是传递信息的载体，一串数据可能对应一条信息，但这只是数据存在方式改变所带来的一种形式变化，事实上，仍然存在不能转化为信息的数据，而从数据到信息也仍需要经历解码、加工的过程。因此，信息并不是数据的本质。

数据脱胎于“数”，而成就于“大数据”。如前文所述，一个概念的逻辑起点与其历史起点是相一致的，学者们对数据的认识从早期的“数统治着宇宙”（古希腊哲学

---

〔1〕 “数字化”是指把模拟数据转换成计算机可读取的数字数据，使存储和处理这些数据变得便宜而便捷，早期的数字化主要针对文本，后来也扩展至音视频等内容；而“数据化”则指把现象转变为可制表分析的量化形式，即对数字化的结果再进行提取或分析，如像图片、音视频等数字化后的文件不能被计算机读取和识别，因此无法被搜索引擎查找到，而数据化之后，就可以通过图像识别技术被关键词搜索到。数字化是数据化的前提。参见[英]维克托·迈尔－舍恩伯格、肯尼斯·库克耶：《大数据时代：生活、工作与思维的大变革》，周涛等译，浙江人民出版社 2013 年版，第 123 页。

〔2〕 [英]维克托·迈尔－舍恩伯格、肯尼斯·库克耶：《大数据时代：生活、工作与思维的大变革》，周涛等译，浙江人民出版社 2013 年版，第 38 页。

〔3〕 “镜像世界”是耶鲁大学计算机科学教授戴维·杰勒恩特（David Gelernter）在其 1991 年出版的《镜像世界：当软件将整个宇宙装到鞋盒里的那天，会发生什么？意味着什么？》一书中提出的概念。书中预言随着计算机计算能力的增强，人类将用数据流和算法创造出一个真实世界的微缩模型，这种物理世界的虚拟映射，就像一个小镇倒映在平静的湖面上，构成互联网的终极形态。参见陈赛：《终极互联网时代——互联网进化历程》，载《三联生活周刊》2009 年第 2 期。

〔4〕 详见黄欣荣：《大数据的本体假设及其客观本质》，载《科学技术哲学研究》2016 年第 2 期；张阳：《大数据交易的权利逻辑及制度构想》，载《太原理工大学学报》（社会科学版）2016 年第 5 期；王广震：《大数据的法律性质探析——以知识产权法为研究进路》，载《重庆邮电大学学报》（社会科学版）2017 年第 4 期。

家毕达哥拉斯语）到现代的“万物皆比特”，兜兜转转貌似又回到了原点，其实这恰好说明数及大数据的本质与其产生的历史背景是互相映照的，即它们都是人类社会在观察和记录外部世界时长期进化发展的产物，都是人类对客观存在抽象概括的工具；它与信息一样，是“事物客观性与人类主观性的纽带，是人类认识世界的桥梁”，〔1〕同属于波普尔“三个世界”理论中的世界 3 范畴。

近代科学兴起之前，人类自己收集、处理数据，认识世界的能力相对较低，后来科学仪器及硬件设备逐步进化、发展，成为主体功能的必要延伸，增强了人类处理数据、认识世界的能力，但这并没有改变数据处理行为是在人类意志指导下进行的本质。“电脑”需绝对服从于“人脑”，即便是大数据时代下的人工智能，也是在人类已经设定好的算法和各种规则下运行，这说明人类的意识和精神对数据的实践行为具有主观能动性。而数据作为认识的结果，虽然不等同于严格意义上的世界 3 的“客观知识”，但却是构成知识金字塔系统的强大底座，是获得信息、知识、智慧的必要原料，也是世界 2 人类精神对世界 1 客观世界投射的产物，其沉淀或存储在人类控制的各种设备中，成为一种客观存在。

数据除了作为人类认识世界的工具和产物，还可以作为被认识的对象，而通过对数据的认识则进一步加强了人类对客观世界的认识和把握。当下方兴未艾的大数据，作为数据的延伸，取代了传统科学研究中对因果关系的探究而以相关关系反映自然活动、人际关系、乃至某一人类群体共同的属性特征，为人类提供了新的获取信息、知识的途径与工具，这一事实更加有力地证明了数据属于世界 3 的科学性和合理性。同时，在认识过程中，数据挖掘的技术逐渐孕育出了一种继实验、理论、模拟之后的第四种研究范式——探索性科学。〔2〕 就人类社会活动类型的数据而言（区别于科研数据和工农产业数据），探索性科学范式着重从群体层面而非个体层面来认识人类行为，因此，尽管大数据聚合了众多的社会关系，且这些关系背后的分散个体已被大数据技术画像，但他们可能并不知道也不在乎，最终这些被精确描摹的个体消融或淹没在海量基数的人群中，失却单独识别的动机和可能性。在这个意义上，网络用户与其他被认识对象并没有本质的区别。最后，在认识结果上，因为探索性的数据挖掘事先并不知道具体会挖掘出什么，只是借由世界 3 探索世界 2，通过对客观存在的规律和趋势的认识，达到探索和接近人性并进而利用人性的目的。〔3〕

〔1〕 刘红、胡新和：《数据革命：从数到大数据的历史考察》，载《自然辩证法通讯》2013 年第 6 期。

〔2〕 美国计算机学家吉姆·格雷（Jim Gray）认为科学研究经历了四种范式转换，分别是以经验主义描述自然现象的实验科学、理论模型化和普遍化的理论科学、基于计算机科学的模拟科学，以及以大数据挖掘为核心的探索性科学。参见方环非：《大数据：历史、范式与认识论伦理》，载《浙江社会科学》2015 年第 9 期。

〔3〕 参见吕乃基：《大数据与认识论》，载《中国软科学》2014 年第 9 期。

大数据的数据背后掩藏着复杂的人类心理和社会关系，在知识系统的构造中位于底层，需依赖于数据技术深入探索才能实现其使用价值，最终造福于人。

（二）数据的价值[1]实现

在一个大的数据集合中，存在各种格式的数据类型，对其进行分类、加工，过滤掉不相关的数据，挖掘出相关数据之间的逻辑关系，并进而提炼出有意义的语义信息，是对数据的初次利用；被过滤掉的数据则封存暂时进入休眠，当其与其他数据相遇或组合，在新的条件下即可能会有所发现或突破，是为对数据的再利用，对数据利用和再利用、提取有用信息的过程就是实现数据价值的过程。

法学领域有学者将未经过加工的数据称为"原生数据"，而将经过算法加工、计算、聚合而成的系统的、有"使用价值"的数据称为"衍生数据"，并进一步指出只有衍生数据才能成为数据专有权的客体。[2] 但笔者认为，"数据的真实价值就像漂浮在海洋中的冰山，第一眼只能看到冰山一角，而绝大部分则隐藏在表面之下"，[3]数据的"价值"不会随着它的使用而减少，而是可以不断地被处理，无论是原生数据还是衍生数据，哪怕是已被加工剔除的数据，都具有巨大的潜在价值，甚至非衍生数据的开发空间相比衍生数据可能有过之而无不及。从本来具有的潜在"价值"过渡到对人类有用的"使用价值"，凝结了人类的劳动和各方面投入，且使用价值的大小取决于原始价值和所凝结的劳动投入的大小。

还有学者认为，对数据加工即使其"关系化"为符合特定使用目的的信息集合，每一轮数据的生命周期都可以看作一次数据"关系化"为信息的过程，而因每一轮的使用目的不同，已关系化的信息在下一轮可以数据的角色再次"关系化"，这样循环往复，数据不断"关系化"为信息的过程即为其使用价值提升的过程。[4] 这一观点对数据与信息关系转换的认识略有瑕疵，本文认为每一轮"关系化"后的数据获得了逻辑联系、具有了信息意义，但其数据的本质和存在形式并未改变；信息被提取、认识之后，进入下一轮"关系化"的仍然是已加工过的数据，即衍生数据再利用，故不存在不同周期中数据与信息的角色转换（见图4）。从这个角度也可看出，信息的状态依附于数据的价值提炼，受制于数据技术的发挥，其本身并不具有稳定性和独立性，因此，不能成为法律上评价的客体。

---

[1] 这里的"价值"泛指客体对于主体表现出来的积极意义和有用性，而非专指政治经济学中商品的性质。

[2] 杨立新、陈小江：《衍生数据是数据专有权的客体》，载《中国社会科学报》2016年7月13日。

[3] [英]维克托·迈尔-舍恩伯格、肯尼斯·库克耶：《大数据时代：生活、工作与思维的大变革》，周涛等译，浙江人民出版社2013年版，第149页。

[4] 参见苏今：《大数据时代信息集合上的财产性权利之赋权基础——以数据和信息在大数据生命周期中的"关系化"为出发点》，载清华大学微软创新与知识产权联合研究中心、清华大学法学院知识产权法研究中心主办：《清华知识产权评论》2017年第1辑（总第2辑），法律出版社2017年版。

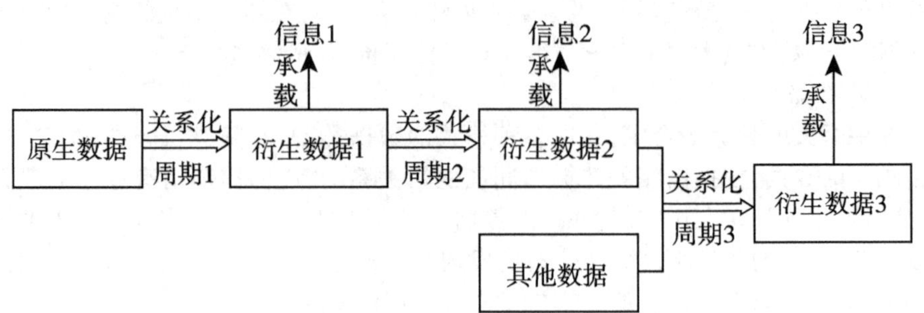

图4 数据通过“关系化”周期不断提取信息获得价值提升

（三）数据在法律上的评价

数据本质上是一种因人的认识活动而附随生成的人造抽象“物”，它凝结了人类的劳动和资本投入，具有认识世界的功能和价值，这种认识价值会转化成因人而异的使用价值，在生产实践中发挥作用；数据也会在商务实践中，以商品的形式进行交易，体现其交换价值。这种抽象物的社会属性表现在其比以往任何时候的工具都更能揭示马克思所谓的“人是社会关系的总和”这一事实，反映和预测人类活动的规律和趋势；自然属性则表现为：

首先，具有客观性，可与主体分离，是一种区别于物质和能量的、具有独立意义的“自在之物”，前文已详述，不再重复。

其次，具有价值性，既是人类认识世界的产物，又是认识过程中必不可少的工具，通过发现“相关性”的挖掘技术可释放出巨大的潜在价值。同时，数据这种“有用之物”与其他资源一样，还具有稀缺性，并非任何人都可以随意享有或使用，虽然网络上每时每刻都在产生大量的数据，但这些数据在事实上只归特定的主体控制，因为其基本都是在特定场景下为满足特定目的而收集的，如基于网上购物目的收集的电商交易数据、基于地图导航的交通数据，以及基于信息检索的搜索数据等。这些数据除了政府基于公共管理职能收集的之外，大部分都集中在少数网络巨头手中，对于新进入市场的初创者而言，数据是稀缺而珍贵的，他们没有能力通过效仿巨头的商业模式获得数据，进入门槛和获客成本都非常高，而没有用户就没有数据。

最后，数据具有可控性，其必须依赖电子硬件设备等媒介而存在的特性，使人类可通过特定的存储位置、接口权限以及代码指令等方式将其确定化，从而实现对它的控制和调用，是“为我之物”。但有学者认为数据因受代码控制，不服从任何脱离代码的人为干涉，即使法律宣布数据的归属权，权利人也无法脱离代码将之置于可能的控制之下,因此,数据不具有独立的经济价值。[1] 本文对这一观点持异议,数据对技术的依赖是毋庸置疑的,法律不可能直接调整技术本身,法律对技术领域的介入是通过直接规范人的行为而达到对技术控制的目的,如规定技术标准、技术归属以及规避技术风险等。就数据而言,算法和代码只是配合使用的工具。从某种意义上来说,任何资源都需要依赖工具才能最终发挥其应有的作用,离开工具和技术孤立地谈论资源的价值是没有意义的。而民法在其中的角色则是通过承认数据的财产权地位而实现对数据权属和相关利益的分配,尽管"权利人也无法脱离代码将之置于可能的控制之下",但却可以阻止其他人通过代码对数据进行控制和使用,事实上,这一点已经被司法判例所确认。[2] 因此,数据虽极大地受制于技术,但法律——也唯有法律才——可以对抗技术的"丛林主义",限制其不顾他人利益的野蛮生长和扩张。

综上所述,数据应当被视为一个具有独立意义的法学概念加以认识,其作为抽象物完全满足成为法律关系客体的条件[3],可以像作品、商标、专利等一样纳入无形财产权的客体范畴,而这些既有的无形财产权的发展和扩张的理论及现实需求则与"数据财产"赋权共享同样的正当性基础,同时也为数据财产权的归属提供了理论工具。另外,数据在认识论上的本质,决定了其财产价值的获得从来与作为信源的用户个体无涉,无论是个体本身还是个体的行为,与世界上的其他事物一样,都是被认识的对象,认识的结果并不天然地因与认识对象相关而归属于认识对象。相反,该认识结果是由认识主体主导和控制的,唯一不同的是,这些认识结果可能会涉及个人的相关合法权益。从这个意义上说,用户个人对网络大数据的财产性价值没有任何请求权基础,只有当数据上附着的用户人格利益因数据持有者(Data holder)的滥用而造成损害时,个人才有权基于侵权损害获得赔偿。然而,数据持有者的数据财产权也不可能像所有权那样绝对排他,尤其是当关涉用户利益和信息的自由流动时,其私权的属性更应该受到严格的法律限制,但具体的设计则需要更为深入的研究和讨论。

---

[1] 学者梅夏英认为数据因依赖于代码等其他要素才能发挥作用,因此不能直接产生经济利益,不具有财产性,参见梅夏英:《数据的法律属性及其民法定位》,载《中国社会科学》2016年第9期。

[2] 参见北京微梦创科网络技术有限公司诉北京淘友天下技术有限公司不正当竞争纠纷案(俗称脉脉案),北京知识产权法院民事判决书(2016)京73民终588号。

[3] 学者张文显认为成为法律关系客体的事物必须满足三个特征,即"有用之物""为我之物""自在之物",并基于此标准认为国家权力、人身人格、行为、法人、物、精神产品、信息等七类利益或利益载体可以构成法律关系的客体。参见张文显:《法哲学范畴研究》(修订版),中国政法大学出版社2001年版,第107页。

数据垄断的竞争分析路径*

曾　雄**

如今，数字经济的发展浪潮势不可挡，人工智能、大数据、云计算等技术逐步被广泛开发和利用，数据作为生产要素的属性凸显，发挥越来越重要的作用，甚至被誉为第四次科技革命的"石油"。企业围绕数据的竞争愈加激烈，如美国的 Facebook v. Power 案、HiQ v. LinkedIn 案，国内的新浪诉脉脉案、大众点评诉百度案、菜鸟与顺丰快递数据之争、微信与华为数据之争以及新浪与今日头条数据之争等，可见的一个趋势是网络平台已经由用户之争向数据之争转移。数据之争引发的竞争法问题值得思考，数据竞争规则的构建对于数据竞争市场的维护至关重要，其中数据垄断的竞争分析与救济是重点和难点。本文围绕大数据，讨论数据垄断的竞争分析路径与救济规则。

一、数据与大数据的概念

数据是物理世界在虚拟空间的映射，如今数字技术高度发达，物理世界的很多东西都可以被数据化，如大自然的气象变化、水文地理信息都可以被记录和存储形成数据，人类自身的特征和行为也能被数据化，可以说人与人、人与物乃至物与物之间都会产生大量数据。

如今，"大数据"一词具有越来越宽泛的解释，人们会以大数据来描述一个拥有海量数据的数字化时代，大数据这一概念主要从容量与规模的特征维度来描述数据。早在 2011 年，麦肯锡公司（McKinsey）发布报告《大数据：创新、竞争和生产力的下一个前沿》（Big data: The next frontier for innovation, competition, and productivity），将大数据定义为：那些规模超出常规数据库软件工具获取、管理和分

---

* 本文转载自《竞争政策研究》。

** 腾讯竞争政策办公室竞争法顾问，中国政法大学 2016 级博士研究生。此文仅代表个人观点，文责自负。

析的数据集合。[1] 之后，Gartner 公司 2012 年提出大数据的"3V"特性，即"Volume"(大容量)、"Velocity"(快速度)和"Variety"(多样化)，具体表现为：第一，数据容量大，从 TB[2]级别跃升到 PB 级别；第二，处理速度快，由于存在海量数据，要挖掘数据价值必然要求高效率的数据处理速度；第三，数据类型繁多，非结构化数据越来越多，包括音频、视频、图片、地理位置信息等，这些数据对数据处理和分析的能力要求很高。后来对大数据的描述增加了价值维度(Value)，即认为海量数据虽然价值密度低，但是通过大数据技术的挖掘，可以实现巨大的商业价值。从上述定义可以看出大数据明显的特征就是"大"，不过"大"不是大数据的全部。"大数据的核心是预测，它通常被视为人工智能的一部分，或者更确切地说，被视为一种机器学习，是把数学算法运用到海量的数据上来预测事情发生的可能性。"[3]

从数据和大数据的定义来看，数据在规模、价值、多样性方面达到一定程度并能被称为大数据时，其与企业的竞争优势和市场力量产生密切联系，由此产生数据垄断的忧虑，大数据与反垄断成为一组热门词汇。

二、数据的经济属性与企业的市场力量

(一)数据的网络效应、规模经济以及特殊的成本结构影响数据的集中

1. 数据驱动型商业模式的正反馈循环

与线下的实体企业相比，线上企业可以利用数据改善产品质量。这种由数据驱动的新型商业模式具有明显的网络效应(如图 1 展示的反馈循环)：一方面，一个拥有大量用户的企业可以收集更多数据提升产品质量(如设计更先进的算法)，获得更多用户，这是"使用者反馈"(user feedback loop)；另一方面，这些企业分析用户数据来改善定位广告，从广告服务中获利，然后再投资研发和改进生产，以获得更多用户，这是"获利反馈"(monetisation feedback loop)，在这种模式下，新进入者很难与拥有大量用户的现有企业进行竞争。以搜索引擎为例，如果一种搜索工具每天的搜索访问量小，缺乏足够的数据来调整搜索结果，搜索结果在相关性和准确性上偏弱，这样无法吸引用户，也无法吸引广告商，因而缺少可观的广告收入，缺乏足够的资金

[1] See McKinsey, "Big data: The Next Frontier for Innovation, Competition, and Productivity", available at http://www.mckinsey.com/business-functions/digital-mckinsey/our-insights/big-data-the-next-frontier-for-innovation, last visit on November 20, 2017.

[2] 1024 G = 1 TB，1PB = 1024TB。互联网公司每天需要处理海量数据，以国内互联网企业为例，腾讯公司的数据中心存储总量超过 1000PB(1PB ≈ 100 万 GB)，超过 15,000 个全世界最大图书馆的总量，而且每天以 500TB 的数据上升，载搜狐网：http://mt.sohu.com/20160525/n451390279.shtml，最后访问日期：2017 年 11 月 20 日。

[3] 参见[英]维克托·迈尔－舍恩伯格、肯尼斯·库克耶：《大数据时代——生活、工作与思维的大变革》，盛杨燕、周涛译，浙江人民出版社 2013 年版，第 16 页。

再投入搜索服务的优化中，也无法提升搜索工具的性能。数据的运用会导致规模经济，[1]再加上双边市场的强网络效应，可能导致赢者通吃的结果，甚至出现较高的进入壁垒，但是规模经济和网络效应并不必然排除竞争。

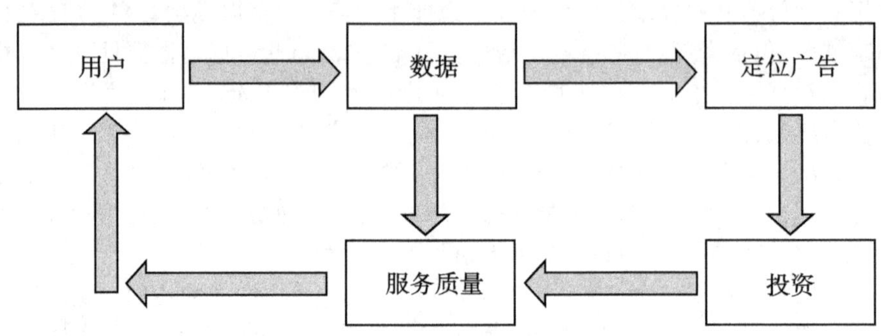

图1 数据的反馈循环[2]

2. 数据的收集和使用具有趋于零的边际成本结构

处理和使用数据的成本结构有特殊性，即高的前期沉没投入成本和接近零的边际成本，这种特殊的成本结构易导致数据的集中。[3] 在大数据产业中，企业需要高昂投入来存储和处理数据，包括建设数据中心、[4]采购服务器、分析软件、网络链接、防火墙以及招聘高技术人才等。一旦这种商业模式运转，新增加的数据可以以较低成本来改进算法提升产品质量。这种成本结构具有高度的规模经济和范围经济的特性，可能导致数据集中于少数几家企业手中。而且，由于大数据的价值密度很低，只有达到一定规模后才能从中获取经济价值，能有效处理大数据的企业需要有雄厚的资本，因此可能存在市场进入壁垒，具体包括资金壁垒、技术壁垒、人才壁垒等。[5]

---

[1] Nils-Peter Schepp, AchimWambach, On Big Data and Its Relevance for Market Power Assessment, *Journal of European Competition Law & Practice*, 2015.

[2] See OECD, "Big Data: Bringing Competition Policy to the Digital Era", DAF/COMP (2016)14, p. 10, available at https://one. oecd. org/document/DAF/COMP(2016)14/en/pdf, last visit on November 20, 2017.

[3] See Shapiro Carl, Hal Varian: *Information Rules: A Strategic Guide to the Network Economy*, Harvard Business School Press, 1999, p. 21.

[4] 据报道，谷歌的数据中心群造价在3亿美元至6亿美元，这不包括维护成本、电费、硬件升级以及其他令数据中心运营的费用，且以谷歌在爱荷华州数据中心的建造成本为例，其建设投资规模高达25亿美元。载 http://tech. 163. com/15/0418/06/ANFBUQOQ00094OE0. html，最后访问日期：2017年11月20日。

[5] Daniel L. Rubinfeld, Daniel L. Rubinfeld, "Access Barriers to Big Data", *Arizona Law Review*, Vol. 59:339, pp. 350 - 363.

（二）数据的非对抗性、用户的多归属性以及价值增量递减规律影响数据的价值

1. 数据的非对抗性与用户多归属性

数据能否成为市场扩张或市场进入的实质障碍，数据稀缺与否至关重要。如果数据可以广泛获取，竞争对手可以获得类似的数据和相应产生的效率，则数据给特定企业独特竞争优势的可能性小。数据具有非对抗性（Non-rivalrous），即一个企业获得数据不排除其他企业获得类似的数据。数据是随处可得的，为用户提供在线产品的企业都可以获得相应的用户数据，如在 Google 收购 DoubleClick 案中，欧盟委员会认为“关于用户的网页搜索行为的数据，谷歌的很多竞争对手同样可以获得”。

数据的非对抗性与用户多归属性（用户可以在不同产品间转换）会弱化数据的集中，但不排除企业采取限制措施妨碍竞争对手收集数据，并造成数据的稀缺性。如 Facebook 要求未经其同意，其他企业不得收集其平台上用户的数据。[1] 再如，谷歌限制广告活动的可迁移性（portability），要求第三方网站与其签订搜索广告的排他协议，这种行为会阻碍竞争对手使用相关数据资源。[2] 因此，对数据可获得的分析除了在个案中评估数据类型和特征外，还得结合企业的行为，判断是否有人为造成数据稀缺的情况存在。

2. 数据规模并非数据价值的决定因素

虽然大数据会导致网络效应和规模经济，然而有观点认为数据达到一定数量后，其边际价值将迅速降低。[3] 以搜索引擎为例，搜索引擎通过数据做出预测，这些预测建立在假定的基础上，数据越多，预测越准确，但是预测准确度的增加量随着数据库的继续增大而降低。因此，一个掌握大量数据的企业不一定比一个掌握相对较少数据的企业的竞争力大多少，即一个竞争对手要对其施加竞争压力不一定也具备同等量的数据。如欧盟委员会在 Microsoft 收购 Yahoo 案中认为“微软提供的一些研究结果表明，对于那些频繁的搜索而言，各个搜索引擎之间的在搜索相关性方面的差距较少”。

---

〔1〕 根据 Facebook 公布的《对于安全的权利和责任声明》，其禁止其他方在获得 Facebook 的事前同意自动收集用户的内容。如果不考虑用户安全或隐私保护的抗辩因素，Facebook 的声明确实阻碍了其他方获得相关数据内容。See “Facebook’s Statement of Rights and Responsibilities on Safety”, available at https://www.facebook.com/legal/terms, last visit on November 20, 2017.

〔2〕 See Grunes, Allen P. and Stucke, Maurice E., “No Mistake About It: The Important Role of Antitrust in the Era of Big Data”, Antitrust Source (Apr. 2015), pp. 9 – 11, available at SSRN: https://ssrn.com/abstract=2600051, last visit on November 20, 2017.

〔3〕 See Lerner, Andres V., The Role of ‘Big Data’ in Online Platform Competition, August 26, 2014, p. 35, available at SSRN: https://ssrn.com/abstract=2482780 or http://dx.doi.org/10.2139/ssrn.2482780, last visit on November 20, 2017.

而且,除了数据规模外,从数据获取价值的能力还依赖于算法和数据技术。[1] 如在 Microsoft 收购 Yahoo 案中,欧盟委员会认为,“虽然谷歌在特定方面的搜索相关性上表现得更好,但是这不能证明是由于数据规模导致了更高的相关性,因为前述研究没有考虑到不同搜索引擎所采用的技术”,因此不能低估了数据技术从相对较小量的数据中获取价值所起的重要作用。同时,数据的价值是短暂的,是具有生命周期的,由数据带来的回报会随时间而降低。虽然数据驱动的经营模式容易产生大规模数据的集中,但大规模的数据本身不一定给予企业更强的市场力量,而需要结合数据价值、数据种类和数据处理技术综合判断,仅看数据规模这个单一维度是不够的。

三、数据垄断的竞争损害理论

(一)数据驱动型并购

1. 现有申报门槛可能使数据驱动型并购从反垄断审查中“逃逸”

多数司法辖区通过申报门槛筛选需要申报的并购交易,这些申报门槛主要以营业收入为标准,但仅按收入标准来认定并购交易是否需要申报会使一些交易得以豁免。在数字经济中,被收购对象通常是初创型企业,虽然这些创新型企业没有盈利甚至亏损,但是已经掌握大量用户和数据或者拥有创新的商业模式或技术,因而收购方开出高价实施并购,动机可能是为获得数据、用户或创新技术。为此,有执法机构担忧此类数据的集中可能对竞争造成负面影响,如在 Facebook 收购 WhatsApp 案中,WhatsApp 的收入没有达到申报标准,虽然其规模小,但是 Facebook 依然愿意支付 190 亿美元的价格实施并购,其看重的是被收购目标的未来价值和商业潜能。有人提出,对于一些出于获得数据的并购交易,要让这些交易落入申报门槛内的一个有效解决方式是修订申报门槛,如增加以交易价值为标准的门槛,这样能识别出一个并购交易是否意图取代一个潜在的破坏性创新者。德国在最新的《反限制竞争法》修订中增设申报门槛的标准,将交易价值的申报标准设定为 4 亿欧元。[2] 同时,欧盟竞争委员会的韦斯塔格(Vestager)委员提出将考虑交易价值的申报标准,并

---

〔1〕 See Nils-Peter Schepp and Achim Wambach, “On Big Data and its Relevance for Market Power Assessment”, *Journal of European Competition Law & Practice*, 2016, Vol. 7, No. 2, p. 122.

〔2〕 在修订前,主要基于销售额来判断经营者集中是否需要向德国联邦卡特尔局进行申报。申报门槛如下:第一,参与合并的企业在上个营业年度内全球销售额超过 5 亿欧元。第二,参与合并的企业中至少有一个企业(如收购方)在德国境内的销售额超过 2500 万欧元。第三,参与合并的另一方企业(如被收购的目标企业)在德国境内的销售额超过 500 万欧元。修订后,合并控制中,传统的销售额标准方法仍然适用,即企业合并达到上述三个条件,需要申报。新法的修订之处在于,尽管交易方中的一方(通常是被收购目标)在德国的销售额没有达到 500 万欧元的标准,如果该合并交易的交易额很高,仍然需要申报。交易价值的标准包括:合并交易的交易价值超过 4 亿欧元;且被收购目标对德国境内市场将产生重要影响。

会通过设定合适的交易价值门槛来阻止损害具有创新的初创企业。

执法机构要将某些并购交易纳入申报标准并非难事,关键是将此类并购交易纳入申报范围后是否能真正起到筛选出有竞争问题的交易的作用,因为将交易纳入审查范围会给企业和执法机构带来显著的成本,如果无法发挥出识别竞争问题的效用,修订申报门槛只是徒增负担。以目前的案例来看,数据驱动的并购交易存在竞争问题尚无定论,是否修改申报标准扩大集中的反垄断审查范围需要进一步观察,从交易效率和执法效率来看,修改申报标准是一个需要审慎思考的问题。

2. 数据集中可能产生的封锁效果

数据的生产要素属性越来越强,可能涉及纵向垄断的问题。在纵向并购中,需要审查合并主体是否有能力和动机排除竞争对手获得参与竞争所必要的投入品,并评估这种封锁是否足以阻碍竞争。如果一个企业获得其他企业进入相关市场所需要的数据,而且该数据属于企业与合并主体开展有效竞争不可缺少的产品,则并购可能有阻碍竞争的效果。如在 Microsoft 收购 LinkedIn 案中,欧盟考虑了并购后微软是否有能力和动机阻碍竞争对手获得领英的数据从而阻止他们开发更先进的客户管理软件。

通常一个现有企业与一个创新的进入者的并购对现有市场结构的影响有限,因为新进入者的市场份额较低或两者之间没有横向重叠。但在涉及数据的市场中,这种并购可能导致企业获得不同种类的数据,由此增加的数据集中度可能产生明显的范围经济。[1] 由于不同种类的数据集中可能让合并方扩大竞争优势,而且如果这些数据的规模和范围是竞争对手无法复制的,则出现竞争问题的可能性较大,如两个分别在上游或下游市场中取得很强市场地位的企业进行并购,可能对新进入者进入上游市场或下游市场造成障碍。欧盟委员会在 Facebook 收购 WhatsApp 案中曾有此种担忧。欧盟委员会评估了 Facebook 的社交网络平台与通信应用 WhatsApp 之间的合并是否会让 Facebook 获得额外的用户数据,并评估了这种结果是否会导致竞争的变化。

3. 数据集中可能导致隐私保护水平降低

反垄断法保护竞争是手段,关注消费者福利是目的,大数据带来的损害涉及消费者福利的减损或经济效率降低时,反垄断法是一项重要的救济手段,特别是如今对消费者隐私的保护逐渐成为企业竞争的重要方面,企业降低消费者隐私的保护实际上是竞争被弱化的结果。因为如果企业间的竞争激烈,企业为获得用户会重视对隐私的保护。从这个角度来看,消费者隐私保护可以成为企业之间非价格竞争的因素之一。如美国联邦贸易委员会(Federal Trade Commission,FTC)的委员会 Pamela

---

〔1〕 See Nils-Peter Schepp and Achim Wambach, "On Big Data and its Relevance for Market Power Assessment", *Journal of European Competition Law & Practice*, 2016, Vol. 7, No. 2, p. 123.

Jones Harbour 在 Google 收购 DoubleClick 案中指出，隐私应该作为该交易反垄断审查的一部分。[1] 美国著名隐私法专家 Peter Swire 也指出，如果网络效应导致搜索提供商的数量减少，将降低搜索提供商在隐私保护或相关非价格维度竞争的动力。[2]

对此，有人提出相反的观点，主张消费者保护法和数据保护法才是解决隐私的正确选择，反垄断法是用来保护竞争的。而且，若将隐私视为非价格竞争的方式，在竞争评估中可能产生以下几方面的问题：首先，不确定如何测量隐私降低幅度。其次，执法机构不适合确定一个隐私保护最优的水平，也无法判断隐私降低到何种程度才是可接受的，因为隐私对于每一个个体而言都是不确定的，是因人而异的。最后，为了实现对某种水平的隐私的救济，可能对市场参与者产生不公平的限制从而损害竞争。

实际上，美欧在审查数个数据驱动型并购中已经考虑了隐私的维度，如美国 FTC 审查 Google 收购 DoubleClick 案时，考虑了该交易对非价格竞争，如消费者隐私带来不利影响的可能性。欧盟审查 Microsoft 收购 LinkedIn 案时，也在竞争评估中考虑了隐私问题，并指出隐私是消费者在选择职业社交网络服务时的重要考虑。欧盟委员会认为，封锁效应达到一定程度后会导致那些用户隐私保护力度比 LinkedIn 更强的竞争对手被边缘化（或者让这类潜在竞争对手进入市场更为困难），交易也将限制消费者在选择平台时考虑隐私保护这一重要的竞争维度。[3] 虽然隐私保护可以成为非价格竞争的重要维度，但是纯粹的隐私保护有专门的数据保护法律规定进行应对。只有当隐私保护与竞争密切相关时，如降低隐私保护与实施市场支配地位密不可分，反垄断法可以成为一项救济手段，否则多主体的重复执法不利于问题的解决。

（二）滥用市场支配地位

大规模、多种类的数据集中有助于提高生产效率和实现产品创新，但也可能给支配数据的企业带来明显的竞争优势。不过，收集和控制大量数据的行为本身不违法，利用大数据提高市场进入壁垒或滥用市场势力排除、限制竞争则违法。滥用市场支配地位具有以下几种表现形式：

---

[1] See Harbour, P. J. and T. I. Koslov, "Section 2 in a Web 2.0 World: An Expanded Vision of Relevant Product Markets", *Antitrust Law Journal*, Vol. 76, No. 3 (2010), pp. 769 - 794, available at http://www.nortonrosefulbright.com/files/us/images/publications/20100816Section2InWebWorld.pdf, last visit on November 20, 2017.

[2] See Pamela Jones Harbour, "Dissenting Statement Regarding In re Google/DoubleClick", FTC File No. 071 - 0170, p. 10, available at https://www.ftc.gov/sites/default/files/documents/public_statements/statement-matter-google/doubleclick/071220harbour_0.pdf, last visit on November 20, 2017.

[3] 韩伟、李正：《反垄断法框架下的数据隐私保护》，载《中国物价》2017 年第 7 期。

1. 拒绝竞争对手获得数据资源

分析数据相关的拒绝交易行为,有必要讨论数据是否属于必需投入品,是否应该适用必需设施理论(essential facility doctrine)。未来,大数据在商业策略中扮演越来越重要的角色,利用机器学习的技术和商业模式与过去企业进入和参与市场竞争的情况不同,对于新进入者而言,企图通过破坏性创新对现有企业施加竞争约束并不容易。当数据成为企业开展经营活动必不可少的原料时,数据是否可以适用必需设施理论值得考虑。若适用必需设施理论,仅说明大数据是一种不可或缺的投入品还不充分,还得证明这些大数据无法被竞争者复制。〔1〕不过,由于数据不是排他的(non-exclusive),也不是对抗性的(non-rival),而且,从总体上看数据是很丰富的,新进入者也可以收集一定量的数据。此外,数据的生命周期短(shorted-lived),拥有大量历史数据并不一定代表具有很强的优势。〔2〕综合来看,数据资源能否被视为一种必需设施还得结合个案进行分析。

根据欧洲法院的判例,仅在个别案件中有强制权利人与竞争对手分享必需设施的要求,原则上一个具有支配地位的企业无义务促进竞争对手业务的发展。欧洲法院在 Bronner 案、〔3〕IMS Health 案〔4〕以及 Microsoft 案〔5〕中认为,只有当一个企业拒绝给予的行为对于一种产品而言是不可或缺的,而且拒绝行为阻碍了新产品的出现,同时用户对这种新产品有需求,此外这种拒绝行为没有客观理由时,法院才对企业施加强制接入或分享的义务。对于"不可或缺性",在 Bronner 案中,欧洲法院认为只有当没有替代的产品或服务时,而且由于技术、法律或经济的障碍使任何企业难以在下游市场中开展运营活动,包括与其他企业、产品或服务进行合作运营的方式,则可以认为该种产品或服务是不可或缺的。

在解决拒绝交易的问题时,采取的救济措施可能引发其他问题,如强制分享用户的数据可能损害用户的隐私利益。由于目前数据的权属不明,还会涉及数据的所有权争议,因而涉及反垄断法与隐私保护法或财产法之间的矛盾和冲突。

2. 歧视性待遇

如果拒绝提供数据的行为涉及歧视性待遇可能被认为是反竞争的,如在法国的

〔1〕 See Lipsky Jr., A. B. and J. G. Sidak, "Essential Facilities", *Stanford Law Review*, Vol. 51, No. 5, 1999, pp. 1187 - 1249, available at https://www.criterioneconomics.com/docs/essential_facilities1.pdf, last visit on November 20, 2017.

〔2〕 See Balto, D. A. and M. C. Lane, "Monopolizing Water in a Tsunami: Finding Sensible Antitrust Rules for Big Data", p. 1, available at http://ssrn.com/abstract=2753249, last visit on November 20, 2017.

〔3〕 ECJ, Bronner, C-7/97, judgment of 26.11.1998, para 44-45.

〔4〕 ECJ, IMS Health, C-418/01, judgment of 29.4.2004, para 34-52.

〔5〕 GC, Microsoft, T-201/04, judgment of 17.9.2007, para 320-336.

Cegedim 案中,[1] Cegedim 是法国一家领先的商业信息数据提供商,拒绝向使用 Euris 的软件的用户出售主要数据库(被称为 OneKye),Euris 是 Cegedim 在健康行业的客户关系管理(CRM)软件市场的竞争对手,但是 Cegedim 向其他用户出售数据库。法国执法机构认为这种行为涉嫌歧视行为,OneKey 是医疗信息数据库中主要的数据库,而且 Cegedim 在医疗信息数据库市场具有支配地位,这种歧视行为可能限制 Euris 的发展。

3. 排他条款

由数据引起的反竞争行为还包括与第三方签订排他性的条款阻碍竞争者获得数据,或者通过让消费者更难转换至其他产品或服务的形式减少竞争者获得数据的机会。[2] 特别是当具有市场支配地位的企业签订排他性条款时,很可能排除竞争者。

4. 数据搭售

一个企业可以通过数据以反竞争的方式增强其在另一个市场的市场力量,如英国竞争执法机构的一份报告指出,一个拥有价值很高的数据资源的企业将数据与自己的数据分析服务捆绑出售,该捆绑行为可能被认为是违法的搭售。[3] 这种搭售可能在某些情况下能增加效率,但也可能减少竞争,因为拥有数据资源的企业具有竞争者所没有的竞争优势,搭售可能会排挤竞争对手。

5. 通过数据实施价格歧视

企业通过收集客户的数据获得用户的购买习惯,便于评估用户为某种产品或服务的支付意愿。若企业在相关产品市场中拥有市场支配地位,则能通过这种数据为不同客户群体设定不同的价格以获得超额利润。不过,价格歧视有双重效果。从消极方面来看,价格歧视将打破用户之间的平等性,而且用户可能将支付更高的价格。从积极方面来看,价格歧视也可以促进竞争。如由于存在价格歧视,一个企业可能为用户偏好的某种产品制订更低的价格,从而引起更激烈的价格竞争。

(三)数据可以成为共谋的"催化剂"

1. 数据为共谋提供更有利的市场条件

数据的收集和使用将增加在线市场透明度,从经济学角度来看,这种透明度对

---

[1] See Autorité de la concurrence & Bundeskartellamt, "Competition Law and Data", available at http://www.autoritedelaconcurrence.fr/user/standard.php? id_rub = 630&id_article = 2770, last visit on November 20, 2017.

[2] See Allen P. Grunes and Maurice E. Stucke, "No Mistake about it: The Important Role of Antitrust in the Era of Big Data", p. 3, University of Tennessee Legal Studies Research Paper, No. 269, 2015, available at http://ssrn.com/abstract = 2600051, last visit on November 20, 2017.

[3] See Competition and Markets Authority, "The Commercial Use of Consumer data", p. 90, available at https://www.gov.uk/government/uploads/system/uploads/attachment_data/file/435817/The_commercial_use_of_consumer_data.pdf, last visit on November 20, 2017.

于市场功能的发挥有两方面作用：其一，消费者可能从更大的市场透明度中获益，因为可以比较不同竞品的价格或功能，如在淘宝网或京东电商平台上，不同商家通过平台向消费者出售产品，消费者可以对比不同商家的交易价格和交易条件。若新进入者掌握了较多消费者喜好方面的信息，则更大的透明度可以推动新竞争者更好的进入市场。其二，由大量数据带来的信息特别是关于竞争对手的定价信息，可能被企业利用来降低竞争，因为市场越透明可能会越强化企业共谋的稳定性，有利于共谋的达成和实施。

2. 数据与算法、人工智能的结合更可能促成新型共谋

企业可以通过算法监视、预测和分析竞争对手目前或未来的价格，实现对竞争对手定价的跟踪，这为协同定价创造了条件。企业可以利用算法执行垄断协议，监督那些背离协议的企业以维护共谋的稳定性，这种高度隐秘性将使垄断协议更加固化。特别是随着深度学习和人工智能的发展，共谋可能变得越来越隐秘，发现更为困难。有观点指出，利用大数据从事共谋有以下四种策略：其一，企业可能通过实时数据分析监视各个企业遵守共谋的执行情况，可视为以数据来维持传统的卡特尔。其二，企业可能彼此分享定价算法，并依据市场数据调整价格，实现固定价格的效果。如 Uber 被起诉认为利用了算法实施固定价格的行为。如果竞争者通过一个具有纵向交易关系的企业执行算法，则可能出现轴辐射卡特尔（hub-and-spoke cartel）。其三，企业可能使用大数据实现默示的共谋，即通过提高市场透明度或使彼此的行为变得更加相互依赖，如通过编程适时应对价格变动。其四，企业可能使用人工智能设置一种利润最大化的算法，并通过机器学习执法算法来实现默示的共谋。[1]

2015 年美国司法部（Department of Justice，DOJ）调查了几个贴画销售商在亚马逊电商平台上从事固定价格的行为，DOJ 发现这几个销售商开发了一种价格算法，可以根据消费者的选择进行价格调整，并且这些销售商彼此分享价格信息，从事价格协调行为。DOJ 最后对这些从事违法共谋的销售商进行了处罚。正如美国司法部总检察长助理 Bill Baer 所说："我们不会容忍反竞争行为，不管它发生在烟雾缭绕的房间里或者是通过复杂的定价算法出现在互联网上。"[2]

数字卡特尔的实际案例目前不多，多数数字卡特尔是基于情景假设描述的。不

〔1〕 See Ezrachi, Ariel and Stucke, Maurice E., "Artificial Intelligence & Collusion: When Computers Inhibit Competition", pp. 7 – 20, *Oxford Legal Studies Research Paper* No. 18, 2015, *University of Tennessee Legal Studies Research Paper* No. 267, available at SSRN: https://ssrn.com/abstract=2591874 or http://dx.doi.org/10.2139/ssrn.2591874, last visit on November 20, 2017.

〔2〕 See DOJ, "Former E-Commerce Executive Charged with Price Fixing in the Antitrust Division's First Online Marketplace Prosecution", *Press Release by the Department of Justice on Monday*, April 6, 2015, available at http://www.justice.gov/atr/public/press_releases/2015/313011.docx, last visit on November 20, 2017.

过，要发现数字卡特尔或处罚相关责任人对于执法机构而言是一个挑战：一方面，发现数字卡特尔面临困难，需要行业知识和技术背景，如算法或机器学习规则，否则难以证明企业间有协调行为的意图；另一方面，如果共谋是由具备自我学习能力的机器人达成的，工程师设计的初衷并非为了共谋，这种法律责任应如何分配，执法机构也将面临挑战。

四、数据垄断的竞争分析面临的问题与挑战

（一）界定相关市场面临的问题

根据反垄断分析方法，如果数据没有被实际交易，难以为数据界定一个相关市场。如在 Facebook 收购 WhatsApp 案中，欧盟委员会拒绝为大数据界定一个相关市场，因为当事方没有一家企业向第三方提供数据。[1] 目前，很多在线平台将收集的用户个人数据用于自己的产品，没有对外交易，主要有以下几个方面的原因：其一，数据所有权不明晰；其二，可能侵犯用户隐私；其三，数据交易欠缺统一标准，难以定价和估值。界定相关市场的方式通常为需求替代分析，这种界定方法的前提是存在一个向客户销售产品或服务的市场，这样客户才会对不同产品产生需求替代。一个企业收集的个人信息没有出售给客户，无法满足这种测试的要求，因为没有销售、没有客户、没有产品替代。[2] 目前为止，尚未出现单独认定数据构成一个相关市场的先例。

在某些情形中，数据会成为一种被交易的商品，因而可能存在数据商品市场，如 Twitter 曾向第三方销售数据实现创收，第三方包括营销和广告代理机构等，后来 Twitter 不再与数据分销商合作，其采集的数据只供自己使用。[3] 未来随着大数据产业的发展，数据流通规则建立完善后，数据可能会成为普遍交易的商品，对数据界定相关市场有可能和有必要。

（二）评估由数据产生的市场势力面临的问题

目前，大多数控制大数据的企业通常将数据用于自身的产品改进，而且由于数

---

〔1〕 See European Commission, Case No COMP/M. 7217 – Facebook/Whatsapp, availableat http://ec.europa.eu/competition/mergers/cases/decisions/m7217_20141003_20310_3962132_EN.pdf, last visit on November 20, 2017.

〔2〕 See Tucker, Darren S. and Wellford, Hill B., "Big Mistakes Regarding Big Data, Antitrust Source, American Bar Association", 2014, p. 11, available at SSRN: https://ssrn.com/abstract=2549044, last visit on November 20, 2017. 在此文中，作者认为个人信息无法构成一个相关产品市场，除非这些个人信息被出售给第三方。

〔3〕 Twitter 将自身数据授权给公司 Gnip、DataSift 和 NTTDATA 进行售卖。参见《Twitter 不再与数据分销商合作数据只供自己使用》，载腾讯科技网：http://tech.qq.com/a/20150413/009610.htm，最后访问日期：2017 年 11 月 20 日。

据种类的繁杂,数据之间的替代性难以评估,难以为数据界定出清晰的市场边界,很难说哪一家拥有海量数据的企业在所谓的数据相关市场中占据支配地位。正如前文所述,由于数据具有广泛性和非对抗性,数据被独家控制和被“垄断”的情况较少出现,尽管大数据的收集、存储以及分析等方面具有一定资金和技术壁垒。

那是否意味着不存在涉及数据的滥用市场支配地位行为呢?根据目前已经发生的案例,答案是否定的。德国执法机构调查 Facebook 收集和使用用户数据时涉嫌滥用市场支配地位,执法机构考虑的是 Facebook 在社交领域中的支配地位。再如在 hiQ 诉 LinkedIn 案中,hiQ 宣称是 LinkedIn 在职业网络市场中具有支配地位,其阻碍 hiQ 获得 LinkedIn 网站公开用户简历信息的行为涉嫌违法。[1] 虽然这两个案件不涉及数据市场的支配地位,但是滥用行为都与数据相关。

因此,企业可能会将其在一个市场的支配地位传导至另一个市场,这个相邻市场与数据密切相关。在 hiQ 诉 LinkedIn 案中,hiQ 称 LinkedIn 将其在职业网络市场的力量传导至数据分析市场中,对此 hiQ 提供了初步证据证明,并因此获得法院的支持发布了临时禁令,禁令要求 LinkedIn 不得妨碍 hiQ 获得 LinkedIn 的公开数据。可见,在分析涉及数据的滥用市场支配地位行为时,实施滥用行为的企业不一定在数据市场中具有支配地位,很可能在其他市场拥有支配地位,而且从这个市场中获得大数据,此时,认定市场支配地位应结合案件涉及的具体市场进行认定,不一定就是数据的相关市场。

五、对数据垄断的效率抗辩与救济

(一)大数据可能产生的效率

大数据的利用可能带来效率提升,如在并购中,可能产生动态效率,即企业可以开发一种更有效率的新产品。同时,大数据可以为消费者提供更充分的信息,降低信息不对称,使消费者具有更充分的知情权和选择权。执法机构在分析大数据导致的反竞争行为时,需要平衡效率与反竞争效果。不过,这一过程也面临挑战,因为评估和量化一个并购对创新能力和动机的影响是复杂的,特别是评估动态效率显得困难,估测新产品或新的生产过程导致的福利效果是不确定的。

(二)解决数据垄断的救济措施

1. 结构性救济

剥离数据可以是一种典型的结构性救济方式。大数据的一个特质是非对抗性,

---

[1] See CPI, available at https://www.competitionpolicyinternational.com/us-linkedin-told-it-cant-stop-bots-from-scraping-your-personal-data/? utm_source = CPI + Subscribers&utm_campaign = 8901334956-EMAIL_CAMPAIGN_2017_08_15&utm_medium = email&utm_term = 0_0ea61134a5 - 8901334956 - 236509109, last visit on November 20, 2017.

即能同时被多个用户使用,这与剥离有形财产不同,复制数据不会限制原始所有者竞争的能力。如在 Thomson Reuters 合并中,执法机构担心合并会在特定金融数据市场中产生集中的市场势力,Thomson 同意剥离特定数据库的复制品,同时允许其继续使用这些数据库进行竞争。不过,考虑到数据可能需要不断更新,仅一次剥离数据库可能无法使购买数据库的企业后续参与竞争,此时可能需要伴随一些行为性救济手段,如提供定期更新的数据库等,以保证竞争的充分性和有效性。

2. 行为性救济

当数据是相关市场的投入品时,如在纵向合并中,结构性救济可能无法充分解决竞争问题,此时可能需要行为性救济,这种救济不必然要求剥离业务,但可能要求降低进入门槛,典型例子如许可知识产权。行为性救济直接要求企业能实施何种行为和不得实施何种行为,涉及大数据的反竞争行为的救济方式可能包括:要求停止某种行为,如终止独家条款。在极端情况下,还包括向竞争对手提供数据(作为其生产原料),此时,数据可能被视为一种必需设施(essential facility),若没有该数据,企业就无法在下游市场中有效开展竞争。提供数据可能是一种合适的救济方式,即让潜在竞争者在下游市场中克服主要的进入门槛。不过,也有一些问题,如涉及知识产权,这种救济方式可能损害创新动力。另外,一个企业收集了很多数据,但难以识别数据的所有权主体。强制获得数据可能还需要获得原始数据提供商的同意,这又涉及多方主体,各种关系的性质也不同,救济措施的具体实施会面临诸多问题。

六、结语

第一,伴随数据市场和数据交易规则的成熟,对数据进行相关市场界定有可能和有必要。

第二,通常数据具有非对抗性,但由于不同类型的数据可获得程度不同,无法否定数据可能给特定企业带来竞争优势和市场力量,判断拥有数据的企业是否具有市场支配地位应结合具体的数据类型、企业处理数据的技术能力以及市场进入壁垒等综合因素考察。

第三,对数据集中的审查,不仅要看到数据规模的增加,还要看到数据集中可能产生的效率,应该对数据集中的正反面效果进行权衡。是否将隐私保护纳入考虑因素应结合个案分析,通常反垄断法是解决竞争问题而非隐私保护问题,但是如果隐私保护是企业开展竞争的重要手段,隐私保护与竞争产生联系,降低隐私保护的程度也被视为是因竞争弱化而对消费者产生的不利后果,此时反垄断法也可以成为一项重要的救济手段。

第四,在数据驱动下,未来的交易市场将变得越来越透明,企业以算法为工具结合大数据的使用在价格策略、促销策略等商业决策方面，将变得越来越快速化和智能化，这为企业达成和实施更加隐秘的共谋提供了市场条件和技术条件。判断企业是否通过算法甚至人工智能从事共谋需要参考传统的反垄断分析要件，企业的技术手段更新不会彻底推翻反垄断法基本分析框架和规则。

第五，当数据成为生产经营活动的重要投入品，并存在较为稳定的流通市场后，数据就如现今的一般商品原料，拥有强势地位的数据企业可能采取排除、限制竞争的行为，如拒绝交易、搭售、歧视定价、独家交易等，对这些行为的反竞争效果的判断应结合数据这一特殊商品原料的经济属性进行认定。

网络空间个人数据保护新论

——以确立网络服务提供者“信义义务”为视角

张　丽[*]　张浩伦[**]

一、问题引出

在大数据时代,数据产生成本、收集成本、存储成本和处理成本下降,促进网络服务提供者对数据价值的挖掘能力不断提升,“数据资产”已经成为与物质资产、人力资源相提并论的重要生产元素。[1] 目前,网络服务提供者对个人数据的收集已经超越传统的身份数据、位置数据和网络浏览数据范围,对数据的挖掘利用程度也普遍超出“保证网络交易行为达成”的“一次使用”[2]需要。以支付宝为例,其收集数据主体的身份数据范围由身份证、银行卡号、手机号信息拓展到了利用新型硬件技术采取的外貌数据和指纹数据等;收集数据主体的交易数据、行为数据的内容也增加了信用报告、医疗记录、ETC记录、运动数据乃至其他软件使用记录等方面,[3] 几乎涵盖数据主体在使用该软件时所能产生的一切行为痕迹。当前,网络空间个人数据滥用行为的普遍存在已经对个人数据权益保护提出了诸多问题:(1)网络服务提供者任意拓展数据收集范围,是否会使数据主体隐私权遭受损害?(2)网络服务提供者对数据进行分析、加工和处理的“二次使用”,是否会使数据主体可期待的财产权益遭受损害?(3)如何在网络服务提供者强势而数据主体弱势的情形下限制“二次使用”的范围或能力?等等。在上述几类问题中,有关数据收集范围与个人隐

---

* 上海交通大学凯原法学院2015级博士研究生,研究方向:金融法。

** 上海交通大学凯原法学院2015级硕士研究生,研究方向:金融法。

〔1〕 See James Manyika, Michael Chui, Brad Brown, Jacques Bughin, Richard Dobbs, Charles Roxburgh, Angela Hung Byers, “Big data: The next frontier for innovation, competition, and productivity,” McKinsey Global Institute, May 2011, 载 https://www. mckinsey. com /mgl, 最后访问日期:2017年11月7日。

〔2〕 数据“一次使用”指个人或组织直接获得的数据过程,如在购物网站购买商品时注册的账号、填写的个人收货信息等都是平台或商家为了保证交易顺利进行而对消费者个人隐私数据的“一次使用”。参见顾理平、杨苗:《个人隐私数据“二次使用”中的边界》,载《新闻与传播研究》2016年第9期。

〔3〕 参见蚂蚁金服:《支付宝隐私权政策》,载 https://docs. alipay. com/policies/privacy/alipay#c1, 最后访问日期:2017年11月7日。

私权的关系并不是本文讨论的核心所在,本文着重回应如下几个要点:(1)传统数据权益保护路径对“二次使用”行为规制的困境;(2)什么是适应大数据时代特点的法律规制思路;(3)如何在既有法律规范的基础上创新数据权益保护规则。

二、个人数据权益保护传统路径与困境

(一)个人数据[1]权益保护代表理念

全球多个国家和地区已经对个人数据相关权益的保护制定法律或给出判例,本文择取最具代表性的欧盟和美国法律规制路径作出说明。欧盟将个人数据作为基本权利予以规定,并通过统一立法例的形式对个人数据进行保护。而美国则是对于个人数据保护采取隐私权规制的办法进行保护。虽然欧盟与美国对个人数据保护方式不同,但两种方式对个人数据的保护皆是为保护网络空间的个人隐私不受侵犯。为应对数据科技新发展带来的挑战,2016 年 4 月欧洲议会颁布了《一般数据保护条例》(以下简称《条例》)(General Data Protection Regulation, GDPR),[2]欧盟对于个人数据保护建立在个人信息自决权的基础上赋予数据主体控制自身数据的权利,并在第三章专章设定了数据主体的错误纠正权、被遗忘权、反对权、拒绝权和自主决定权等自我救济的措施。同时,考虑到网络空间数据主体信息弱者地位,《条例》第四章特别规定了数据控制者或处理者的相对义务。不同于欧盟的统一立法例,美国将个人数据保护置于隐私权保护模式下,其个人数据保护逻辑在于,只要侵权行为侵犯了个人数据主体的隐私权就要受到法律规制,并没有过多的给予数据主体更多控制自身数据的权利。在个人对数据的控制支配性和排他性层面而言,美国的立法模式弱于欧盟立法例的要求。

(二)我国个人数据权益保护现实困境

一般认为,我国对个人数据相关权益的立法关注始于 2000 年。即使法学界在 2003 年就对个人数据权益保护的专门立法给出专家意见稿,[3]但是,直到目前仍未有一部系统性的法律出台。自 2009 年起《侵权责任法》等法律或规定颁布和修订的内容中,明确了“隐私权”“网络侵权责任”“消费者个人信息保护”等概念,拉开私

---

〔1〕“个人信息”的概念外延大于“个人数据”,“数据”是“信息”的一种表达方式,“信息”还可通过“纸张”“音像”等传统媒介表达,参见梅夏英:《数据的法律属性及其民法定位》,载《中国社会科学》2016 年第 9 期;但是,目前学界和实务界共识认为“个人数据”与“个人信息”在研究对象和内容方面并无区别,意义相同,参见张新宝:《从隐私到个人信息:利益再衡量的理论与制度安排》,载《中国法学》2015 年第 3 期。

〔2〕参见许多奇、胡佳妮:《欧盟〈一般数据保护条例〉译者前言》,载《互联网金融法律评论》2017 年第 1 辑(总第 8 辑),法律出版社 2017 年版,第 28~31 页。

〔3〕周汉华:《中华人民共和国个人信息保护法(专家建议稿)及立法研究报告》,法律出版社 2006 年版。

法领域对个人数据权益特别保护的序幕。2013 年 2 月和 7 月工信部、国家质检总局和国家标准化管委会等机构，又相继发布《信息安全技术——公用及商用服务信息系统个人信息保护指南》和《电信和互联网用户个人信息保护规定》的规范性文件，首次在我国确立了个人信息保护的国家标准，并提出了互联网数据服务者在数据收集和使用方面的操作规范。据此，数据服务企业相继出台或改进各自的隐私权政策，设立了自身在数据收集和使用过程中应当遵循的诸多原则性要求。

如根据支付宝披露的信息，其对自身的数据服务行为要求可总结为四项基本原则：合法性原则、目的限制原则、知情同意原则和严格保密原则。[1] 其中，合法性原则是指：(1)收集数据的行为不得违背法律规定；(2)应在法律允许的收集内容中为数据主体留出拒绝收集的空间；(3)根据法律规定可以强制收集部分数据主体的数据。目的限制原则是指对数据的存储期限、使用范围等仅以隐私权政策列举的目的为限。

总体来看，我国有关个人数据权益的立法仍然存在碎片化现象严重、宣示性规定多于操作性指引、利益衡量不清晰以及执行机构不明确等问题。[2] 对于网络服务提供者自身制定的操作规范或工作要求，一般而言，即使大多数人经常阅读隐私政策，但数据主体也缺乏足够的专业知识来充分评估同意某些现有用途或披露其数据的后果，[3] 规则的实效性有待商榷。

(三)我国个人数据权利归属困境

“立法是认识利益、表达利益的过程。要调整好各种不同的利益，首先要了解和认识利益。”[4] 在数据收集阶段，论及个人数据权益的保护尚可直接利用隐私权或财产权理论为法律规制找到合理的利益认识根据。根源在于，这一阶段作为数据提供者的数据主体与数据的权属脉络还有迹可循。但特别是在数据分析、加工和处理的“二次使用”阶段，很难分辨数据真正的权属主体。以电商企业为例，数据进入“二次使用”阶段经过了用户、商家、电商平台乃至第三方数据分析公司等多方主体的交互作用，虽然在形式上依然以“人”为主体，描述数据主体的各项信息，实质上却蕴含了网络服务提供者、商家、数据分析公司乃至电信运营商等主体的智力和劳力投入。若是简单依据数据的人格特征将数据纳入隐私权的绝对保护之下，无疑是对

〔1〕 参见蚂蚁金服：《支付宝隐私权政策》，载 https://docs.alipay.com/policies/privacy/alipay#c1，最后访问日期：2017 年 11 月 7 日。

〔2〕 参见张新宝：《从隐私到个人信息：利益再衡量的理论与制度安排》，载《中国法学》2015 年第 3 期。

〔3〕 Daniel J. Solove, "Privacy Self-Management and the Consent Dilemma", *Harvard Law Review*, Vol. 126, Issue 7 (May 2013), pp. 1880 - 1903.

〔4〕 参见郭道晖：《论立法中的利益分配与调节》，载湘江大学法学院编：《湘江法律评论》(第 2 卷)，湖南出版社 1997 年版，第 10 页。

其他参与主体权利的侵害，也必然引发公众利益损害的严重后果。因此，对网络服务提供者行为进行法律规制，不能简单援引隐私权、财产权等私法领域的保护方式，否则将打乱网络数据服务行为主体间的秩序，降低某方主体的参与积极性，最终妨碍数据技术对资源配置的作用实现。

三、网络空间个人数据保护的可行性路径

（一）大数据时代的数据权益保护应然路径

国内有学者认为，无论是以隐私权理念还是财产权理念为核心对个人数据予以保护的立法例，实质都是“基于私权利的社会合作形式”。而大数据技术依赖于计算机自身的强大运算能力和算法技术的筛选分析，事实上能使信息处理“脱离人脑的控制”，能“从根本上提高人类的信息处理能力”，提升“人类理性”，并改变人类的“行为模式”和相关的“制度设计”。因此，大数据技术可能促进市场信息处理和交易机制的变革，甚至取代市场经济制度以构建出新的“有机社会组织”（或称“合作共享社会”“Collaborative Commons”）制度，使资源分配由“竞争占有”形式转变为“合作分享”形式。在此基础上，以私权利的观念来探讨个人数据信息保护，将会使数据提供者、处理者和控制者等参与各方陷入相互猜忌的囚徒困境，而“将个人数据视为公共物品并以公法予以规制”更加合理可行。[1]

在大数据时代背景下，社会合理配置资源的能力已经得到长足发展，公共利益与私人利益的平衡也不再是进退维谷的难题。因此，与其通过严格的隐私权保护削弱个人数据的商业价值和公共管理价值等，不如通过更为合理开放的法律制度构建来提高个人数据利用的效率和安全性。不过，这并不意味着立法应当抛弃隐私权或财产权为核心的私权保护理念而直接将个人数据置于公法保护范畴。或可在区分个人数据类型的基础上，将一部分与个人人格尊严、人身安全或公共安全保护需要密切相关的数据纳入国家主导的公法保护体系，甚至视为公共产品予以管理；而将另一部分与个人人格权益关联较小的数据置于较为宽松的财产权利体系，予以私法领域的保护。

但是，法律制定是一项长期过程，“数据属性”“数据权”等核心概念尚需待技术发展进入稳定时期才能真正明确，现阶段将个人数据权益完全纳入“硬法”保护的路途依然遥远。所以，国内目前的规制路径应当遵循各类已出台的规范性文件共同的规制方向，着力提高数据服务行业自律性，并特别加强数据主体参与数据管辖的能力，使网络服务提供者和数据主体双方的利益得到充分识别和尽力平衡。

---

〔1〕 吴伟光：《大数据技术下个人数据信息私权保护论批判》，载《政治与法律》2016 年第 7 期。

（二）个人数据保护的利益平衡考量

1. 个人数据权益保护诉求

仍以电子商务服务为例，数据主体在购买商品或服务时主动向平台或商家等披露个人数据，主要诉求在于促使网络交易行为达成，但这并不代表数据主体没有促使平台或商家妥善保管其数据的诉求。虽然数据主体通常需要在使用电商服务前阅读同意平台的隐私权政策协议，这类冗长晦涩的条文往往却是既不能充分满足数据主体对平台或商家行为知情权的充分行使，也不能对数据主体自我救济措施的实际执行提供太大帮助。"没有救济就没有权利"，这样显失公平的协议只能助长数据提供者和利用者双方之间利益分配不平衡现象的存在。

此外，数据主体对于平台将其个人数据进行分析加工，并据此向自身提供精准商品推荐或其他智能服务的"二次使用"行为有一定的需要，但这既不意味着数据主体对个人数据利用的诉求大于对其保护的诉求，也不意味着掌握数据的平台拥有无限制的"二次使用"权利。在"二次使用"情境下，数据主体数据信息的保护依然是首要的价值追求，数据主体数据信息的利用也当基于双方利益相互平衡、权利义务相互对等的公平合理原则进行。

2. 网络服务提供者的个人数据利用诉求

大数据时代"数据资产"已经成为与物质资产和人力资本同等重要的生产要素，网络服务提供者对收集的个人数据进行深入分析处理，为后续商业行为提供"生产资料"，自然具有认识市场需求、提高营销能力、掌握销售渠道等基于营利目的的需求。[1]此外，随着信息技术的不断发展进步，数据的分析能力在提升数据价值方面不断发展进步，同时，这也极大地刺激了利益公司进一步的采集、储存、循环利用我们的个人数据。[2] 2017年顺丰与菜鸟网络事件充分暴露出当下个人数据使用存在的问题，根据客户信息而形成的营销数据成为两大公司争夺的焦点，而基于用户信息的营销数据的权利归属属于个人、数据提供方还是数据获得方都难以界定。数据（信息）的自由流通和使用是社会运行的基本要素，赋予个人对个人数据的支配权有碍信息的自由流通和使用，因此，个人数据保护的目的最终在于促进个人数据的流通和施用。[3] 虽然从隐私权保护的传统视角看，个人数据信息的利用正当性存在瑕疵，但当前的社会和立法已经普遍承认和接受网络服务提供者对个人数据的合理利用能对社会资源更高效配置发挥正向的作用。因此，跳出个人数据权化困境，从使用者责任角度对数据控制者苛以更多法律责任，有效平衡数据控制者数据利用诉

---

〔1〕 参见张新宝：《从隐私到个人信息：利益再衡量的理论与制度安排》，载《中国法学》2015年第3期。

〔2〕 参见［英］维克托·迈尔－舍恩伯格、肯尼斯·库克耶：《大数据时代》，盛杨燕、周涛译，浙江人民出版社2015年版，第195页。

〔3〕 同上书，第141页。

求与数据主体数据权益保护诉求之间的矛盾。

(三)平衡网络服务提供者与数据主体利益的可行性路径:确立网络服务提供者信义义务

信义义务(fiduciary duty)是从商法规范逐渐发扬,又不仅是调整商事法律关系的一种“利他性义务”。[1] 信义义务通常是指受益人对受信人施加信任和信赖,使其怀有“最大真诚、正直、公正和忠诚的态度”,为了前者最大利益行事,并不得不公平地利用对受益人的优势损害后者的利益。[2] 法律关系表现形式上,信义关系(fiduciary relationship)除了表现为直接反映其概念内涵的代理关系外,通常还有高级管理者/董事和公司关系、监护人父母和非监护人父母关系、律师和客户关系、联邦政府和印第安部落关系、医生和病人关系、父母和子女关系等。[3]

笔者认为,若将网络服务提供者与数据主体的关系理解为信义关系,并使网络服务提供者对数据主体承担信义义务,可以对数据主体的权益进行较好地保护,真正使双方利益得到平衡。理由在于,数据主体与网络服务提供者表面上看是平等自愿的合约自由关系(如数据主体自愿签署隐私权政策协议并提供数据),但实质却是一种不完全合约关系,形成事实上的不平等:在其隐私权政策中主动说明在数据分析、加工或使用等过程中可能存在双方或第三方难以掌握或证实的情况,[4]充分说明特别是在“二次使用”情境下人具有有限理性,通常很难在事前规定出难以预料的情形。因此,数据主体容易被动接受网络服务提供者行为的后果,容易受到欺诈、误导性陈述或不知情等不公平待遇,还容易承担网络服务提供者造成的“负外部性后果”。[5] 根据信息不对称理论,这种事实上的不平等关系即可构成数据主体与网络服务提供者的委托代理关系,[6]网络服务提供者需回应数据主体的信赖履行信义义务,在合理限度内为数据主体的最大利益行事,才能使双方利益得到平衡。

四、确立网络服务提供者的信义义务

(一)网络服务提供者信义义务基本规则

当前,我国现行数据服务规范主要基于“知情同意”为核心的隐私权理念构建相

---

〔1〕 Larry E. Ribstein,“Fiduciary Duty Contracts in Unincorporated Firms”,54 *Wash. & Lee L. Rev.* 1997,pp. 537,542.

〔2〕 Gautreau J.,“Demystifying the Fiduciary Mystique”,68 *Can. Bar Rev.* 1,1989, pp. 15 – 17.

〔3〕 Larry E. Ribstein,Law V. Trust,81 *B. U. L. Rev*, pp. 553,568 – 71.

〔4〕 参见蚂蚁金服:《支付宝隐私权政策》,载 https://docs. alipay. com/policies/privacy/alipay#c1,最后访问日期:2017 年 11 月 7 日。

〔5〕 汪其昌:《信义关系:金融服务者与金融消费者关系的另一视角》,载《上海经济研究》2011 年第 6 期。

〔6〕 同上。

应的保护架构,在一定程度上提出了对网络服务提供者行为范围和行为能力的制约,也提出了部分适用于数据主体方的救济措施。而信义义务主要围绕"忠实义务"(duty of loyalty)和"注意义务"(duty of diligence)展开,[1]据此,可以将信义义务内涵与现行规范既有原则进行对接和拓展,提出如下三大规则:

1. 忠实规则

忠实规则首先应当确立四项原则性要求:(1)网络服务提供者必须诚实行事,不得利用其身份、地位、知识或者机会为自己或者第三方谋取利益,并尽力避免与数据主体发生利益冲突;(2)网络服务提供者应在双方协议范围内进行数据分析、加工或处理;(3)网络服务提供者不能与第三方有任何关联关系,除非数据主体知情同意并提供法律授权;(4)网络服务提供者应为数据主体的最大利益服务。

更具体地,还可以视数据主体在数据管辖方面的参与程度为忠实规则的执行设立标准:第一项要求达成可以依据数据主体是否有权随时查询其被收集、处理和利用的个人数据;第二项要求达成主要依据数据主体是否能任意决定数据收集范围并要求"二次使用"者依约定或法定更正或删除因为数据处理而产生的新信息;第三项要求达成可以参照数据主体是否可以任意请求停止对关联网络服务提供者共享数据;第四项要求达成可以依据个人是否能对网络服务提供者以营利为目的将数据进行"二次利用"等行为请求支付对价。[2]

2. 注意规则

适用于网络服务提供者的注意规则具体如下:(1)谨慎、认真、勤勉地进行数据分析、处理和使用,保证其行为符合法律规定;(2)公平对待所有数据主体,不因数据主体身份、地位、知识等差别进行不同程度的数据挖掘;(3)设立专门的数据分析部门,随时掌握数据状况;(4)对社会公众定期披露数据收集范围、数据处理技术以及数据利用程度的变化,确保披露信息真实、准确、完整;(5)如实向监管部门提供有关情况和资料,不得妨碍监管部门行使职权。

3. 激励规则

在数据服务的法律规制中引入被称为英美法中"最严厉义务"[3]的信义义务,目的并不是牺牲网络服务提供者的合理诉求而过度保护数据主体的权益,因此,必须采取合理的激励机制,将对网络服务提供者的奖惩与其行为后果结合起来,从而将行为的外部性结果内部化为网络服务提供者自身的成本与收益。具体而言,一方

---

〔1〕 罗培新:《新〈公司法〉框架下的司法裁判困境》,载《华东政法学院学报》2006年第1期。

〔2〕 相关研究成果参见齐爱民、盘佳:《数据权、数据主权的确立与大数据保护的基本原则》,载《苏州大学学报》(哲学社会科学版)2015年第1期。

〔3〕 徐晓松、徐东:《我国〈公司法〉中信义义务的制度缺陷》,载《天津师范大学学报》(社会科学版)2015年第1期。

面,应对网络服务提供者的尽职行为予以奖励,例如,以合理的服务费形式就其为满足数据主体特别需求提供的某类“二次使用”类服务收取费用;另一方面,应对网络服务提供者违反前述两项规则的行为予以惩罚。但是,这项规则的执行当以尊重当事人意思自治的原则为前提,若双方的数据服务协议文件中有网络服务提供者接受报酬条件的约定,才能被承认具有法律效力。

(二)违反信义义务的救济措施

网络服务提供者违反信义义务要求,如违反忠实规则第二项要求在双方协议范围外处理数据,且不依照双方约定删除可能对数据主体造成影响的新信息,势必带来数据主体合法权益遭受损害的后果。因此,数据主体可以根据受损权益类型的不同进行救济:(1)网络服务提供者违反信义义务使数据泄露造成数据主体隐私权损害的,数据主体可要求网络服务提供者收回或删除信息并进行损害赔偿。(2)网络服务提供者违反信义义务主动向第三方共享、转让或公开数据,造成数据主体隐私和财产权益受损的,一是数据主体可向第三方行使参照合同法债权人的撤销权设计的追及权,主张网络服务提供者的共享或转让的行为应被撤销且已共享或转让的数据应被收回或删除,且数据主体不承担任何责任;二是数据主体可向网络服务提供者请求损害赔偿或要求其对有关人员进行代位追偿。(3)网络服务提供者违反信义义务怠于满足数据主体知情权的,数据主体可参照合同法上债权人的代位权向有关监管部门主张权利,了解网络服务提供者向其披露的无损国家安全的信息。(4)网络服务提供者违反信义义务直接侵害数据主体权利的,数据主体可以要求网络服务提供者承担侵权责任。

购买个人信息可罚性研究*

江海洋**

一、问题之提出

大数据时代,信息数据日益成为人们关注的焦点。《中华人民共和国刑法修正案(九)》以“侵犯公民个人信息罪”取代原来的“出售、非法提供公民个人信息罪”和“非法获取公民个人信息罪”两个罪名,进一步扩大了刑法对公民个人信息的保护范围与力度。2017 年 5 月最高人民法院和最高人民检察院颁布了《关于办理侵犯公民个人信息刑事案件适用法律若干问题的解释》(以下简称《解释》)。《解释》对学界长期争论不休的一些问题作了回应,但是关于侵犯公民个人信息罪仍有一些问题需要厘清,其中最值得关注的问题之一应属“购买”个人信息的行为是否可罚。司法实务中往往对“购买”行为一律以侵犯公民个人信息罪处罚,但是这种“一刀切”的处断方式并非没有争议,犯罪的实体是不法与有责,因此“购买”行为是否具有可罚性,仍需实质地去分析。

二、“购买”定位之争论

《中华人民共和国刑法》(以下简称《刑法》)第 253 条之一规定,侵犯公民个人信息罪的手段主要有“出售”“提供”以及“窃取与以其他方法非法获取”这三类,目前关于“购买”是否可以归为“非法获取”,在理论上仍存在肯定说、否定说之争。

(一)肯定说

持肯定说的学者认为,应将“购买”行为归入“非法获取”的理由主要有以下几点:

第一,“购买”行为具有明显的违法性,因为其买卖对象是承载第三人的个人信息,这种买卖并未得到第三人的同意。由于个人信息权是一种人格权,具有绝对权利性质,现代意义上个人信息权正逐步由一种私法上的民事权利演变为一种公民在宪法上的基本权利。因此,在缺少正当理由和合法程序的情况下,任何获取个人信

* 本文转载自《西华师范大学学报》(社会科学版)2018 年第 1 期。

** 中国社科院研究生院(原中青院)2015 级刑法研究生。

息的行为都应是非法的。[1]

第二,《刑法》253 条之一第 3 款并未明确排除“购买”方法,且购买公民个人信息当然属于非法获取公民个人信息的情形。[2] 甚至还可以这样理解,刑法既然规定了“出售”犯罪行为,那么相应的“购买”行为理应也构成犯罪。[3]

第三,从立法目的上来说,立法机关制定侵犯公民个人信息罪就是为了防止对信息主体骚扰和侵害,而“购买”行为恰恰可能,甚至已经造成了这种后果。

第四,“购买”个人信息的行为在非法获取公民个人信息的行为中属于最为典型与恶劣的行为。[4] 从社会危害性上来说,“购买”与“窃取”具有相同,甚至更强的社会危害性,因为,正是“购买”刺激并引诱了“窃取”“出售”以及“提供”的行为。[5] 在很多案件中,“购买”往往是后续“出售”与“提供”的前端环节,没有“购买”就没有后面的“出售”与“提供”。将“购买”归入“非法获取”,可以从根源上遏制出售、提供公民个人信息犯罪。[6]

第五,从目前的司法实践来看,非法获取个人信息的手段主要表现为“购买”,如果将“购买”排除出“非法获取”的涵摄范围,则必然会在很大程度上限缩本罪的适用范围。从侦查的角度来看,很大一部分侵犯公民个人信息的案件都是从购买环节着手,然后反追踪“出售”与“提供”个人信息的行为人。如果不将“购买”归入“非法获取”,则对“购买”行为无法立案,恐会影响案件的侦办,进而影响对侵犯公民个人信息案件整个犯罪链条的打击。[7]

(二)否定说

持否定说的学者则认为,从《刑法》第 253 条之一的行文来看,将“购买”行为归入“以其他方法非法获取”入罪并不合适。《刑法》第 253 条之一将“窃取”与“其他方法非法获取”一并规定,就是要求“其他方法非法获取”与“窃取”在性质以及社会危害性上大致相当,“窃取”行为本身就具有非法性(无论窃取的对象)。这就要求“其他方法”本身具有非法性,如暴力胁迫,这种非法性是行为本身应该具备的,而不是通过与对象结合而获得的。但是“购买”行为本身属于中性行为,与“窃取”行为性质并不相同,因此不能将其纳入“其他方法”的范畴。[8]

---

[1] 参见韩玉胜、赵桂民:《侵犯公民个人信息犯罪客观方面辨析》,载《人民检察》2013 年第 19 期。

[2] 参见喻海松:《侵犯公民个人信息罪司法适用探微》,载《中国应用法学》2017 年第 4 期。

[3] 参见韩玉胜、赵桂民:《侵犯公民个人信息犯罪客观方面辨析》,载《人民检察》2013 年第 19 期。

[4] 王素之:《侵犯公民个人信息行为体系的完善》,载《河北法学》2017 年第 7 期。

[5] 参见韩玉胜、赵桂民:《侵犯公民个人信息犯罪客观方面辨析》,载《人民检察》2013 年第 19 期。

[6] 参见张磊:《司法实践中侵犯公民个人信息犯罪的疑难问题及其对策》,载《当代法学》2011 年第 1 期。

[7] 参见喻海松:《侵犯公民个人信息罪司法适用探微》,载《中国应用法学》2017 年第 4 期。

[8] 参见韩玉胜、赵桂民:《侵犯公民个人信息犯罪客观方面辨析》,载《人民检察》2013 年第 19 期。

（三）肯定说之质疑

肯定说作为目前的多数说，在某种程度上得到了司法机关的认可，《解释》第4条规定："违反国家有关规定，通过购买、收受、交换等方式获取公民个人信息，或者在履行职责、提供服务过程中收集公民个人信息的，属于刑法第二百五十三条之一第三款规定的'以其他方法非法获取公民个人信息'。"同时根据《解释》第6条规定："为合法经营活动而非法购买、收受本解释第五条第一款第三项、第四项规定以外的公民个人信息，具有下列情形之一的，应当认定为刑法第二百五十三条之一规定的'情节严重'。"可以看出《解释》认为，非法购买或者违反国家有关规定购买的行为符合"非法获取"。但是按照肯定说的观点，个人信息权属于人格权，在没有当事人同意以及法律授权时，购买个人信息的行为应一律认定为违法，在目前我国未制定个人信息保护法，对在何种情况下可以购买个人信息进行规定的前提下，基本上一切购买行为都应认定为非法。

1. 理论根基之质疑

"购买"行为属于一种中性行为，本身并无非法性可言，因此"非法"的认定必须结合对象。其将所有"购买"行为归入"非法获取"并入罪的立论基础就是认为个人信息并非商品，个人信息属人格权，不能随意买卖，个人信息的买卖行为本身即属非法。[1] 但是这种立论基础并不符合大数据时代的特征。在大数据时代，正如有些学者所指出的那样："个人信息具有巨大潜在商业价值因而应作为财产权受到保护。"[2]一般认为，人格权是主体所固有的、不可转让、不可抛弃、不可剥夺的且不具有财产属性的防御性或消极性权利，人格权的客体内在于主体。[3] 但是，人格权的客体并不是绝对的都内在于主体且与主体不可分离。人格权客体可以分为物质型客体与精神型客体，按照现代认识论，世界是由物质、信息和能量三要素组成的，生命、身体、健康等自然属性并不能构成一个社会人的全部，一个完整的社会人的存在还需要姓名、隐私、肖像等因素的补充。[4] 在上述构成要素中，人的身体及其组成部分可归属于"物质"；而姓名、隐私、肖像等要素则可归属于"信息"，构成了姓名权、隐私权、肖像权等精神型人格权。为了更好地保护个人信息，当个人信息具有维护主体人格尊严的功能与价值时，应该给予其人格权保护；当个人信息具有主体财产利益的价值时，应该对其财产权属性进行保护；如果个人信息同时具有人格尊严与财产价值时，则应对其进行财产权与人格权双重保护。在当前大数据时代，承认

〔1〕 王素之：《侵犯公民个人信息行为体系的完善》，载《河北法学》2017年第7期。

〔2〕 参见刘德良：《个人信息的财产权保护》，载《法学研究》2007年第3期。

〔3〕 王利明：《人格权法研究》，中国人民大学出版社2005年版，第9页。

〔4〕 参见张俊浩主编：《民法学原理》，中国政法大学出版社1997年版，第135页。转引自刘德良：《个人信息的财产权保护》，载《法学研究》2007年第3期。

个人信息的财产权属性,允许个人信息在一定范围内买卖是时代的必然。过分的限制个人信息的买卖流通反而更有损于个人信息的保护,在某些情况下会使一些掌握巨量个人信息的团体、企业形成垄断。既然法律都已经规定了肖像可以付费使用,那么个人信息的买卖自然也应没有法理上的障碍。如果不承认个人信息的财产权属性,那么将会使信息收集者最终成为信息的所有人,而个人则最多是利益相关者而非所有者,这显然更不利于个人信息的保护。[1]

2. 司法现实之质疑

事实上,与一些明面上的出售购买个人信息相比,有些变相的个人信息交易显得更加隐蔽,典型的如通过不同公司企业机构之间的兼并、收购以及合作,在不同公司企业机构之间共享大数据信息。2013 年 4 月新浪公司宣布,阿里巴巴通过其全资子公司,以 5.86 亿美元购入新浪微博公司发行的优先股和普通股,占微博公司全稀释摊薄后总股份的约 18%。双方表示,双方将在用户账户互通、数据交换、在线支付、网络营销等领域进行深入合作,并探索基于数亿的微博用户与阿里巴巴电子商务平台的数亿消费者有效互动的社会化电子商务模式。[2] 同年 5 月高德软件宣布,阿里巴巴以 2.94 亿美元购买该公司 28% 股份,成为第一大股东。高德希望,通过为用户提供一体化生活服务以及为生活服务商户提供信息发布、搜索、数据挖掘、支付等电子商务服务,高德将创造新的位置服务收入模式。高德官方公告暗示了接受阿里入股的主要目的,即希望依托与阿里的合作尽快在移动互联网上盈利。高德提出了当年客户端要突破 2 亿的目标,把产品真正打造成一个移动互联网的产品,从纯工具性的产品演化成生活服务的产品。[3] 可以明显看出,这些交易都包含着互联网巨头想实现用户信息和交易数据“共享”的目的,虽说这些交易是互联网产业发展的正常现象,但是这些交易过程中必不可少地包含着用户个人信息的交易。甚至一些企业间的收购,收购方就是看中被收购方拥有的用户信息,收购就是为了获取用户信息资源加以整合。如果认为个人信息不能购买,那么这种企业间的变相购买应如何处置呢?这种企业间的兼并收购达成用户信息共享的行为明显未得到用户的同意,目前也很难找到法律予以授权,是否应认定这种变相购买也归入“非法获取”构成侵犯公民个人信息罪呢?恐怕肯定论者也难以给出肯定的答案。

由于我国目前未制定个人信息保护法,对“违反国家相关规定”并未有相关的法律依据,这就导致了司法实务中几乎所有的“购买”个人信息行为都可归入“非法获

〔1〕 参见刘德良:《个人信息的财产权保护》,载《法学研究》2007 年第 3 期。

〔2〕 《阿里巴巴 5.86 亿美元入股新浪微博》,载 http://www.ebrun.com/20130429/72470.shtml,最后访问日期:2017 年 6 月 23 日。

〔3〕 《阿里巴巴 2.94 亿美元投资高德:成第一大股东》,载腾讯科技:http://tech.qq.com/a/20130510/000100.htm,最后访问日期:2017 年 6 月 23 日。

取”构成侵犯公民个人信息罪,无论“购买”个人信息是为了推广营销还是诈骗等犯罪活动。[1] 但是将为了推广营销“购买”个人信息也认定为侵犯公民个人信息罪明显不公平,会造成处罚标准不一致。上述网络巨头通过兼并收购变相购买用户个人信息的行为从未受到处罚,而个体企业主、互联网创业企业以及个人购买个人信息则构成侵犯公民个人信息罪,这显然不合理,这是否有违人人平等的基本刑法原则呢?既然通过企业兼并收购变相购买个人信息不构成犯罪,那么是不是变相告诉出售方和购买方在交易个人信息时应先注册一个公司,然后通过公司的兼并收购方式变相交易个人信息呢?

事实上,司法实务将所有“购买”归入“非法获取”入罪并不符合法无明文规定即允许的原则,即使认为“购买”是可归属于“非法获取”的行为,那么“购买”行为也应是违反法律法规禁止性规定的,[2]但是“购买”作为一种中性行为,个人信息又属于可买卖的信息,在缺乏法律对“购买”行为禁止性规定的前提下,基本上不会出现“购买”个人信息属于“非法”情形。

3. 体系性解释之质疑

我国刑法关于涉及信息、秘密的罪名如果涵括了“收买”行为,基本上都是将“收买”明文规定在刑法条文中。如《刑法》第 111 条规定,“为境外的机构、组织、人员窃取、刺探、收买、非法提供国家机密或者情报的”;《刑法》第 177 条之一第 2 款规定,“窃取、收买或者非法提供他人信用卡信息资料的”;《刑法》第 282 条第 1 款规定,“以窃取、刺探、收买方法,非法获取国家秘密的”;《刑法》第 431 条第 1 款规定,“以窃取、刺探、收买方法,非法获取军事秘密的”;《刑法》第 431 条第 2 款规定,“为境外的机构、组织、人员窃取、刺探、收买、非法提供军事秘密的”。通过对比可知,这些信息的重要性在某种程度上是重于个人信息的,刑法是限制公民自由的法律,立法者在立法时应尽量明确。既然在对比个人信息更重要的信息进行保护时,立法者是在刑法条文中有明文规定的,那么在保护重要性较低的个人信息时,在刑法条文中明文规定就更显必要,否则我们只能解读出立法者认为个人信息的重要性不足以采用刑法保护。

允许对个人信息进行买卖是大数据时代的必然趋势。据有关机构统计,2016 年

---

〔1〕 通过检索 2017 年裁判文书网上关于“购买个人信息”的 22 个案例,发现绝大多数行为人购买个人信息都是为了市场推广营销。如刑事判决书(2017)辽 0726 刑初 97 号、刑事判决书(2017)云 0111 刑初 514 号、刑事判决书(2016)鲁 0811 刑初 727 号,这些案件中行为人购买个人信息就是为了寻找销售客户。

〔2〕 “非法获取”的“非法”应理解成“没有法律根据获取”还是“违反法律禁止性规定”,理论上存在争论,本文将“非法”理解成“违反法律禁止性规定”,因为本文认为“个人信息”是可以合法购买,只有在法律有禁止性规定时“个人信息”购买行为才属于违法。具体更多理由参见王昭武、肖凯:《侵犯公民个人信息犯罪认定中的若干问题》,载《法学》2009 年第 12 期。

大数据市场年复合增长率达到30%以上。[1] 其他国家的大数据发展更为迅速,个人数据信息的利用已经拓展至金融、医疗健康、生物基因等领域。美国在数据产业中特别注重挖掘数据商业价值,甚至出现了专门从事数据交易的数据经纪人行业。在实践中,数据经纪人之间已经开始出售和交换信息。[2]

三、视角的转化:以对向犯理论展开

事实上,将"购买"归入"非法获取"并不符合我国刑法对信息类客体保护的立法习惯。在大数据时代,信息的流动必不可少,个人信息自然是可以买卖的客体,购买个人信息的行为在没有法律禁止性规定予以禁止的前提下,自然不属于"非法",也不符合侵犯公民个人信息罪中"违法国家相关规定"的要件。当然不可否认无论是肯定说、否定说还是本文上述对肯定说的质疑都有流于立场、就事论事之嫌,这种浮于现象表面的分析论证可能并不能使所有持肯定说的学者信服。

形式上流于立场的观点表达、就事论事式分析论证如果不能达成一致,就应实质地探寻"购买"行为是否在刑法上具有可罚性。其实归根结底,肯定说认为应将"购买"归入"非法获取",只是想采用这种方式使"购买"行为可以受刑事处罚而已。之所以认为"购买"行为应受刑事处罚,是因为肯定说认为"购买"行为具有严重的法益侵害性(社会危害性)。因此,问题的关键应回归到"购买"行为的法益侵害是否达到刑法规制的程度,是否具有实质可罚性。但是不可忽视的一点是,不法不仅是有和无的判断,也具有程度上的差异,即使按照肯定说的主张即"购买"具有违法性,那么也必须达到一定程度才能受到刑法的规制。如果"购买"行为的不法程度达到刑法规制所要求的量,具有实质可罚性,那么即使不强行将"购买"行为归入"非法获取",也可以认为将"购买"行为作为"出售"行为的共犯论处,因为事实上在绝大多数情况下,"购买"行为都在一定程度上对"出售"行为起到了帮助和教唆的作用,特别是理论界承认片面帮助犯与片面教唆犯的前提下,这也是众多学者认为应将"购买"归入"非法获取"并定罪的重要理由,虽然一味地强调"没有购买就没有出售"有以责任共犯论对共犯归责之嫌,但是不可否认的是"购买"行为的确对"出售"行为有一定的促进作用。但是这种促进作用是否具有实质可罚性呢?是否所有的"购买"行为都不具有实质可罚性呢?这些问题都可以适用片面对向犯[3]理论予

---

〔1〕《赛迪顾问:大数据市场年复合增长率有望达30%》,载新浪财经:http://finance.sina.com.cn/roll/2016-03-18/doc-ifxqnnkr9514711.shtml,最后访问日期:2017年6月23日。

〔2〕参见金耀:《个人信息去身份的法理基础与规范重塑》,载《法学评论》2017年第3期。

〔3〕片面对向犯是指立法者没有针对显然预见到的对向参与行为设置处罚规定,其实质意义在于立法者虽然预见到另一方参与行为的存在,但不将其规定为犯罪,从而明示立法者不对其进行处罚的意思。参见钱叶六:《对向犯若干问题研究》,载《法商研究》2011年第6期。

以探讨回答。

（一）传统理论学说合理性之论证

目前，我国关于片面对向犯可罚性问题，在理论上主要有立法者意思说、实质说、并用说这几种理论的争论。

1. 立法者意思说

立法者意思说认为，在具有对向犯性质的A、B两者行为中，立法者仅就A行为作为犯罪类型予以规定时，当然可以定型性地预想到B行为，既然立法者不设规定处罚B行为，就表明立法者认为B行为不具有可罚性。如果将对方以教唆犯或帮助犯论处，则不符合立法者意图；B行为之所以不可罚，是因为对向性参与行为所具有的定型性和通常性，当参与行为超过通常程度时，就可认定成立共犯。例如，就散布淫秽物品罪而言，若购买者仅要求购买，其行为不具有可罚性，但在“特积极地给卖方做工作，鼓动对方出售目的物”的场合，就应认定构成教唆犯日常生活中对他人的参与有定型性的表现形态，当参与者的行为超过了定型性的形态时，就会受到处罚。[1] 事实上，我国也有学者在“购买”个人信息是否具有可罚性的问题上采用立法者意思说，其指出“购买”行为毕竟不同于窃取、抢夺行为等法律明文禁止的手段行为，处罚所有“购买”行为在司法实践中并不现实，且有过分扩大处罚范围之嫌。“出售、提供”行为与“购买”行为构成对向犯，因此，“购买”行为是否具有可罚性，关键是看“购买”行为是否仍可评价为通常意义上的“购买”，是否超出了定型性、通常性的程度，若该“购买”行为属于在侵犯公民个人信息罪中不可或缺的，与其对向行为一体不可分割，形成共犯关系时，则应处罚。[2]

但是正如学界对立法者意思说所质疑的那样，首先，所谓定型性或者通常性的标准非常模糊，立法意思说处罚界限极不清楚。[3] 其次，对非犯罪行为定型性的强调并不符合刑法理论。因为定型性是对构成要件该当性的要求，目的就是立足于罪刑法定，防止对行为人任意入罪，而对于阻却违法、责任的出罪阶层而言则没有定型性的要求，这表现在刑法理论中普遍承认超法规阻却事由的存在。也就是说，定型性只是对片面对向犯实行行为（如出售个人信息的行为）的要求，但是并不意味着对对向参与行为（如购买个人信息的行为）也适用，这也是法无明文规定即允许的要求。再次，符合定型性、通常性的必要参与行为欠缺可罚性的理由并不完全使人信服，换个角度思考，如果法益只能透过行为人的必要参与才能破坏，那么更有理由认

〔1〕 参见［日］西田典之：《日本刑法总论》（第2版），王昭武、刘明祥译，法律出版社2013年版，第340页。

〔2〕 参见王昭武、肖凯：《侵犯公民个人信息犯罪认定中的若干问题》，载《法学》2009年第12期。

〔3〕 ［日］佐伯仁志：《刑法总论的思之乐·乐之道》，于佳佳译，中国政法大学出版社2017年版，第422页。

为行为人在犯罪过程中具有重要性，以至于该必要参与行为的应受处罚性更高。刑法总则的共犯规定，原本即在扩张刑法分则各罪的处罚范围，法无明文规定，并不能反面推论排除共犯规定的适用，而需要更进一步的论证，方可化解相关的质疑。[1]最后，立法者意思并不明确，如果认为立法者意思是立法者当初的所谓本意或原意，那么很容易陷入主观解释的窠臼；[2]如果是指刑法的客观含义，显然就已经转向实质说的立场。[3]

回归到侵犯个人信息罪，如果采用立法者意思说，就需要判断“购买”是否定型性、通常性，但是这种判断很难达成一致。因此大多数认为“购买”行为值得处罚的学者都会肯定将“购买”行为归入“非法获取”，以此来否定“购买”与“出售”这种明显的对向犯关系。

2. 实质说

面对立法者意思说的这种模糊性，有学者将视角转入实质说，因为犯罪的实体是违法与责任，不处罚片面对向犯参与者，要么是欠缺违法性，要么是欠缺有责性。实质说认为，对向犯必要参与行为只有在两种情况下不可罚：一是欠缺违法性，即参与者自己是被害人的情况；二是可罚的责任不存在。[4] 但是实质说也难言完全合理，首先，各个刑罚法规的规范目的并不一致，规范目的为何、违法性乃至于期待可能性的判断为何，莫衷一是。其次，实质说往往将欠缺违法性局限在参与人为“被害人”的情况，但是正如有学者指出的那样，即使参与人不是“被害人”，而刑法个罪保护的法益为超个人法益（如社会秩序、社会安全），假如参与人的行为并未导致超个人法益的侵害，那么这时也属于欠缺违法性而不可罚。[5] 以侵害公民个人信息罪为例，有学者就认为本罪法益为超个人法益，本文也赞同该学者的观点。[6] 最后，实质说一般认为，片面对向犯的必要参与行为是否可罚只有非此即彼这一个标准，实质说总希望以一种有和无的标准来判断可罚性的有无。但是，违法性、有责性除了质的有和无，还具有量程度的差异，这种量上程度的差异，有时候也会决定片面对向犯的必要参与行为的可罚性有无。[7]

---

〔1〕 参见许泽天：《对向犯之研究》，载《成大法学》2010 年第 19 期。

〔2〕 周光权、叶建勋：《论对向犯的处罚范围——以构成要件观念为中心》，载《中国刑事法杂志》2009 年第 10 期。

〔3〕 王彦强：《对向参与行为的处罚范围》，载《中外法学》2017 年第 2 期。

〔4〕 [日]佐伯仁志：《刑法总论的思之乐·乐之道》，于佳佳译，中国政法大学出版社 2017 年版，第 422 页。

〔5〕 王彦强：《对向参与行为的处罚范围》，载《中外法学》2017 年第 2 期。

〔6〕 本文认为侵害公民个人信息罪的法益是超个法益，具体理由限于篇幅，需另行撰文论述。可参见曲新久：《论侵犯公民个人信息犯罪的超个人法益属性》，载《人民检察》2015 年第 11 期。

〔7〕 参见何庆仁：《论必要共犯的可罚性》，载《法学家》2017 年第 4 期。

3. 并用说

有学者认为,就共犯行为而言,尽管在违法、责任两个方面均具有当罚性,但将其置于可罚性的范围之外,完全是可能的。如果这样理解,即使采取实质说,仍必须维持立法者意思说这一意义上的必要性共犯概念。不过,其范围应该限定为在成立某种犯罪的场合,那些在概念上当然必要存在的对象性参与行为,只要是属于这一范畴之内的行为,便不应再考虑其是否具有定型性或通常性。这种情形属于在共犯的构成要件阶段对处罚范围的限定,其可罚性不应该为行为人的当罚性所左右。[1]

但是有学者认为上述观点是结论先行,因为关于立法者究竟是否要在共犯构成要件阶段就排除必要共犯,仍需要加以论证,即需要有实质性的根据。在立法者没有明文规定时,不去寻找实质性的根据,而直接诉诸形式逻辑推断,这是未摆脱立法者意思说不足的表现。另外,并用说还有更严重的缺陷,立法者意思说本身建立在形式逻辑推断基础之上,却又以对反对解释的错误适用为前提,这就导致立法者意思说根本不可能成为判断必要共犯行为是否可罚的根据。将一项不适格的标准与适格的标准并用,在出发点上就已经自相矛盾,并用说因此在基础上就存有偏差。[2] 并用说尝试结合立法者意思说和实质说两种的优点,但这种妄图结合两者优点的想法往往很难实现。立法者意思说和实质说的判断标准并不一致,立法者意思说的判断标准是形式的,而实质说的判断标准是实质的;立法者意思说和实质说两者间不可避免地具有内在的紧张对立关系,当两者发生冲突时,应该如何处理是个难题。

(二)新理论之尝试:离心犯与向心犯理论

针对实质说的不足,有学者援引德国学者格罗普(Gropp)的离心犯或向心犯理论,借此说明为何处于边界的参与人外观上已经符合教唆犯与帮助犯之概念,但仍未达到可罚的共犯程度。

首先,离心犯的可罚性在于具备典型的从中心向外扩散之法益侵害效应,此等犯罪所描述之行为方式,系以正犯为中心将危险物品向各方传送至行为,而该物品所具有之危险在其与特定人接触时,将可能引发损害。例如,贩卖淫秽物品罪、贩卖毒品罪等。而在这种离心犯的类型中,参与者仅处于利用机会取得边际角色的地位,因此无论是教唆还是帮助的方式皆不成立共犯;但是若处于创造机会的角色,例如,卖方并无打算从事相关物品之交易,买方积极创造交易机会行为才有可能构成教唆犯。相对地,若是属于向心关系,其所涉及之行为方式系作为犯罪过程中心之正犯于其典型的犯罪实现中,吸引或引诱使第三人加入。其与离心犯的不同在于向

〔1〕 参见[日]西田典之:《日本刑法总论》(第2版),王昭武、刘明祥译,法律出版社2013年版,第342页。

〔2〕 参见何庆仁:《论必要共犯的可罚性》,载《法学家》2017年第4期。

心犯不法的危险集中处于中心位置的人之行为,而在离心犯中,该危险上附带性的存在于所散布的物品里。不过,无论是离心犯还是向心关系,处于对向关系的行为人皆与中心位置的正犯间存在危险性的差距,因为正犯的存在,整个行为才具有发散性,其危害性才能以几何倍数反复发生。而受正犯吸引或吸引他的其他人,仅在与其发生关联的单次行为中,才参与制造和实现危险,以至于其参与的不法程度难以和正犯不法相提并论。[1]

其次,根据离心犯与向心犯理论,则会认为"出售·购买型"片面对向犯只处罚出售者(即使作为边缘人物的购买者的行为具有违法性)是基于比例原则的考量。因为处罚买方固然有助于杜绝交易,但绝非罪缓和的手段,譬如,只有卖家出售一万本淫秽刊物,刑法就有可能对一万个买家处罚,但若是只处罚出售者,则就同样法益危险情状(一万本淫秽刊物的出售),只处罚一个人,而非一万人。基于刑法的最后手段性,刑法的规定也必须如此叙述与解释:介于法益保护与刑罚制裁间,存在一个最佳的反向比例关系,即尽可能以少的制裁,达到尽可能多的法益保护。对于离心犯,刑法直捣恶害的根源,制裁潜在的散布要素——机会制造者,但却不对那些仅是利用机会的边际参与者散布法网。更何况,从程序法的角度来看,处罚边际参与者,将促使他们拒绝作证,从而有碍核心犯罪者的不法行为。[2] 回归到侵犯公民个人信息罪,"出售"与"购买"行为明显属于离心犯,根据上述离心犯理论的解释,可以说已经很好地回应了前文肯定说提出的"购买"具有可罚性,应将其归入"非法获取"进而处罚的一系列理由。

(三)新理论之变造:增幅不法理论

有学者认为,离心犯与向心犯理论相较于立法者意思说更加实质地说明了对向参与犯不罚的理由,相较于传统的实质说离心犯与向心犯理论并没有简单地从违法与不违法这样非此即彼的视角出发,而是在肯定违法性的前提下,侧重地分析违法性是否达到了可罚的程度,同时引入犯罪预防的经济考量和比例原则,可以说是真正地填补了必要共犯可罚与否的实质根据方面上的各种不足。[3]

但是,有学者认为,离心犯与向心犯理论并没有跳出利益或交易方向的指向性概念,差别只在于更精细地区分所谓的对向关系的箭头究竟是朝内还是朝外。固然,在论证处于法益侵害边缘地位这一点而言,离心犯及向心犯的想法有助于厘清造成不法评价落差的原因究竟是出自刑事政策上的考量(离心犯边缘角色不罚之理由)抑或是实质的危险性的判断(向心犯边缘角色不罚之理由),但结论上与对向犯

---

〔1〕 参见许泽天:《对向犯之研究》,载《成大法学》2010 年第 19 期。

〔2〕 同上。相似论述参见何庆仁:《论必要共犯的可罚性》,载《法学家》2017 年第 4 期。

〔3〕 参见何庆仁:《论必要共犯的可罚性》,载《法学家》2017 年第 4 期。

理论别无二致,都是为了出于对向犯之他方不应论以教唆、帮助或者共同正犯。[1]因此,该学者支持日本学者丰田兼彦对 Gropp 的离心犯与向心犯改造而提出的增幅不法理论。该理论认为,必须观察法益侵害的潜在增幅作用,即正犯反复与不特定第三人共同协力的可能性。以出售淫秽物品为例,就是贩卖者反复对不特定第三人贩卖淫秽物品的可能性。相对地,购买者行为通常不会具备这种法益侵害的增幅作用。申言之,其他共犯之所以可罚,是因为其参与行为已经脱离边缘性参与的程度,通过有无具备法益侵害之增幅作用,可以有效判断犯罪参与者是否有论以总则共犯之余地。基本上只要是处于交易关系之当事者,可谓其并未实现增幅不法,而仅止于边缘性的参与。即便当事人脱离了单纯被动的购入行为,甚至积极且执着地迫使店家贩卖商品,仍仅止于当次交易,未实现增幅不法,因此仍旧不可罚。[2] 该学者认为,这一结论与 Gropp 的结论并不相同,因为 Gropp 仍以创造机会或者利用机会来区分可罚与不可罚之必要共犯,例如,请书店老板代订原本未进货的淫秽物品之行为,就会被理解为创造了新的淫秽物品的流通机会,而成为可罚。[3]

事实上增幅不法理论与 Gropp 的离心犯、向心犯理论之间的差距很小,特别是在处理片面对向犯问题上。虽然持增幅不法理论的学者认为,所谓的积极创造机会或者消极利用机会的区分界限并不清楚,犯罪参与者之所以可罚是因为其提升了正犯于法益侵害(违法评价)的程度,重点并不是看购入者在促成单笔交易上的积极程度,而是看其是否增加了正犯与不特定第三人为交易之可能性。该学者进一步举例,如果今天行为人以有利可图为理由,促使书店老板购进一批猥亵图书,则其行为已非单纯就单次交易所进行之边缘性参与,而成为实现增幅不法作用的一分子,因此有论以教唆和共同正犯的余地。[4] 而支持离心犯与向心犯理论的学者在这个问题上得出了和该学者一样的结论,支持离心犯与向心犯理论的学者以倒卖文物者的教唆者或帮助者举例,认为:若是教唆或帮助倒卖者作为危险源发散性地倒卖,应论以倒卖文物罪的共犯;若只是教唆或帮助危险源将文物倒卖给特定的购买者,且将其教唆和帮助行为与倒卖者的发散性特征切割,就不应成立倒卖文物罪的共犯。[5]因此,增幅不法理论强调以是否增加了正犯与不特定第三人交易上可能性为标准,而离心犯与向心犯理论则是以是否创造机会使危险源的行为具有发散性为标准,两种理论的判断标准差别很小,或者可以说只是用词上的差别。

事实上,离心犯与向心犯理论和增幅不法理论的最大区别在于适用的范围差

[1] 谢煜伟:《论金融机构特别背信罪》,载《台大法律论丛》2016 年第 45 卷第 4 期。

[2] 同上。

[3] 同上。

[4] 同上。

[5] 参见何庆仁:《论必要共犯的可罚性》,载《法学家》2017 年第 4 期。

异,离心犯与向心犯理论只适用必要共犯,而增幅不法理论的理论野心并不限于此。增幅不法理论的适用前提是先针对个别犯罪类型进行检讨,借以确认系争犯罪不法内涵的性质是否带有居于核心的正犯反复地与不特定对象共同协力去侵害法益的构造,如果有,那么本罪之不法内涵即带有潜在的增幅作用之特征。因此,增幅不法理论可以说是顺利摆脱了对向犯不罚仅限于必要共犯的限制。换言之,对向关系进一步扩展,不必再限于非二人以上参与始能成立的犯罪,即使是单独一人也可实现法益的侵害行为,重点在于居于核心地位的正犯是否以对向性的交易或者利益输送为手段,达成法益侵害(或危险)之状态。

四、“购买”个人信息是否可罚

回归到侵犯公共个人信息罪的“购买”行为上,由于个人信息的可复制性,可能讨论起来与其他有体物会有所不同,但其原理都是一样的。在处理购买个人信息行为时,可以根据出售者是否已经持有个人信息分情况讨论。

(一)购买前出售者已掌握个人信息

在出售者已经具有个人信息时,无论是离心犯与向心犯理论还是增幅不法理论,对购买者的单纯购买行为都会得出一样的不可罚结论。正如前文所述,将“购买”行为直接归入“非法获取”,从而认定购买行为构成侵犯公民个人信息罪,这种结论恐怕不妥。这时仍需回归到问题的起点,考察购买行为的可罚性,即考察购买行为的法益侵害程度是否达到刑法值得处罚的程度。“购买”与“出售”在刑法理论上为典型的对向犯,正如上文所述,无论是离心犯理论还是不法增幅理论都可以很好地分析购买行为的可罚性。若购买者只是单纯的购买出售者已经掌握的个人信息,此时由于购买者并未增加出售者与不特定第三人交易的可能性,或是创造机会使危险源的行为具有发散性(创造机会使出售者的出售个人信息行为可以针对不特定人),因此,认为此种单纯的购买个人信息的行为应不具有可罚性。

事实上,司法实务对购买个人信息的行为大多数也是认为不具有可罚性,在中国裁判文书网检索“购买个人信息”,2017 年符合条件的为22 件,排除其中的5 件购买后出售的,有 17 件符合购买个人信息的设定。其中,5 件案件被告人将购买的个人信息用于实施诈骗和伪造身份证,法院直接认定目的行为之罪,判决并未体现出购买个人信息的行为。[1] 在剩下的 12 件案件中,仅有 4 件是判处被告人有期徒刑

---

〔1〕 参见河南省商丘市中级人民法院刑事裁定书(2017)豫 14 刑 238 号;广东省肇庆市中级人民法院刑事判决书(2016)粤 12 刑终 398 号;浙江省乐清市人民法院刑事判决书(2017)浙 0382 刑初 72 号;广东省惠州市中级人民法院刑事裁定书(2017)粤 13 刑终 96 号;北京市海淀区人民法院刑事判决书(2017)京 0108 刑初 1065 号(判决对购买个人信息行为未评价,直接认定伪造身份证件罪)。

(3 件在 1 年以下)，[1]有 7 件被告人实际上是不需要执行自由刑刑罚的(4 件缓刑加罚金,2 件罚金,1 件免除处罚)。[2] 最后 1 件涉案 23 人,其中 8 人被判处拘役,15 人被判处缓刑。可以发现,在购买个人信息被提起公诉的情况下,将近 2/3 的案件在实务中不会执行实际剥夺自由的刑罚,另外 1/3 执行刑罚的也只有 1 年左右的有期徒刑。因此,从 2017 年数据来看,被公诉的购买个人信息案件约有 70% 是未受到实际的剥夺自由的处罚的,在目前缺乏个人信息保护法对何种情况购买个人信息为合法的前提下,这个数据也从某程度上反映了法院对购买个人信息行为刑事可罚性的态度。[3]

(二)购买时出售者未掌握个人信息

在出售者尚未拥有个人信息这种情况下,在购买者积极教唆或帮助出售者采取"窃取"等方式非法获取[4]或者合法方式收集,进而出售给自己时,如果购买者的教唆与帮助不构成窃取等非法获取型侵犯公民个人信息罪的共犯,那么则需要根据个人信息是否还具有第二次出售的可能性,判断教唆与帮助行为是否可罚。因为个人信息具有可复制性,根据离心犯理论抑或是增幅不法理论,如果出售者只是出售给购买者备份,留下了原件还会继续出售,那么这时离心犯理论会认为购买者积极制造机会使危险源可以发散性地出售个人信息,因此应论以出售个人信息的共犯;根据增幅不法理论也会认为购买者具有潜在的增幅作用,成为实现增幅不法作用的一分子,增加了出售者与不特定第三人交易的可能性。

但是,如果出售者出售了个人信息的原件,未留有备份,或者购买者教唆或帮助出售者合法获取的个人信息只对于购买者有价值,除了购买者以外根本无出售的可

---

[1] 山东省淄博市张店区人民法院刑事判决书(2017)鲁 0303 刑初 73 号;浙江省温州市中级人民法院刑事判决书(2017)浙 03 刑终 191 号;山东省济宁市任城区人民法院刑事判决书(2016)鲁 0811 刑初 727 号;北京市朝阳区人民法院刑事判决书(2017)京 0105 刑初 543 号(3 年 6 个月)。

[2] 福建省永安市人民法院刑事判决书(2017)闽 0481 刑初 405 号;云南省昆明市官渡区人民法院刑事判决书(2017)云 0111 刑初 514 号;河北省衡水市冀州区人民法院刑事判决书(2017)冀 1181 刑初 44 号;河北省承德市双桥区人民法院刑事判决书(2017)冀 0802 刑初 89 号;湖北省咸宁市中级人民法院刑事裁定书(2017)鄂 12 刑终 107 号(仅判处罚金);湖北省嘉鱼县人民法院刑事判决书(2017)鄂 1221 刑初 29 号(仅判处罚金);黑山县人民法院刑事判决书(2017)辽 0726 刑初 97 号(免除处罚)。

[3] 虽然罚金与缓刑仍属于刑罚,但是其与自由刑的区别还是很大的,可以说法院对购买个人信息适用罚金与缓刑也是无奈之举,因为没有行政规范能对那些属于合法购买个人信息行为予以确定。在认为本罪法益为个人法益时,一般认为一旦买卖个人信息,必然侵犯个人信息自决权,即构成犯罪,这时,如果要法院判决购买个人信息无罪需要突破常规的勇气,故绝大多数法院采取一种折中的办法,即判处罚金或者缓刑。

[4] 在教唆或帮助出售者非法获取个人信息的行为,是否涉及构成非法获取个人信息型侵犯公民个人信息罪的共犯的问题上,本文认为构成。因为窃取等其他手段非法获取个人信息与购买个人信息并不成立对向犯。

能性，那么这时无论是离心犯与向心犯理论还是增幅不法理论，都会得出购买者不应成立“出售”行为的共犯，只不过离心犯与向心犯理论的理由是未使出售个人信息的危险发散性的扩展，而增幅不法理论则是以不具有潜在的增幅作用为由否定对购买者论以共犯处罚。

五、结语

在大数据时代，数据的流通与共享是社会发展的趋势，对单纯的“购买”行为，刑法不必规制，这既是司法经济性的要求，也是刑法谦抑性的表现，更是时代发展的趋势。对于单纯“购买”个人信息用于其他犯罪活动完全可以作为其他犯罪的预备犯处罚，并不存在处罚漏洞。《刑法》第253条之一规定了“购买”行为，是立法者有意为之，解释者不可浮于问题的表面，流于立场地表达观点，应回归于犯罪的实质。犯罪的实体是不法与有责，[1]不法不仅是有和无的问题，还具有程度的差异，即使按多数肯定说认为的“购买”行为具有违法性，但是只要其程度未达到应受刑法处罚的程度，就不具有实质可罚性的结论。购买与出售个人信息作为典型的买卖型对向犯，无论是运用离心犯理论还是增幅不法理论，都可得出单纯“购买”行为不具有实质可罚性的结论。至于教唆、帮助出售者，应分情况进行讨论。

〔1〕 不法与违法在目前学界属于一种混用的状态，本文也是混用。

论个人信息权的民法保护

肖向婷*

近年来，个人信息泄露的事件频发，无论是徐某某死亡案件、李某某案件还是集群性、大面积的民众尤其是老年人群体、青年学生受诈骗案件，都说明了个人信息保护的重要性。2017 年 10 月 1 日出台的《中华人民共和国民法总则》(以下简称《民法总则》)第 111 条规定："自然人的个人信息受法律保护。任何组织和个人需要获取他人个人信息的，应当依法取得并确保信息安全，不得非法收集、使用、加工、传输他人个人信息，不得非法买卖、提供或者公开他人个人信息。"该条文规定了自然人的个人信息应当得到法律的保护，体现了立法的进步之处。但内容规定的过于笼统，对于具体的保护措施没有作出详细的规定，尚需结合民法理论和相关规定予以探讨。

一、个人信息及个人信息权的界定

(一)个人信息的概念

关于个人信息的概念，我国《民法总则》并未予以明确的规定，但 2016 年颁布的《中华人民共和国网络安全法》(以下简称《网络安全法》)对此设有明文，其第 76 条规定：个人信息，是指以电子或者其他方式记录的能够单独或者与其他信息结合识别自然人个人身份的各种信息，包括但不限于自然人的姓名、出生日期、身份证件号码、个人生物识别信息、住址、电话号码等。而就理论研究而言，虽然多数学者对个人信息所具有的可识别性并无异议，但从其表述来看，仍然存在一些差异。如王利明教授认为，个人信息是指与特定个人相关联的、反映个体特征的、具有可识别性的符号系统，包括个人身份、工作、家庭、财产、健康等各方面信息。[1] 姜明安教授认为，个人信息是与特定人的利益或者人身发生联系，且不愿为他人所知晓的，与公共利益无关的私人信息。周汉华教授和他的团队在制订《个人信息保护法(草案)》时将个人信息定义为：个人姓名、住址、出生日期、身份证号码、医疗记录等单独或与其

---

* 河北经贸大学民法法律硕士。

〔1〕 参见王利明：《论个人信息权在人格权法中的地位》，载《苏州大学学报》2012 年第 6 期。

他信息对照可以识别特定的个人的信息。[1] 齐爱民教授在《中华人民共和国个人信息保护法示范法草案学者建议稿》中第3条中指出，个人信息“指自然人的姓名、出生年月日、身份证号码、户籍、遗传特征、指纹、婚姻、家庭、教育、职业、健康、病例、财务情况、社会活动，及其他可以识别该个人的信息”。[2] 刘德良教授认为，个人信息，是指能够直接或间接识别出特定自然人身份而又与公共利益没有直接关系的私有信息。[3] 上述认识的共同点在于学者均认为个人信息具有可识别性，即系能够识别自然人身份的信息。不同点在于有的学者强调个人信息乃不愿为他人知晓的信息，有的学者则强调个人信息乃与公共利益无关的信息，但也有学者对上述两点均未予以强调。此外，学者关于个人信息范围的认识也有所差异。例如，关于个人财产、家庭、健康、病例等是否属于个人信息的范畴，上述学者的认识有着明显的差异。

对此，笔者认为，《网络安全法》对于个人信息的界定可值赞同。个人信息按照能否直接识别出信息主体的身份，有直接个人信息与间接个人信息之分。直接个人信息是指凭单一信息即可识别出信息主体，无须与其他信息结合，如个人姓名、肖像、特殊身体形象、声音等。间接个人信息，是指难以依据单一信息识别信息主体，必须与其他信息结合来识别，如个人的生物识别信息、住址、性别、身高等信息，必须与个人的姓名、肖像、身份证号码、社会保险号码等结合才能识别出信息主体的身份。[4] 个人信息必须以一定的方式固定，即个人信息必须要有存储媒体，表现形式为以电子或其他形式（如图像和声音记录媒体）记录的存在状态。个人信息最重要的特征为个人身份的可识别性，可识别性即能够将个人信息和信息主体建立起某种联系，通过个人信息的单独或与其他信息的结合能够识别特定主体的身份。笔者对于有些学者主张的“个人信息除了具有可识别性之外，还表现为不愿意为他人知晓抑或是不违反公共利益”的观点并不赞同。首先，现在我国处于社会主义市场经济快速发展的时期，互联网技术也在突飞猛进地发展。个人信息的适用范围已经突破了私生活领域和私生活安宁，拓展到社会管理层面；不再是个人不想公开的信息，而是信息主体为了交易的需要必须予以公开的信息。其次，个人信息并不是绝对与公共利益没有任何联系，如政府部门为了社会管理的需要，把个人的姓名信息、身份证信息等录入电子系统中，方便为社会大众办理各种政府服务。再如，为了维护国家安全，国家机关能够对公民个人信息进行必要的收集、储存等，尤其近年来至少有26

---

〔1〕 参见周汉华：《个人信息保护法（专家建议稿）及立法研究报告》，法律出版社2016年版。

〔2〕 参见齐爱民：《中华人民共和国个人信息保护法示范法草案学者建议稿》，载《河北法学》2005年第6期。

〔3〕 参见刘德良：《个人信息的财产权保护》，载《法学研究》2007年第3期。

〔4〕 参见郭明龙：《论个人信息之商品化》，载《法学论坛》2012年第6期。

个国家的法律修正案放宽了公权力机关从事检查、监视以及使用个人信息等行为的限制条件。这些都是个人信息与公共利益存在联系的鲜明体现。如果认为个人信息的概念中包含不愿意被他人知晓或不违反公共利益的部分,则明显地混淆了个人信息与个人隐私的界限。

对于个人信息和隐私的界分应从以下几个方面来把握:

1. 从法律性质上来看,首先,隐私主要是一种私密性的个人信息或私人活动,如个人身体状况、婚姻状况、家庭状况等。凡是个人不愿意公开披露且不涉及公共利益的部分都可以成为个人隐私,而且单个的私密信息或私人活动并不指向特定自然人的身份。而个人信息最主要的特征即为"可识别性",这里的可识别性应作广义理解,即要求此种信息与个人人格、个人身份有一定的联系,无论是直接指向个人,还是在信息组合之后指向个人都可以。其次,隐私一般具有个体性,除了特殊主体如国家公职人员外,隐私一般与国家安全没有联系;而个人信息虽然具有私人性,但个人信息常常以集合的形式表现出来,形成了"大数据",如果大数据中涉及成千上万人的信息且涉及敏感信息,就与国家安全联系更为密切。[1]

2. 从行为造成的损害后果及救济方式上来看,隐私被非法披露公开造成的损害后果常常具有不可逆性,尤其是在网络环境下,一旦在互联网上披露了他人的隐私,就无法通过恢复原状等方式予以救济,其私密性也无法恢复。即使一些特殊的隐私能够被利用(如某人向报刊披露自己的隐私故事并从中获利),但该隐私一旦被公开,就难以进行重复利用。而对个人信息的不当收集、利用、传输等行为所造成的损害结果通常具有可恢复性,权利人可以要求侵权人排除妨碍、恢复原状、赔偿损失等方式来救济自己的权利,使自己的权利恢复到圆满的状态。

3. 从表现形式上来看,隐私对于信息的形态没有限制,可以以个人活动、个人私生活等方式体现,不需要记载下来;而个人信息必须以固定化的方式进行处理,通常需要记载下来,或者以数字化的方式表现出来,这和个人信息的可识别性是分不开的。如就个人谈话内容而言,如果没有以一定的方式记载下来就不是个人信息,而仅属于隐私。在互联网技术高度发展的大数据时代,可以以数字化的形式对谈话内容进行处理,从中推测出个人的交友特点、生活习惯、个人偏好等信息,就可以转化为个人信息。

(二)个人信息权的界定

与传统意义上的人格权不同,个人信息权既具有积极的权能,也具有消极的权能。所谓个人信息权,是本人依法对其个人信息所享有的支配、控制并排除他人侵害的权利。

---

〔1〕 王利明:《论个人信息权的法律保护——以个人信息权与隐私权的界分为中心》,载《现代法学》2013 年第 4 期。

关于个人信息权的具体内容,学者有不同的认识。王利明教授认为,至少包括处分权、要求更正权、更新权、了解信息用途的权利。[1] 齐爱民教授认为,应包括决定权、保密权、查询权、更正权、封锁权、删除权、报酬请求权。[2] 笔者认为,个人信息权主要包括以下内容:

1. 知情权、决定权和处分权

在前个人信息权时代,知情权一般体现为“知政权”,是一种公民对国家机关的,宪法行政法上的权利。而个人信息权所强调的知情权是信息主体(自然人)对信息持有、使用人的权利,是调整平等主体之间法律关系的民事权利。个人信息权的知情权是自然人行使个人信息的决定权、处分权的前提,自然人的处分权、决定权是当代人格权商品化发展的必然结果。大数据时代下个人信息财产价值利益凸显,个人信息显然也是一种具有显著财产价值的人格要素。自然人对其个人信息财产价值的支配可体现为个人信息权的决定权、处分权。

2. 控制权、修改权、更正权

权利人对个人信息享有支配控制的权利,有权知晓在多大程度上公开、向谁公开该信息以及他人会基于何种目的利用信息等。个人信息的权利人有权排斥他人非法收集、处理和利用,即使有关机构掌握了个人信息,也不能将个人信息任意向社会公开。信息主体有权通过合理的途径访问自己的个人信息,有权对错误的个人信息进行修改、补充、删除,以保证个人信息的准确、完整。由于错误的信息有时会对个人生活造成重大影响,如征信信息的错误记录。当一个人发现其个人信息被错误记载时,有权要求修正。

3. 保密权和安全请求权

信息主体有权要求信息控制人采取必要的技术和管理措施,保障个人信息的安全。个人信息尽管随着社会的发展公开的程度越来越高,越来越商品化,但这并不代表他人可以任意地使用和收集个人信息。而且物联网技术的发展,只要在物体上植入一个芯片,就可以识别到自然人的个人活动,个人信息的安全性面临严重的威胁。在如今的大数据时代下,通过技术的操作处理可以将个人分散的信息迅速拼凑成一个可以识别出特定主体身份的完整个人信息,这些都将导致个人信息的保护面临很大的风险。

---

〔1〕 参见王利明:《论个人信息权的法律保护——以个人信息权与隐私权的界分为中心》,载《现代法学》2013 年第 4 期。

〔2〕 参见齐爱民:《中华人民共和国个人信息保护法示范法草案学者建议稿》,载《河北法学》2015 年第 6 期。

二、个人信息权的权利属性

(一)个人信息权权利属性的理论争议

1. 财产权说

萨缪尔森(Pamela Samuelson)指出,20世纪中叶以前,信息与其载体密不可分,所以法律只需要以财产权的形式保护有形载体即可。而随着社会的发展,信息不再依赖于有形载体,此时便需要赋予个人以信息财产权。从20世纪60年代起,就有不少欧美学者主张以财产权保护个人信息。米勒(Athur R. Miller)认为,“保护隐私最容易的途径是将个人信息的控制作为数据主体拥有的财产权”。威斯丁(Alan F. Westin)指出,可将个人对信息的权利视为人格决定权,应将其界定为财产权,在处置个人信息时可适用限制危险商品的方式予以限制。波斯纳(Richard Allen Posner)亦认为,隐私权应被视为财产权法的分支。[1]

2. 人格权说

以王利明教授为代表的专家学者支持此学说,认为个人信息权就其主要内容和特征而言,在民事权利体系中应当属于人格权的范畴。个人信息权符合人格权的本质特征,因为个人信息与个人人格密不可分,个人信息主要体现的是一个人的各种人格特征。法律保护个人信息权,虽然以禁止披露相关信息为其表现形式,但其背后突出反映了对个人控制其信息资料的充分尊重。而且王利明教授认为,个人信息权不仅属于人格权范畴,而且应当作为一种独立的具体人格权加以保护。其理由如下:(1)个人信息权以人格利益为保护对象,具有特定的权利内涵;(2)个人信息权的客体具有丰富性,不宜为其他权利所概括;(3)将个人信息权确认为一项具体人格权,有利于对其进行法律保护;(4)确认和保护个人信息权有利于维护人格尊严,促进人格平等。[2]

3. 双重权利说

该学说认为人格权在权利内容上并不直接表现为财产利益,在表现方式上一般表现为消极的不受侵害的权利,在行使方式上与人身密不可分且不能成为交易客体,在救济方式上主要采取事后的救济方式实现。而个人信息权可直接表现为财产利益,如以积极方式行使,个人信息可用于交易,救济方式结合事前与事后救济。因此,有学者认为,个人信息权既不是人格权也不是财产权,而是兼具人格和财产属性的新型的复合性权利。

---

〔1〕 李永军:《〈民法总则〉中个人信息与隐私的“二元制”保护及请求权基础》,载《浙江工商大学学报》2017年第3期。

〔2〕 孙宪忠:《关于尽快制定我国〈个人信息保护法〉的建议》,载《中国法律评论》2017年。

(二)个人信息权权利属性的界定

笔者认为,个人信息权不是财产权。首先,"财产权说"混淆了财产利益与财产权的概念,自然人的个人信息是与生俱来的并在发展中不断形成的,与自然人的人格密不可分,具有人格利益。而且个人信息确实也具有财产的因素,因为信息资料都蕴含着一定的商业价值,其本身也可以作为财产加以利用。尤其是在网络环境下,其财产价值更为突出,且具有财产利益。但财产利益并不等于财产权,如姓名、肖像等许多人格权客体同样具有财产利益。其次,由于信息交易市场不完善,个人信息财产权并不能解决当前大数据时代信息交易中的个人信息保护问题。个人信息交易实质上会加速个人信息财产权由信息主体向信息使用者转移,导致交易双方经济地位差距大。同时,笔者对于个人信息权是一种双重权利的观点并不赞同,该学说片面理解了人格权的属性。首先,在权利内容上,虽然人格权与人身利益密切相关,但并不代表其不表现为财产利益。在今天的大数据时代,部分人格权的财产价值日益凸显,如肖像权的权利主体许可他人对肖像权进行商业利用就是一个很明显的实例。其次,在行使方式与救济方式上,人格权请求权作为一种绝对请求权,并不限于消极行使与事后救济。我国《民法总则》中明确规定了民事责任一章,其中的民事责任承担方式有"排除妨碍""消除危险",这些都是典型的在人格权受到侵犯后的事前救济方式。综合上述论证,笔者比较赞同王利明教授的观点,个人信息权不仅是一项民事权利,应当归于人格权的范畴,而且是一种新型的具体人格权,根据《民法总则》第 110 条和第 111 条的规定,[1] 利用体系解释与目的解释的方法解析法条正好与此学说相呼应。主张个人信息权是一种具体人格权,并不是忽略其财产属性的存在。人格权商品化现在已经成为一种趋势,我国有关立法也已经关注到了这种现象,并制定了相应的规则。《侵权责任法》第 20 条针对侵害人身权益造成财产损失的现象确立了"获利视为损失"的赔偿规则,就是这一趋势很好的反映。[2]

(三)个人信息权与隐私权的界分

1. 权利性质不同。隐私权主要是一种精神性的人格权,主要表现为人格利益,财产利益并不突出;而个人信息权是一种综合性的人格权,兼具人格属性与财产属性。隐私权主要是一种被动型的人格权,通常只有在权利遭受侵害时才能由权利人

---

〔1〕《民法总则》第 110 条规定:"自然人享有生命权、身体权、健康权、姓名权、肖像权、名誉权、荣誉权、隐私权、婚姻自主权等权利。法人、非法人组织享有名称权、名誉权、荣誉权等权利。"第 111 条:"自然人的个人信息受法律保护。任何组织和个人需要获取他人个人信息的,应当依法取得并确保信息安全,不得非法收集、使用、加工、传输他人个人信息,不得非法买卖、提供或者公开他人个人信息。"

〔2〕《侵权责任法》第 20 条规定:"侵害他人人身权益造成财产损失的,按照被侵权人因此受到的损失赔偿;被侵权人的损失难以确定,侵权人因此获得利益的,按照其获得的利益赔偿;侵权人因此获得的利益难以确定,被侵权人和侵权人就赔偿数额协商不一致,向人民法院提起诉讼的,由人民法院根据实际情况确定赔偿数额。"

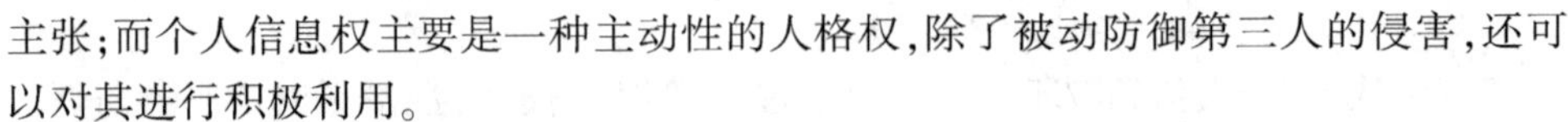

主张;而个人信息权主要是一种主动性的人格权,除了被动防御第三人的侵害,还可以对其进行积极利用。

2. 权利内容不同。隐私权的内容主要包括维护个人的私生活安宁、个人秘密不被公开、个人私生活自主决定等;个人信息权主要是指对个人信息的支配和自主决定。隐私权主要是一种消极排他的权利,而个人信息权的内容包括知情权、决定权、控制权等多项内容。隐私权保护的重心在于防范个人秘密被纰漏;而个人信息保护的重心在于保护个人对信息的控制、支配与排除妨害的权利。两者的客体范围不用,在上述已有论述,在此就不多言了。

3. 保护方式不同。由于隐私权和个人信息权法律性质的不同,导致所采取的保护方式也不同。在权利人受到侵害时,隐私权采取的是排除妨碍,停止侵害的救济方式;而个人信息权包含更新、更正、删除等救济方式。隐私权通常采用精神损害赔偿,而个人信息权除采用精神损害赔偿,还可以采取财产救济的方式。[1]

三、侵害个人信息权的方式及民事责任承担

(一)侵害个人信息权的行为方式

《民法总则》第 111 条规定:"自然人的个人信息受法律保护。任何组织和个人需要获取他人个人信息的,应当依法取得并确保信息安全,不得非法收集、使用、加工、传输他人个人信息,不得非法买卖、提供或者公开他人个人信息。"该条文从对不正当损害避免的反向角度来论证权利的正当化,通过法律义务设定的损害禁止的规定来保护个人信息权这种新型的民事权利。以具体列举的方式规定了侵害个人信息权的行为方式,包括以下三个方面的内容:

1. 非法提供、公开、传输个人信息的行为。我国《信息安全技术公共及商用服务信息系统个人信息保护指南》对转移的基本概念及基本规则作出了详细规定。转移的含义是指将个人信息提供给个人信息获得者的行为,实际上就是提供、公开、传输个人信息的行为。同时,作为对个人信息保护内容规定较多的《网络安全法》第 42 条和第 44 条也对相关内容作出了规定。任何机构、单位未经法律授权,未得到信息主体的许可、同意,将个人信息提供给他人(包括境外的个人信息获得者),甚至将信息公开在包括互联网领域在内的任何领域均构成侵权。

2. 非法买卖个人信息的行为。买卖行为与前述所讲的收集、提供、公开、保管行为的一个很明显的区别是出售是以营利为目的的或者说是需要支付一定的对价的。出售个人信息无论采取什么样的方式,都是不合法的,都是违反社会一般观念或善

---

〔1〕 参见王利明:《论个人信息权的法律保护——以个人信息权与隐私权的界分为中心》,载《现代法学》2013 年第 4 期。

良风俗的，不能被社会所认可。生活中，我们经常会收到一些垃圾短信或骚扰电话，其实就与这种情况有关。

3. 非法加工个人信息的行为。我国《信息安全技术公共及商用服务信息系统个人信息保护指南》对加工的含义进行了解释。加工即指对个人信息进行的操作，如录入、存储、修改、标注、比对、挖掘、屏蔽等。同时，也对个人信息加工的具体规则作出了详细规定。如信息的加工和处理应采用信息主体告知的手段和方式，未经权利主体的同意，不得将个人信息披露给其他组织和个人等。以“非法目的”或“非法手段”加工个人信息都构成非法加工。[1]

《民法总则》仅从末端治理的角度，以损害禁止的方式来规定个人信息保护，但信息侵害的源头在于信息的保管、采集与利用环节，只有从源头上避免个人信息的侵害才能真正做到信息保护。不当地保管个人信息的行为表现为对个人信息保管不力、内部管理不严格。除此之外，未经法律授权、未经信息主体许可，或者是超出必要限度擅自披露个人信息也构成侵权。对于个人信息收集环节，我国没有设置相应的准入规则，且有关部门过度收集现象比较严重。[2]

（二）侵犯个人信息权的责任承担

通过上述对侵权方式的分析，笔者认为，侵权案件中的责任主体包括信息泄露者、利用信息实施侵害者，以及因收集、保管信息而泄露信息的政府部门、电信部门、工厂产业、互联网产业、铁路、银行等部门。在网络时代，网络侵权案件主要是网络服务提供者，即信息控制人的员工承担责任。古谚云：“有侵权就有救济。”有侵犯个人信息权的行为方式，就要去寻找救济措施的请求权基础。《中华人民共和国侵权责任法》（以下简称《侵权责任法》）第36条对网络领域的侵权作出了规定：“网络用户、网络服务提供者利用网络侵害他人民事权益的，应当承担侵权责任。网络用户利用网络服务实施侵权行为的，被侵权人有权通知网络服务提供者采取删除、屏蔽、断开链接等必要措施。网络服务提供者接到通知后未及时采取必要措施的，对损害的扩大部分与该网络用户承担连带责任。网络服务提供者知道网络用户利用其网络服务侵害他人民事权益，未采取必要措施的，与该网络用户承担连带责任。”我国《侵权责任法》中对于民事权益遭受侵害后的具体赔偿范围也作了规定：该法第20条规定“损失视为利益”的规则是对个人信息权进行财产救济的体现；第22条规定了侵害他人人身权益，造成他人严重精神损害的，被侵权人可以请求精神损害赔偿。

---

〔1〕 参见李永军：《〈民法总则〉中个人信息与隐私的“二元制”保护及请求权基础》，载《浙江工商大学学报》2017年第3期。

〔2〕 参见李晓辉：《作为民事权利的个人信息权保护探究：〈民法总则〉第111条解析》，载《社会治理》2017年第5期。

四、结论及余论

在现代社会,尤其是大数据时代下,个人信息保护的重要性越发凸显。但对个人信息保护的前提,是明确个人信息权的权利属性。笔者通过阅读相关的文献,总结出个人信息权的法律性质大致有三种不同的学说:“财产权说”“人格权说”“双重权利说”。笔者比较赞同“人格权说”这一学说,认为个人信息权不仅是一项民事权利,具有传统人格权的共同属性,同时也具有自己的独特性,并区别于隐私权等具体人格权。笔者在权利内容、客体范围等方面对个人信息权与隐私权的界限进行了界分。此外,笔者结合我国关于个人信息保护的相关立法,从源头和末端治理的角度对侵害个人信息权的样态进行了分析,同时对于侵权责任的承担进行了阐述。但个人信息的法律保护是一个系统工程,仅仅依靠民法还不够,还需要整合相关的法律规章,如《中华人民共和国消费者权益保护法》中消费者消费信息的保护,[1]《中国互联网行业自律公约》中信息控制者关于个人信息收集,[2]整合和利用的行为规范。除此之外,制定一部专门的个人信息保护法是至关重要的。对个人信息的保护涉及多个法律领域、多种法律手段,应进行综合治理。个人信息保护法的立法出发点应从两方面考虑:源头保护和综合手段保护。应首先在源头上建立相关制度,其次才是进行法律制裁。笔者建议,个人信息保护法应包括如下内容:(1)关于信息的采集规则;(2)涉及信息占有者与信息主体之间的权利与义务规定;(3)行政监管;(4)严格责任;(5)刑事责任。笔者期待以行政法规则、民法规则和刑法规则相结合的综合治理方式建立一套个人信息保护制度。[3]

---

[1] 《消费者权益保护法》第14条规定:消费者在购买、使用商品和接受服务时,享有人格尊严、民族风俗习惯得到尊重的权利,享有个人信息依法得到保护的权利。

[2] 《互联网行业自律公约》第8条规定:“自觉维护消费者的合法权益,保守用户信息秘密;不利用用户提供的信息从事任何与向用户作出的承诺无关的活动,不利用技术或其他优势侵犯消费者或用户的合法权益。”

[3] 参见孙宪忠:《关于尽快制定我国〈个人信息保护法〉的建议》,载《中国法律评论》2017年。

网络个人信息的保护研究

——以完善格式条款为视角

秦飞羽*

在互联网语境下,网络用户个人信息的使用频率增加,传统法律无法完全涵盖个人信息保护的全方面。用户个人信息的不断泄露,使个人信息保护的问题越来越受到重视。用户在网络进行注册时需要填写个人信息,包括但不限于姓名、出生年月、手机号码、邮箱、家庭住址等信息,而网络公司作为接收这些第一手资料的载体,有保护信息完整不被泄露的义务。个人信息的使用价值,使其包含巨大的利益。关于个人信息保护的行业自律、立法、司法迫在眉睫。2017 年 10 月 1 日起施行的《中华人民共和国民法总则》(以下简称《民法总则》)第 111 条规定,自然人的个人信息受法律保护。任何组织和个人需要获取他人个人信息,应当依法取得并确保信息安全,不得非法收集、使用、加工、传输他人个人信息,不得非法买卖、提供或者公开他人个人信息。〔1〕 这是《民法总则》关于个人信息权的规定,也是我国民事立法的新突破。基于此,网络公司必须在取得了用户的同意,并遵循自愿原则的前提下,才能够对个人信息加以利用,同时保护个人信息的安全。而《中华人民共和国网络安全法》(以下简称《网络安全法》)第 41 条规定,网络运营者收集、使用个人信息,应当遵循合法、正当、必要的原则,公开收集、使用规则,明示收集、使用信息的目的、方式和范围,并经被收集者同意。〔2〕 DCCI 创始人胡延平表示,已经到了需要从源头重视越界获取个人隐私的时候。解决越界获取个人隐私问题需要形成长效机制,企业、用户和监管需形成一个体系共同解决问题。〔3〕 网络公司的格式条款作为与用户接触的基本条款,除规定公司有权在用户触犯法律时将用户信息提供给有关行政机关以外,还要明确网络公司为自己利益而使用用户个人信息的范围,并且完善用

* 上海对外经贸大学民商法学研究生,研究方向:民商法。

〔1〕 李适时主编:《中华人民共和国民法总则释义》,法律出版社 2017 年版,第 343 页。

〔2〕 中华人民共和国网络安全法,载中国人大网:http://www.npc.gov.cn/npc/xinwen/2016-11/07/content_2001605.htm,最后访问日期:2017 年 10 月 21 日。

〔3〕 腾讯社会研究中心发布网络隐私安全及网络欺诈行为研究报告,载 http://tech.cnr.cn/techgd/20170719/t20170719_523858497.shtml,最后访问日期:2017 年 10 月 21 日。

户的各项权利和公司的保密制度,减少网络公司恶意泄露个人信息等情况的发生。

据报道,2016 年 1 月在网络上爆发的百度“卖吧”事件〔1〕暴露出因网络公司疏于管理而侵害社会公众的利益这样一个乱象丛生的社会现实。一方面,许多贴吧被商业公司承包,在贴吧上方设置该公司广告及医疗咨询电话。这种现象破坏了正常的网络传播秩序,损害了公共利益,侵犯了网民权益,造成了不良社会影响。另一方面,百度贴吧会根据用户的搜索记录判断用户喜好,并推荐相关广告弹窗,给用户带来了困扰。百度虽然在《百度用户协议》中提到将收集来的用户资料用于改进为用户提供的网站的内容;并且声明不为网站推送的链接有效性、安全性、合法性作任何担保。〔2〕类似条款侵犯了用户权利,网络公司必须从源头肃清问题,避免对格式条款的滥用。然而,在实际运用中会发生滥用格式条款的情况,如用户的利益被“忽略”。由于双方无法进行当面或者远程协商,用户为实现合同目的,就要接受网络公司提供的格式条款。在这种情况下,必然会导致利益偏颇。因为,相对于普通合同而言,格式合同对义务的要求更高,是制定合同的一方为维护自己的权利而作出的限制他人权利、增加他人义务的合同。在传统合同订立的过程中,条款是通过双方当事人协商而订立的,包含着双方当事人的“合意”;而在格式合同中,没有双方当事人协商的过程,是单纯由一方当事人提供的合同范本。传统的协商机制被“单方决定”而取代,利益自然不平衡,会偏向于提供格式条款的一方。正如美国《合同法重述》所反映的那样,由格式合同的内在禀性所决定,传统合同法增加而不是减少了它被滥用的可能。〔3〕平等主体之间订立合同应当遵循公平原则,以此来限制网络服务商在网络服务协议当中增加的“霸王条款”以及强制“绑架”信息主体的网络个人信息。网络服务协议也是一种合同其同样要遵循公平合理的原则订立与信息主体之间的服务合同,只有对网络服务协议进行一定的限制,我们目前出现的网络服务商滥用用户网络个人信息的现象才会渐渐消失。〔4〕

一、网络格式条款的特点

在互联网语境下,格式合同内容长度过长,会导致用户没有继续读完的耐心,因此,许多条款在没有特别声明的情况下,会被用户直接忽略。一项调查结果表明,关于在进行注册时是否会阅读注册协议,大多数接受调查的人会选择稍作浏览甚至不

〔1〕 参见《刘山西状告“蚂蚁菜”名誉侵权案开审》,载《中国青年报》2016 年 8 月 6 日,第 2 版。

〔2〕 《百度用户协议》,载 https://passport. baidu. com/static/passpc-account/html/protocal. html,最后访问日期:2017 年 10 月 21 日。

〔3〕 秦伟:《善意:格式条款可执行性之前提——以美国法为视角》,载《比较法研究》2008 年第 5 期。

〔4〕 刘玲:《论网络个人信息的民法保护》,东北林业大学 2016 年硕士学位论文,第 23 页。

浏览注册协议。网络公司的电子格式条款的效力,与普通的合同相比有一定的区别。

(一)条款生效的即时性

网络公司所制定的格式条款在被发布到网上后,用户通过点击“同意”或者“拒绝”来决定是否签订合同。传统合同要求订立合同的双方当事人具备完全民事行为能力,但是网络公司类似的注册协议,在签约时的双方为用户和计算机。现在大多网络公司会对系统进行设置,以公司为主体编写代码,并且合同是否签订的最终决定权在用户手中,因此计算机可以作为合同签订主体。有些网络公司为防止用户不浏览相关条款,要求用户在拖拽条款至尾部才能够点击确认或拒绝;还有些网络公司则通过需要用户阅读相关条款至少10秒的方式,才能够点击确认或拒绝。这种“强制”浏览的方法在一定程度上避免了用户跳过阅读相关条款这一环节的现实情况,有利于交易的顺利进行。相对人在阅读过后,可以思考利弊,再决定是否点击确认签署条款。这种方式在一定程度上减少了相对人在日后出现未认识到自己违反条约的行为而出现的纠纷,减少了纠纷的发生。

同时,网络公司的格式条款是以非对话方式作出的意思表示,以数据电文的形式所呈现,《民法总则》中关于数据电文的生效作出了不同于《中华人民共和国合同法》(以下简称《合同法》)的规定,“相对人指定特定系统接收数据电文的,该数据电文进入该特定系统时生效;未指定特定系统的,相对人知道或者应当知道该数据电文进入其系统时生效”。[1] 也就是说,当用户点击了网页上的“确认”按钮之后,承诺即到达了网络公司的特定系统,视为合同生效。[2]

(二)条款无效的一般性

根据我国法律以及国外相关立法的规定,对于格式合同的无效情形概括起来可分为两类:第一,违反法律、行政法规等强制性规定;第二,违反民法基本原则。

最新通过的《民法总则》将民事权利的保护推向了一个新的高度,在强调意思自治的同时,明确规定了公序良俗原则。[3] 同时在该法第153条第2款中明确规定“违背公序良俗的民事法律行为无效”。公序良俗原则是对意思自治原则的良好补充,意思自治原则只有与公序良俗原则互为共存才有意义。任何自由都不是无限度的自由,只有保证当事人利益和社会公共利益的自由才是合理合法的自由。该法第144条规定,“无民事行为能力人实施的民事法律行为无效”。[4] 然而,通过网络订立的格式条款在用户是否为无民事行为能力人的判断上,并没有一个良好的解决办

---

〔1〕 李适时主编:《中华人民共和国民法总则释义》,法律出版社2017年版,第427页。

〔2〕 李东静、刘永春:《网络中民事权利的法律保护》,金城出版社2015年版,第119页。

〔3〕 李适时主编:《中华人民共和国民法总则释义》,法律出版社2017年版,第27页。

〔4〕 同上书,第448页。

法。大多数网络公司并不知晓与其签订条款的用户的真实身份和年龄等。除此之外,《民法总则》还规定了行为人因"虚假意思表示""恶意串通"等行为,实施的民事法律行为无效。

在法律的具体规则缺位时,适用民法的基本原则。由于网络公司格式条款的当事人双方谈判协商环节的缺位,这就导致了面对"霸王条款""陷阱条款"和不正当免责条款等必须要维护当事人双方利益的平衡。因此,网络公司的格式条款的效力问题必须以民法的基本原则作为最终的底线。例如,德国《民法典》第305条规定,条款使用人要使用一般交易条款订立合同,必须给予合同相对人机会,〔1〕使其以合理方法了解其内容,这是公平原则、诚实信用原则的体现;意大利《民法典》第1370条规定,〔2〕在对格式条款有疑问时,对这些条款要进行有利非条款提供方的解释,这也是公平原则、公序良俗原则等的体现。

(三)订约的可撤销性与可撤回性

我国《合同法》中有关于"要约的撤回"和"要约的撤销"的相关条款。〔3〕所谓"要约的撤回",是指要约人在发出要约后,未达到受要约人之前,有权撤回要约。而所谓"要约的撤销",是指邀约人在邀约发生法律效力之后,受要约人承诺之前,使该要约失去法律效力的意思表示。在传统的订约方式中,要约的撤回要求撤回的通知提前或者同时到达受要约人,而要约的撤销则要求撤销的通知在受要约人做出承诺之前到达受要约人,即使在要约人未收到受要约人的承诺但承诺在途的情况下,也不能发生要约撤销的效力。〔4〕但电子格式条款的签订具有即时性,依照传统法律判断,即时签订的条款没有进行撤回或者撤销的区间。在转换网络公司的格式条款的签约中,用户的签约是否存在可撤回性和可撤销性?网络的即时性使此种签约没有可撤销性或可撤回性。但也有例外情况,如用户或者网络公司的网络或者硬件设备出现故障,签约未及时到达网络公司,此时格式条款的向对方人即用户可以选择其他快捷方式进行撤回或者撤销;抑或是需要在网络点击后再次进行线下确认的情况,用户都可能撤回或者撤销订约的意思表示。将此类比于《中华人民共和国消费者权益保护法》中的消费者反悔权,以及国家工商局2017年1月发布的《网络购买商品七日无理由退货暂行办法》中的"七日无理由退货"规定。反悔权,是指消费者七天无理由退货的权利。反悔权不同于撤回权,反悔权是买卖合同成立以后,消费者单方面形式的权利,而撤回则发生在合同订立之前。反悔权也不同于撤销权,撤

〔1〕苏号朋:《格式合同条款研究》,中国人民大学出版社2004年版,第163页。

〔2〕王冠华:《格式条款解释比较研究》,载《法制与经济》2012年第9期。

〔3〕法律出版社法规中心编:《中华人民共和国合同法注释本》,法律出版社2017年版,第18页以下。

〔4〕李雨菡:《电子要约的特殊法律问题研究》,载《研究生法学》2016年第3期。

销权行使的主体是合同中受损害的一方当事人,需要通过诉讼的方式来进行,而反悔权则是消费者因为客观原因需要进行退货,只要在法定时间内将退货通知告知对方即可。网络公司也应在各式条款中规定给予用户类似的撤回或者撤销承诺的时间,能在一定程度上减少由于点击错误或者其他原因而造成的后期不必要的社会资源的浪费。

(四)当事人缔约能力的不确定性

电子格式条款的双方无磋商环节,因此双方无法真实见到对方,也就无法对交易相对人的缔约能力进行判断。根据《合同法》相关规定,当事人缔约时应当具有相应的合同能力。在传统交易中,当事人双方以面谈为基础,对于对方的年龄状态、精神状况能够作出表面但即时的判断;但在网络环境下,网络公司与用户双方互不见面,利用计算机来进行意思表示,即使作为格式合同提供方的网络公司要求相对人输入身份证号、银行卡号等以证明其责任年龄,但仍无法排除交易向对方伪造或者提供不实信息的可能性。[1] 现在有许多网络公司需要用户手持身份证来进行身份信息的验证,有些甚至还需要以远程网络视频的方式进行信息核验。例如,微信公众平台的注册,需要注册者手持本人身份证拍照上传,经后台人工检测通过后方能进行后续操作;而平安证券在开户时,不仅需要用户手持身份证拍照上传,还需要通过远程在线视频的方式,由工作人员对开户用户进行核实。

当事人缔约能力的法律适用,各国采取方法不同。多数学者认为,电子条款当事人的缔约能力应该适用合同准据法。在美国,如果未成年人在订立合同时谎报年龄,许多州的法院不允许撤销该合同。[2] 电子格式条款一大特点就是高效性,使用合同的准据法也能够在有效时间内使相关部门对纠纷进行及时处理。

网络公司所提供的格式条款由专业人士给出,有时条款晦涩难懂,非此领域人士往往难以明白其中意思。其中,设有的"陷阱"、合同中的隐藏条款或者是专有名词都会加大合同相对方的订约风险。

二、网络格式条款中对个人信息的使用范围

格式条款在金融类网络公司中运用的尤为频繁。金融类网络公司为了节省时间、提高效率,在与客户或者用户签订协议的时候多运用"点击合同"的形式,点击合同省去了双方对于合同的协商、磋商环节,网络公司拟定条款发布上网,只要用户在网页中点击"确认",即被视为同意合同项下约定,合同即视为成立。日常所接触到的中国移动通信公司所出具的电子格式条款中,对于需要用户着重注意的条款都以

〔1〕 高富平:《电子合同与电子签名法研究报告》,北京大学出版社 2005 年版,第 120 页以下。

〔2〕 同上。

下划线以及黑体加粗的方式呈现,或者业务员会以画线、着重说明的方式提醒客户注意。这种条款往往与用户的个人信息和财产利益相关。在中国移动通信公司线下营业厅办理业务时,移动公司出具的电子格式条款会要求用户在电子输入板上进行签名,此种签名方式也在银行线下营业厅中得到广泛运用。除电子签名以外,移动公司或者银行还会要求用户以用触摸笔在电子屏幕上点击确认的方式完成相关协议的确认工作。而在移动公司的网络营业厅中,则没有要求用户电子签名的环节,只要点击确认,即视为同意公司所提供的条款。

(一)买卖消费领域

近几年随着经济的迅猛发展,国内外诸多网络线上消费公司都运用格式条款制度提高效率、增加盈利。德国在1976年制定的《一般交易条件规制法》(Gesetz zur Regelung des Rechts der Allgemeinen Geschaftsbedingungen, AGBG),其中第1条规定:"一般契约(交易)条款是指契约一方当事人(使用人)为了供将来定立多数契约之用而预先制定,并于订立契约时,提供给相对人的所有契约条款。不论该约款构成契约的另一单独部分,也不论其是否纳入合同文件内,也不论其范围、书写方式和采用的形式如何,都属于一般契约(交易)条款。"〔1〕而日本则将格式条款称为"普通(契约)条款",在法国将其称为"附和合同",在我国台湾地区,则将其称为"定型化契约或者定式契约"。

在线上消费平台领域,以淘宝网为例,淘宝网的《法律声明及隐私权政策》第5条第4款关于个人信息授权同意范围,规定:"每个业务需要一些基本的个人信息才能完成。除此之外,对于额外个人信息的收集和使用,您可以在我的淘宝—账号管理中设置或与淘宝客服联系给予或收回您的授权同意"。〔2〕但在"我的淘宝—设置—隐私"中,只有3个功能可以进行授权选择,其中并未涉及关于个人信息中关于姓名、联系方式等基础性信息的授权共享、使用范围。并且,作为淘宝平台经营者,法律并未赋予淘宝强制所有用户进行支付宝实名认证的权利,但是淘宝平台往往会强制消费者使用淘宝平台的各项服务。〔3〕在美国,尤其是以加利福尼亚州为代表的一些司法管辖区域,比起其他地方而言,对于"标准形式"的附加合同持反对态度,特别是那些看似删除了格式条款的合同。同时,他们更加关注维护其州内的消费者的补救措施的可行性问题上。因此,美国当前形势在总体上是有利于实施一些条款

〔1〕仝珊:《合同格式条款的规制研究》,中国政法大学2011年硕士学位论文,第3页。

〔2〕《淘宝网法律声明及隐私权政策》,载 http://terms.alicdn.com/legal-agreement/terms/suit_bu1_taobao/suit_bu1_taobao201703241622_61002.html? spm = a1zaa.8161610.0.0.2643c19dySRtj6,最后访问日期:2017年10月22日。

〔3〕张婵、郭凯裕:《浅析网购协议中消费者对个人信息的授权》,载《经济法理论与实践》2016年第9期。

的,但因为结果在一定程度上取决于诉讼地所在的司法管辖区,所以结果如何依然不好判断。一项由 Mann 和 Siebeneicher 进行的研究,调查了超过 266 个线上消费合同,发现大约 90% 的美国网络公司的线上格式条款,都免除了他们关于产品中默示保证买家权益的责任,并且他们声称这是为了限制间接损失。[1] 这类网络公司所拟定的条款中也包含了需要用户点击“同意”的格式条款,要求纠纷发生之后,只要网购平台尽到条款中的义务,则平台免责。

线上消费平台对于用户的个人信息存在滥用的情况,包括不当变动授权范围、不当索取、不当提供等。用户个人信息的授权范围基于网站提供的格式条款中的内容,但往往格式条款发生变动时,如非用户自己搜索,平台不提供变更通知。这就导致用户往往对于个人信息授权使用范围的变动并不知晓,这侵犯了消费者的公民权利。平台将用户提供的个人信息提供给第三方进行广告对口投放,追踪用户的搜索记录和位置记录,这严重侵犯了个人信息的权利,并且网站声明对第三方提供的连接的真实性、安全性不负法律责任。格式条款本就是用户处于弱势方的条款,用户不同意条款内容即无法使用平台提供的服务。因此,应有规定约束网络公司所提供的格式条款,减少不平等,保护公民利益。网络公司在向第三方提供用户个人信息时,应添加用户是否授权同意的选项,以保护用户的个人信息。将《民法总则》中关于自然人的个人信息受法律保护的条款落实。

(二)投资理财领域

P2P 网络贷款平台的用户注册协议,是典型的具有电子合同和格式条款两大特点的协议。这种用户注册协议用户只能点击确认或者拒绝,而无法修改协议。在研究几份包括拍拍贷、人人贷、凑份子等平台的用户注册协议之后,发现其内容、主旨大同小异。以凑份子网贷平台的用户注册协议为例,协议在平台的权利方面作了细致明确的规定,包括:凑份子平台在用户不及时还款时,平台有权暂时扣留账户金额;用户逾期还款的,平台有权从用户账户中划扣相应金额,包括利息在内,用作偿还。这样的格式条款,虽然在很大程度上限制了用户的权利,但它更在一定程度上减少了逾期不还款情况的发生。协议中对用户出现逾期还款的情况作了强制性要求,即在用户逾期还款时,平台有权向其他网站、交易服务商或权力机关、法律顾问或催收机构等服务机构提供用户的个人信息和资料。[2] 在百度搜索引擎输入关键词“网络借贷黑名单”,显示出约 3,400,000 个相关结果,在这些网站上能看到不同模式的用户信息披露。自 2014 年 10 月 10 日起实施的最高人民法院《关于审理利

〔1〕 Mann R. J. , T. Siebeneicher, “Just One Click: The Reality ofInternet Retail Contracting”, *Columbia Law Review*,2008,p.984.

〔2〕《“WE 理财”即人人贷注册服务协议》,载 https://www.we.com/pc/agreement/contract/currency/name/user.we_reg,最后访问日期:2017 年 10 月 22 日。

用信息网络侵害人身权益民事纠纷案件适用法律若干问题的规定》第12条的除外情况第1项，规定“经自然人书面同意且在约定范围内公开”的自然人个人信息，被侵权人请求其承担侵权责任的，人民法院不予支持。[1] 该条没有规定“约定范围”的上限，因此不同网站对用户个人信息的公开采取了不同方式。有些网站将逾期还款用户的全名、身份证号（后4位未公布）、借款，以及未还数额进行公布；有些网站则将用户的照片、姓名、身份证号、住址、公司名称及地址、手机号、邮箱地址等完全公开。[2] 网络贷款平台对于公开事项的范围在格式条款里作出的规定，虽然有最高人民法院的司法解释为其“保驾护航”，但这些个人信息公开又与人格利益的保护起了冲突。并且，信息披露有可能引起“私人执法”的现象，这不利于法治社会的稳定。

因此，对网络个人信息的披露可以考虑增加“披露范围上限”的规定，或者要求平台首先寻求司法救济，或者申请失信被执行人名单，而非在各种网站上公布用户的个人信息，造成法制混乱。

同时，协议中规定平台将获取用户一定信息，并约定了保密义务。用户在浏览注册协议后点击确认，视为同意合同条款，完成注册协议后便认为是合同成立。P2P网贷平台在中国起步较晚，且对象都是一些中小企业，因此在最初起步时期发生的纠纷较多，随着中国《网络借贷信息中介机构业务活动管理暂行办法》[3] 的出台与实施，规制了P2P行业的市场准入、合同条款内容、运营问题等方面的问题，并在一定程度上防止了网贷市场的滥入，同时减少了正规平台的风险，以及能够起到保障用户利益的作用。

三、格式条款对个人信息的保护

如今，“互联网+”的模式深入人们的生活，各种网络平台的使用率也非常高。伴随而来的是法律规制的不足以及不慎完备的行业自律，因此，要完善网络用户的选择权、知情权、完善个人信息适用范围并完善信息保密制度的规定，推进行业自律。

（一）完善用户的选择权

网络公司提供的格式条款都是事先未与用户商榷，以网络公司的单方意思表示

---

[1] 最高人民法院《关于审理利用信息网络侵害人身权益民事纠纷案件适用法律若干问题的规定》，载 http://www.court.gov.cn/zixun-xiangqing-6777.html，最后访问日期：2017年10月22日。

[2] 《开开贷逾期黑名单》，载 http://www.kaikaidai.com/Lend/Black.aspx，最后访问日期：2017年10月22日。

[3] 《网络借贷信息中介机构业务活动管理暂行办法》，载 http://www.cbrc.gov.cn/govView_37D312933F1A4CECBC18F9A96293F450.html，最后访问日期：2017年10月23日。

为基础,提供给用户进行签约,这其中关于用户信息的使用也是由网络公司进行规定。包括追踪用户搜索信息、提供用户个人信息给第三方合作伙伴、关联业务个人信息共享、提供用户信息给行政部门等,除法律规定的网络公司有义务在用户违反法律、法规及相关政策时,向行政部门提供用户个人信息。网络公司以营利为目的提供、共享用户个人信息的行为应该在用户签订格式条款时给用户一定的选择权。例如,用户可以勾选是否同意平台将其个人信息与关联平台共享,直接使用该平台信息登录关联平台;或者用户可以勾选是否同意将个人信息提供给网络公司进行广告投放、利用 cookies 追踪用户搜索以及喜好。用户注册时填写的个人信息涉及用户的姓名、联系方式,用户作为信息主体享有绝对的支配权。填写上述信息是为了交易的顺利进行,但网站往往会向用户的手机以及邮箱发送推销广告、垃圾邮件等,这侵犯了用户的权利。网络公司在制订格式条款时,应该将这一点纳入考虑范围,让用户选择是否接收营销信息,从而保护用户的选择权。

(二)完善用户的知情权

网络公司格式条款的更新频率较快,并且每次更新网站不会通知用户。往往网站变更用户个人信息使用范围,但如果用户不去查询最新协议,则无从知晓范围的变更以及用途的变更。依照我们的生活模式,人们在第一次注册之后便不会再次查看用户注册协议,更不会留意条款变更频率,这就影响了用户的知情权。网络公司在与其合作伙伴共享用户个人信息时,也不会通知用户,致使用户经常收到恶意推送和垃圾短信,使用户的生活受到了影响。因此,应完善用户的知情权,在网站提供的格式条款发生个人信息使用范围的变更以及将用户信息共享给其他网络公司等其他实质性变更时,通知用户该项变更,以便用户选择是否需要该服务,从而维护自身权益。并且,一些网站声明不对第三方链接的真实性、有效性、安全性等负责,这增加了用户个人信息遭受不良风险的可能。为防止用户信息遭到恶意泄露,网络公司就应该在用户的知情权方面加以完善,从多方面保护用户的个人信息。

网站没有明确规定当用户信息从网站泄露时,网站的具体赔偿责任。用户对于自己个人信息的提供、使用、泄露等都有完全的知情权,包括网站共享用户信息的向对方的具体名称、个人信息泄露的具体情况,以及网站的明确的赔偿责任和消除影响的措施,用户都应有知情权。韩国《个人信息保护法》第三章第 17 条规定,即使在获得了资料主题同意的情况下,也应当告知资料主体下述内容,当下述内容被修改时也应当告知,包括“个人信息的接收者”“上述接受者使用个人信息的目的”“将被提供的个人信息的细节”“个人信息被上述接收者保留和使用的期限”“资料主体有权拒绝同意,以及拒绝同意引起的不良影响”。[1] 德国《电子媒体法》也规定了类似

〔1〕 李怀胜主编:《域外网络法律译丛·民商法卷》,中国法制出版社 2015 年版,第 68 页。

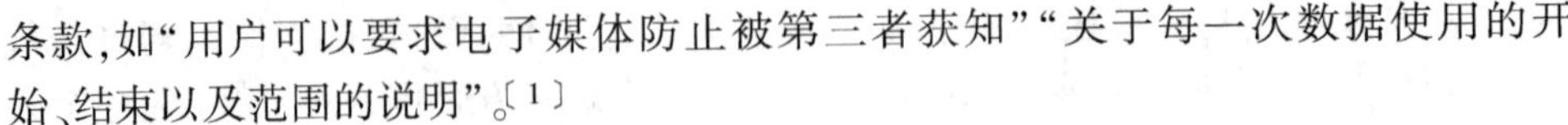

条款,如“用户可以要求电子媒体防止被第三者获知”“关于每一次数据使用的开始、结束以及范围的说明”。[1]

(三)完善个人信息的使用范围

我国法律对网络中个人信息的适用范围没有一个具体的上限的规定,而最高人民法院《关于审理利用信息网络侵害人身权益民事纠纷案件适用法律若干问题的规定》也只是规定在“约定范围内”可以公开,但未就具体情形加以规定。尽管合同条款是双方当事人的合意,是共同的意思表示,但网络公司所提供的格式条款,是用户为实现在网络平台上进行某些操作的目的而被动接受的。我国立法应落实公平原则和公序良俗原则,维护公民的合法权益。如前所述,网络贷款平台在用户逾期还款时将用户的照片、姓名、住址、联系方式、工作单位等公布在各种网站上,引发“私人执法”,这无疑会造成社会的不稳定。并且,这是否超出了“公序良俗原则”的范围也是值得考量的。韩国《个人信息保护法》第三章“个人信息处理”第15条对个人信息的搜集和使用作出了规定,要求“个人信息处理者在搜集目的的范围内使用个人信息”,且“获得了资料主体的同意”,同时“为了达到个人信息处理者的、明确优先于资料主题的正当利益而必须的。在这种情况下,只有当个人信息处理的正当利益存在实质的关系,并且没有超出合理范围时,才可被允许”。[2] 在我国,合理范围应遵循公平原则、诚信原则以及公序良俗原则,并且此次《民法总则》的通过,强调了对公民权利以及人格利益的保护,网络公司更应该将此在规定在格式条款中有所体现。韩国《个人信息保护法》还规定收集的个人信息应是能够达到目的的最少的个人信息,并且在一些情况下可以要求个人信息处理者采取必要措施保护个人信息的安全。除了上述权利,个人信息的使用还涉及信息的保密制度。

(四)完善个人信息保密制度

根据我国2016年12月7日通过的《网络安全法》第42条的规定,《网络安全法》作为该领域的基础性法律,强调个人信息保护、网络信息内容管理。在用户提交注册协议后,其个人信息包括但不限于姓名、身份证号、出生年月、手机号码、邮箱账号等,将存入网站后台的用户数据库中。甚至包括用户每次的登录时间、地点、IP地址等,都将被网站所记录并存储。斗鱼网络直播平台的《用户注册协议》第5条,明确了“隐私权政策”条款。[3] 为保障用户的信息安全,网站采取各种合理的物理、电子和管理方面的安全措施。因此,网络公司不仅要在协议上明确平台对用户信息的保密义务,更要从自身入手,防止信息的泄露。数据的保密在信息时代显得尤为重

[1] 李怀胜主编:《域外网络法律译丛·民商法卷》,中国法制出版社2015年版,第256页。

[2] 同上书,第67页以下。

[3] 《斗鱼用户注册协议》,载https://www.douyu.com/protocal/member,最后访问日期:2017年10月24日。

要，网络公司在用户提交注册协议后得到的是用户个人信息的第一手资料，如若泄露会带来严重的社会问题。多数诈骗电话、销售电话号码的用户信息来源就是网络公司泄露的用户信息，导致用户在线下不断被骚扰。从源头肃清泄露问题，是网络公司协助执法的义务所在。网络公司，一方面，要完善保密系统，防止漏洞或遭受网络攻击；另一方面，要加强员工的保密工作培训，培养员工保密意识，普及违法泄露用户信息的法律后果。

四、结语

我国《民法总则》出台后，个人信息的保护备受关注。网络作为现今使用频率最高的媒介，其开放性、即时性、不稳定性等特点使公民在网络上提供个人信息的风险性较大，加之网络格式条款与用户利益相关，立法应从网络格式条款入手，规范格式条款内容，保护用户权利和个人信息，完善网络公司提供的格式条款的内容，包括用户的知情权、选择权、用户个人信息的使用范围以及个人信息保密制度。

新金融治理：辨释、转型与打击*

吴美满**

近年来，金融与网络黑灰产业链相互交织，已经演化出极为复杂的互联网金融犯罪，其危害远远超越其他传统犯罪。因此，网络金融犯罪治理是维护整个互联网生态的重要手段，也是进行网络综合治理的核心环节，该领域的理论研究和立法司法实践也如火如荼。但是笔者认为，直到今天，我们仍然对不少金融基础性知识认识模糊，进而直接制约了对这个领域的治理。

一、"新金融"与"互联网金融"概念辨识

明晰概念和界限是进行网络金融犯罪治理的基本前提。用"新金融"替代"互联网金融"，应该是准确反映今天以及有效预测明天的"最不坏"的概念。我们现在所指称的互联网金融，其本质不在于"互联网"，而在于"信息技术"，即金融科技(FinTech)。"FinTech"是个人造组合词，即"Finance"(金融)和"Technology"(信息技术)的组合，"意为将互联网、大数据、智能化等新技术与金融深度结合……随着技术革新，其内涵已延展到区块链等领域，在助力金融业革新上的潜力不容小觑"。〔1〕因此，现代金融跟信息技术高度融合，互联网只是新金融寄居的一个主要场景，随着人工智能等新信息技术手段的发展，新金融之"新"还会超越互联网这种媒介不断被赋予新的内涵。因此，新信息技术的衍化决定"互联网金融"这个名称已经完成其阶段性历史使命，无法再担纲起与新金融直接画等号的重任。另外，某些金融产品也是线上网络与线下金融的组合，这种场景下互联网不是作为平台而仅作为信息中介，因此不是严格意义上的互联网金融。把这部分金融产品也纳入"新金融"范畴，才不至于让其游离在监管与治理之外，形成金融监管"飞地"。综上，新金融之"新"可以涵括互联网金融之"互联网"，反之则不能。因此，用新金融取代互联网金融，是适应信息技术时代金融不断创新以及线上线下金融加速融合，名称随之更新迭代的

---

* 本文系作者参与厦门大学李兰英教授主持的重大项目"网络金融犯罪的综合治理研究"(17ZDA148)的阶段性研究成果。

** 武汉大学法学院，福建省泉州市人民检察院。

〔1〕 张晓光、郭杰群：《区块链或成中国金融弯道超车新助力》，载《清华金融评论》2017年第4期。

结果。当然,也有人用科技金融、智慧金融的概念,在描述信息科技衍变的精确度上前进了一步,但这仍然无法容纳线上与线下组合的这种松散型新金融产品,因此,用“新金融”取代“互联网金融”,是准确界定概念、实现治理工作全覆盖的基本前提。

二、“破坏性创造”与“创造性破坏”理念阐释

从已经暴露的互联网金融犯罪来看,不少犯罪都假借国家鼓励创新的政策时机大肆进行。而打击网络金融犯罪,也经常会不断经受“是否会阻碍创新”的质疑和煎熬。对此,借用“破坏性创造”和“创造性破坏”理论可以很好地解决所面临的这种困境。这两个概念借用自两位国外学者。“创造性毁灭”理论出自哈佛大学政治经济学家熊彼特。面对第四次工业革命给人类经济活动和经济增长带来的挑战,熊彼特提出“创造性毁灭”的概念。所谓“创造性毁灭”,是指大的技术创新会带来更大的社会收益,但同时也会让旧产业消亡,通过这种毁灭使社会不断进步。例如,电力汽车代替蒸汽汽车,数码相机代替胶卷相机,都是创造性毁灭。〔1〕“毁灭性创造”的概念则是近年来荷兰学者奴克索特提出的,它是指一些创新仅仅对少数企业有利,对整个社会不利。比如,金融领域放松监管会导致很多创新只对少数金融企业有很大利益,但可能会给整个金融世界带来危害,甚至带来金融危机。

如果对这两个概念加以借用并稍加改造,用“破坏”代替“毁灭”,并应用于网络等新金融领域,可能会显得更加理性、平和、客观。金融对于国家安全和百姓民生的核心重要性自不待言,我们鼓励创新也容忍适度的破坏,但对于新金融,核心理念只能是摒弃与打击“破坏性创造”,鼓励与保护“创造性破坏”,使创新的金融真正回归有资金需求的实体经济,推动社会进步,造福百姓民生,而不是只对少数人或少数企业有利,甚至成为犯罪分子实施犯罪的新通道。

三、新金融违法犯罪治理的思维转型

对新金融“破坏性创造”与“创造性破坏”的价值选择,最终落脚在对违法犯罪的治理上。毫无疑问,我们今天面临极其复杂的新金融治理困境,治理供给与需求之间严重不匹配。但在笔者看来,最大的困境不在于法律的供给不足,〔2〕而在于我们迫切需要一场治理思维的供给侧改革。这场改革贯通立法、行政、司法、学界和行业全领域。

---

〔1〕 参见[美]熊彼特:《经济发展理论》,王永胜译,立信会计出版社2017年版。

〔2〕 根据梳理,截至目前,制裁网络犯罪的刑事立法与司法解释先后有16部,涉及数种犯罪类型,基本形成司法解释为立法铺路的制裁网络犯罪法治模式。参见于志刚:《制裁网络犯罪的法治历程与时代贡献》,载《检察日报》2017年12月24日,第3版。

（一）传统金融法律法规能用，但不够用

新金融的本质是金融，只是披着信息技术的外衣，信息技术媒介没有改变它的金融属性，这一点已经有广泛共识。那么，新金融犯罪的本质就是金融犯罪，规制传统金融犯罪的法律法规当然适用于新金融领域。因此，进行新金融违法犯罪治理，我们并不需要坐等严格区分传统金融与新金融的专门立法，而可直接适用传统金融法律法规。当然，不可否认，新金融有其区别于传统金融的特殊性，业态、场景和行为模式都发生很大变化，形成传统法律法规无法覆盖到的灰白地带，对这种法律"不够用"的局面，则需要克服"刑法谦抑"的喧嚣声音，明确"谦抑是对犯罪人的慈悲，而不是对犯罪行为的放任"的基本立场，[1]及时立法以满足治理需求。避免因反应不及时形成"破窗效应"，危害整个新金融生态，破坏金融创新。

（二）对新金融行为性质的准确判断需要穿透信息技术迷雾

在进行网络新金融犯罪治理时，对行为违法性的认识是准确治理的基本前提。但基于新金融所具有的信息技术特性，我们的金融主管、监管甚至司法人员往往不具备信息技术知识也未充分寻求信息技术专门人员辅助，这就造成犯罪与治理之间的适应性背离，且这种背离以监管治理明显处于劣势呈现。最直接的后果就是对行为性质无法作出准确判断，导致找不到可资适用的法律法规。所以，对法律法规的依赖其实经常是信息技术"不能"造成的假象，要穿透这一迷雾，我们迫切需要的其实不是新的法律法规，而是要寻求信息技术对执法办案的有效协作。实践中，阿里巴巴开发"钱盾"用互联网手段打击互联网犯罪，正是企业实践中对这一困境的充分认知和有效回应。2016 年和 2017 年中央政法委组织全国政法干警培训时先后邀请阿里巴巴的马云和腾讯公司的马化腾作专题讲座，显然已经看到这种需要。只是要在监管和治理实践中落实到位，尚待努力。

（三）用足法律法规中的兜底条款并唤醒沉睡条文

不可否认，规制金融犯罪的传统法律法规适用于场景转换后的网络金融犯罪，彼时基于立法局限性，其大都基于人类线下的行为方式来描述，但其兜底条款或"等""其他"等立法语言已经为新的违法犯罪行为方式的适用留下空间，这种空间并不作线上线下的区分。因此，即便明显具有社会危害性的网络金融行为，在现行描述性法律条文中找不到直接适用依据，只要其行为的违法性与所列举事项具有同质性，便可直接适用。这种判断同样适用于沉睡条文。对于这一点，2017 年 12 月重庆江北区人民法院所审理的杜某组织蚂蚁花呗套现构成非法经营罪的案件具有典

---

〔1〕 对于刑法谦抑理论，现在学界对其内涵存在重大误读，也造成司法实践的适用混乱。对此，张明楷教授和刘宪权教授都持同一主张。参见张明楷：《论盗窃财产性利益》，载《中外法学》2016 年第 6 期；刘宪权：《不能将"刑法是最后一道屏障"的观点进行滥用》，载《刘宪权教授观点集成：在泉州金融安全四方联动机制建设研讨会上》，载"泉州市人民检察院"微信公众号，2018 年 2 月 28 日。

型性。被告人杜某串通淘宝用户,在淘宝网上店铺虚构商品交易,利用蚂蚁花呗给用户提供的信用额度套现,从中赚取手续费。套取金额达470万余元,获利40余万元,最终被告人以非法经营罪被判处有期徒刑2年6个月。[1] 判决认定的行为性质是非法从事资金支付结算业务,但从行为同质性上解释,被告人提供淘宝店铺套现的行为与线下POS机套现无异,供套现的店铺相当于POS机,这个案件也可依据利用POS机套现的法律作同质性解释认定构成非法经营罪。但我们不确定如果没有非法从事资金支付结算业务这一条文可供适用,司法机关是否敢于运用线上线下行为同质性解释作有罪判决。这一点尤其需要引起讨论和思考。

(四)行政机构需要切实有效承担前端治理任务

立法、行政与司法共同承担了对不法行为的社会控制,必须承认,对于新金融违法犯罪的治理,处于前端的行政主管监管环节存在主体不明、监管不力、监管手段滞后的问题,使网络金融犯罪成为难以监管的"飞地"。只有在直接造成严重后果后才引起关注,并全由处于后端的司法兜底,客观上也向犯罪人和被害人转嫁行政主管监管不力的不良后果。当有限司法资源不足以应对的困局引发破窗效应,也就更加助长新金融违法犯罪井喷现象,并由全社会为恶果埋单。因此,行政环节需要强化在审批的同时进行同步治理和适应性治理责任,认真研究解决监管无能、无力、无效问题,借用信息技术手段解决信息技术产生的违法犯罪问题,而不是一罚了之、吊销了事,让犯罪分子"腾挪换笼"后继续作恶。当然,平台行业也需要用足民事和行政手段来维护自己的合法权益,不能因为刑事打击手段震慑力强就坐等构成犯罪再寻求刑事救助。

(五)司法要高效反应主动担当提供执法指引

在绝大部分新金融犯罪行为能够被现有法律法规覆盖的情况下,由新金融特殊性引发的诸如管辖、涉众性证据、电子证据的取证认证等问题的压力全由司法承担。同时,在实体处理上,对同一种行为的性质判断存在不同区域或同一区域不同层级的司法认识不一致的现象极为普遍,严重制约对新金融违法犯罪的治理,也损害司法公信力。因此,提供及时有效的办理指引尤其重要。最高人民检察院2017年6月就在广泛调研基础上及时出台《关于办理涉互联网金融犯罪案件有关问题座谈会纪要》,在最高人民法院《刑事审判参考》中也有判例认定小额贷款公司属于金融机构,全国各地也有很多网络犯罪第一案的判例,但这些都存在普遍适用性或强制参照性不足的问题。同时,基于网络犯罪的特殊性,适用传统法律时需要增加的考量要素、新的判断规则和标准的适用等,都需要"两高"及时掌握动态以联合发文或以指导性案例等形式下发供各地共同遵循。既统一执法,也减少论证困境,让有限的

---

[1] 《首例花呗非法套现案宣判,90后小伙被判处2年6个月》,载"点法网"微信公众号,2017年12月29日 。

司法资源能够集中投入繁重的网络犯罪治理,扫除司法适用上不必要的掣肘。

(六)传统刑法理论需要及时检讨并适应性演进

新金融在程序和实体两方面都存在特殊性,特别是在大数据和电子证据的收集和应用上,因此,证据审查思维应该随之从传统的因果关系转向相关关系的论证上,就要求重新梳理、审视、发展出诸如风险社会理论借鉴、刑事推定、过失网络犯罪等刑事理论,以资应对。同时,现阶段已经初步形成"司法层面以司法解释等手段先行探索,待时机成熟再通过立法的形式予以最终确认"的制裁网络犯罪立法司法路径,[1]而在司法通往立法的演进过程中,亟须理论界的梳理和支撑。

(七)合理配置新金融平台的责任权重

当今社会已经步入平台时代,平台规则和责任是决定互联网生态健康与否的重要因素。平台是互联网等智慧经济的基础设施,对其地位首先应当充分肯定,但同时应当看到,平台的责任仍然模糊不清。首先,在平台安全运营模式上要鼓励向成熟的传统银行借鉴,积极防止系统性风险出现。其次,要合理增加平台的责任权重,一方面,可与不承担刚性兑付责任相呼应;另一方面,也可迫使平台切实重视用户信息和偿还能力的把控,迫使其主动依托强大的大数据支持并推进平台间的大数据共享,构建严密的网络信用体系。比如,支付宝平台可依靠其强大的用户体系和核算系统进行甄别,对不同风险客户进行标示,进而构建网络信用体系,服务于平台风险防控需求。同时要鼓励平台在产品设计初期即把社会影响的思考渗入技术选择,在技术中体现价值取向和技术的不中立;并要求平台在发现问题后要主动担当承担社会责任,摒弃技术无罪、平台无罪思维,强化行业自律。[2]

四、新金融违法犯罪的摒弃与打击

诚如前述,对于新金融,我们的理念是鼓励与保护"创造性破坏",摒弃与打击"破坏性创造"。

(一)摒弃层面

并非所有的金融产品创新都能取得成功,这不符合创新的客观规律,因此,金融产品本身存在摒弃与淘汰的问题。如果对金融企业自身不利,则企业会主动自我淘汰。比如,平安花漾卡上线不久即在既有产品缺陷又有系统故障情况下发生大量空

---

〔1〕 参见于志刚:《制裁网络犯罪的法治历程与时代贡献》,载《检察日报》2017年12月24日,第3版。

〔2〕 技术无罪论因快播案的审判而在业界甚嚣尘上,并未随着王欣一审3年6个月有期徒刑的判决而止歇。

套事件而自我停用。[1] 如果对社会整体不利而金融企业本身无自我淘汰的动力,监管部门则应在整体研判基础上考虑适时淘汰。P2P 类金融信贷已经成为“庞氏骗局”和系统性风险扎堆的领域,E 租宝系列案就是典型。由于用户的刚性兑付期望有违平台不得开展增信业务的政策,也与小微信贷的高违约率实情相抵触,平台不得不打政策擦边球提供变相担保或保险才能生存,而合规平台则被用户抛弃。而增信措施又对平台带来沉重的资金压力,早晚会被借贷方的违约压垮。在刚性兑付这个用户意识问题无法解决的情况下,P2P 的前景要么是死路一条要么是异化为非法金融机构(非法催讨则会紧随其后),其最终的兑付不能会产生严重的系统性风险和集体上访等群体性社会问题,应当充分研判后适时考虑整体关停,在确定其身份定位和责任分担并加以改造后,再视情允许上线。

(二)打击层面

在打击层面,应包括两个方面:一是利用新金融平台实施的犯罪行为,包括但不限于 6 种犯罪风险,比如,资金抽逃、非法兑汇犯罪风险,线下 POS 机引致洗钱犯罪风险,主体资格与经营范围扩大引发非法集资风险,资金套现中的信用卡诈骗和非法经营犯罪风险,虚拟货币人民币化带来新的货币犯罪风险,以及拒付、盗刷引发的诈骗风险等。这些在全国各地都已有相关判例。二是平台本身存在的犯罪行为。我们前期课题研究结果表明,新金融领域之所以成为滋生犯罪的新兴版块,无一不与平台本身违反相关法律规定或者产品存在漏洞在先有关。因此,强化对平台本身的刑事规制是抑制网络违法犯罪的重要路径。在现行法律框架下,针对网络违反相关法律规定的刑事规制大致包括:(1)平台故意违反有关管理规定,直接参与金融犯罪行为,则直接以相应罪名追究其刑事责任。(2)平台员工收受贿赂,故意违反有关规定纵容金融犯罪,造成金融风险,应以非国家工作人员受贿罪论处。(3)平台明知行为人利用平台实施金融违法犯罪,却故意违反有关规定放任违法犯罪行为的发生,行为人构成犯罪的,则平台应以金融犯罪共犯论处;行为人尚不足以犯罪追究的,对平台则应以非法经营罪或者“拒不履行信息网络安全管理义务罪”论处。(4)平台监管部门则可能存在因玩忽职守、徇私枉法、收受贿赂而降低监管要求甚至不监管的情况,对此,职务案件侦查部门应当对相关线索充分注意、积极侦查。

五、结语:迈向新金融治理新时代

步入新金融治理新时代,除了用互联网手段治理互联网,还要用群众路线治理涉众性广的新金融。“把‘枫桥经验’坚持好、发展好,把党的群众路线坚持好、贯彻

〔1〕 参见《揭秘平安花漾卡空套事件,获利千万如今获刑 11 年冤不冤?》,载 http://mp.weixin.qq.com/s?__biz=MzUxOTEyMTkwMg%3D%3D&idx=1&mid=2247487826&sn=c524518e85869bbe2787a09c88626764,最后访问日期:2018 年 2 月 13 日。

好。”这是2013年10月11日习近平总书记在纪念毛泽东批示“枫桥经验”50周年纪念大会上，就创新群众工作方法作出的重要批示。2017年12月9日中央政法委书记郭声琨在浙江调研时强调：“牢记人民是最好的老师、群众是最大的力量源泉，尊重人民主体地位，创新群众工作方法，脚板+鼠标、面对面+键对键，把社会治理深深扎根于人民群众中，形成共建共治共享的社会治理格局。”2016年作为大型骨干平台企业的阿里巴巴为互联网世界首倡网络新“枫桥经验”治理，并联合其他部门牵头举办高峰研讨会，至今已举办两届。笔者认为，枫桥经验的核心是群众路线，群众路线在网络世界的贯彻执行，显然单靠一两家骨干平台企业的力量是无法实现的。因此，期待假以时日，能够带动所有的平台参与网络新枫桥经验的理论探讨、责任担当、共识达成和规则制定，汇聚众智共同开创新枫桥经验网络治理新时代。

征稿启事

互联网技术、信息通信技术的发展与不断突破，推动了“互联网＋金融”的快速融合，促进了金融创新，提高了金融资源配置效率。与此同时，也存在一些问题和风险隐患。金融发展的历史表明，新技术的出现是促成金融创新的主要原因，特别是网络技术在金融业的应用，是促成21世纪金融创新的重大因素。为防范金融创新风险，进一步发挥我国金融创新在提高金融服务效率、满足多元化投融资需求、提升金融服务普惠性和覆盖面等方面的积极促进作用，中国政法大学以雄厚的法学学术优势为核心，集社会各界法学专家、学者和研究人员的研究力量，对金融创新的法学理论与金融创新中出现的法律问题进行深入系统研究，为促进我国金融创新的规范发展与完善我国金融创新的法律制度提供重要的理论借鉴。

《金融创新法律评论》(*Financial Innovation Law Review*)由中国政法大学互联网金融法律研究院、中国政法大学金融创新与互联网金融法制研究中心主办，研究院院长、研究中心主任李爱君教授担任主编，编辑部设在中国政法大学互联网金融法律研究院。

《金融创新法律评论》拟设“前沿热点观察”“金融法制”“金融监管”“海外动态”等栏目，一年4辑，由法律出版社出版。第1辑于2016年9月出版。

《金融创新法律评论》编辑部诚挚欢迎社会各界专家、学者、博士研究生等研究人员投稿，对选用的稿件支付稿酬，并对每年选用的文章进行评奖(一等奖2名，二等奖3名，三等奖5名)。

投稿电子邮箱:jrcxflpl@163.com

投稿地址:北京市海淀区西土城路25号新科研楼A521室

邮编:100088

电话:010－58908398

审稿期限:50天。如50天未收到修改意见或录稿通知，可自行处理。

附投稿要求:

1.一般不超过1万字。编辑部有权对采用稿件做必要修改，如不同意请在来稿时声明。

2. 请随稿件附上姓名、邮寄地址、联系电话、电子邮箱、作者简历(包括最高学历、学位、工作单位、职位、研究方向、发表论文或著作等)。

3. 作者对投稿文责自负。

4. 注释体例:

(1)注释以必要为限,提倡引用正式出版物,出版时间应精确到年;根据被引资料性质,可在作者姓名后加"主编""编译""编著""编选"等字样。

(2)文中注释一律采用脚注,每页重新编号,注码样式为:①②③等。

(3)非直接引用原文时,注释前加"参见";非引用原始资料时,应注明"转引自"。

(4)数个注释引自于同一资料时,请补全脚注。

(5)相邻引文出自于同一资料时,注释体例为:同上,第67页以下。

(6)引用自己的作品时,请直接标明作者姓名,不要使用"拙文"等自谦词。

5. 具体注释体例:

(1)著作示例:

李爱君著:《互联网金融与法律实务》,机械工业出版社2015年版,第55页。

(2)期刊文献示例:

李爱君:《互联网金融的本质与监管》,载《中国政法大学学报》2016年第2期。

(3)报刊文献示例:

陈景善:《日本地震与市民社会》,载《法制周末》2011年3月20日,第7版。

(4)学位论文示例:

心园:《股权众筹与投资者保护》,中国政法大学经济法学系2016年硕士学位论文,第20页。

(5)论文集示例:

张婷:《中国危机保险公司风险化解及市场退出机制研究》,载陈景善编:《东亚金融机构风险处置法律评论》,法律出版社2015年版,第3页。

(6)网络资料示例:

苏力:《中国现代化进程中的法制问题》,载北大法律信息网文献库:http://chinalawinfo.com/fzdt/xwnr.asp?id=11223.,最后访问日期:2004年1月5日。

(7)译著示例:

[日]上村达男著:《公司法改革与公开股份公司构想》,陈景善译,法律出版社2015年版,第126页。

(8)外文论文示例:

Joseph C. Shenker and Anthony J. Colletta, "Asset Securitization: Evolution,

Current Issues and New Frontiers", *Exas Law Review*, Vol. 69, May 1991, pp. 1374 - 1375.

(9)外文著作示例：

Andrew Verstein and Filene Research Institute, *Peer-to-peer Lending: Update and Regulatory Considerations*, Filene Research Institute, Incorporated, 2008, pp. 1 - 2.

图书在版编目(CIP)数据

金融创新法律评论. 2018年. 第1辑:总第4辑 / 李爱君主编. -- 北京 : 法律出版社, 2018

ISBN 978-7-5197-2447-4

Ⅰ. ①金… Ⅱ. ①李… Ⅲ. ①金融法-文集 Ⅳ. ①D912.280.4-53

中国版本图书馆CIP数据核字(2018)第155812号

金融创新法律评论(2018年第1辑·总第4辑)
JINRONG CHUANGXIN FALÜ PINGLUN
(2018 NIAN DI 1 JI · ZONG DI 4 JI)

李爱君 主编

策划编辑 沈小英
责任编辑 沈小英 刘晓萌
装帧设计 马 帅

出版 法律出版社
总发行 中国法律图书有限公司
经销 新华书店
印刷 北京虎彩文化传播有限公司
责任校对 马 丽
责任印制 吕亚莉

编辑统筹 财经法治出版分社
开本 710毫米×1000毫米 1/16
印张 11.5
字数 240千
版本 2018年7月第1版
印次 2018年7月第1次印刷

法律出版社/北京市丰台区莲花池西里7号(100073)
网址/www. lawpress. com. cn
投稿邮箱/info@ lawpress. com. cn
举报维权邮箱/jbwq@ lawpress. com. cn
销售热线/010-63939792
咨询电话/010-63939796

中国法律图书有限公司/北京市丰台区莲花池西里7号(100073)
全国各地中法图分、子公司销售电话:
统一销售客服/400-660-6393
第一法律书店/010-63939781/9782
西安分公司/029-85330678
重庆分公司/023-67453036
上海分公司/021-62071639/1636
深圳分公司/0755-83072995

书号:ISBN 978-7-5197-2447-4
定价:45.00元
(如有缺页或倒装,中国法律图书有限公司负责退换)